21世纪高职高专会计类规划教材

U0674258

审计技能训练
——案例·习题·实训

SHENJI JINENG XUNLIAN

华 忠 主编

乌仁托雅 副主编

经济科学出版社
Economic Science Press

图书在版编目（CIP）数据

审计技能训练：案例·习题·实训／华忠主编.—北京：
经济科学出版社，2009.8
21世纪高职高专会计类规划教材
ISBN 978 – 7 – 5058 – 8474 – 8

Ⅰ. 审… Ⅱ. 华… Ⅲ. 审计学 – 高等学校：技术学校 –
教材 Ⅳ. F239.0

中国版本图书馆 CIP 数据核字（2009）第 140120 号

责任编辑：凌　敏　侯晓霞
责任校对：杨　海　韩　宇
版式设计：代小卫
技术编辑：李长建

审计技能训练
——案例·习题·实训
华　忠　主编
经济科学出版社出版、发行　新华书店经销
社址：北京市海淀区阜成路甲 28 号　邮编：100142
教材编辑中心电话：88191343　发行部电话：88191526
网址：www. esp. com. cn
电子邮件：lyl@ esp. com. cn
北京密兴印刷厂印装
787×1092　16 开　12.25 印张　290000 字
2009 年 8 月第 1 版　2009 年 8 月第 1 次印刷
印数：0001 –4000 册
ISBN 978 – 7 – 5058 – 8474 – 8　定价：21.00 元

编 委 会

主　任：姚奇富

副主任：王希旗　楼土明

委　员：（以姓氏笔画为序）

毛节飞　吕亚亮　华　忠　杨　勇

邱正山　张尧洪　陈国震　邵敬浩

郑　维　翁玉良　凌　敏

出版说明

　　为满足全国高职高专院校会计专业教学的需要，我们邀请了部分省市的高职高专院校教师，共同编写了这套教材。参加编写的人员都是具有多年教学经验的教师，审稿人也都是会计领域的专家、教授。

　　本系列教材按照《教育部关于加强高职高专教育人才培养工作的意见》中要求的高职高专毕业生应具有基础理论知识适度、技术应用能力强、知识面较宽、素质高等特点来安排教学内容。各科教材坚持基本理论和基本知识简洁、适度；专业知识避免高深理论，突出实务和可操作性内容。本系列教材遵循以就业为导向，以能力为本位，以实践为中心，以获得职业资格证书为标志，以促进学生职业生涯发展为最终目标的原则，体现了专业知识与企业实际工作需要相一致的特点，着眼于学生在课堂中提高专业技术能力，使学生毕业后真正成为适应工作岗位、解决实际问题的应用型人才。

　　本系列教材适用于高等职业院校、高等专科学校、成人高校、成人教育学院、民办高校、继续教育学院等。

　　本系列教材的出版，得到了浙江工商职业技术学院和金华职业技术学院的大力支持，浙江工商职业技术学院王希旗同志的策划和组织，在此特致谢意。

　　好的教材需要千锤百炼，恳请各校老师、学生提出宝贵意见，使本系列教材日臻完善。

经济科学出版社

2009 年 8 月

前　言

　　近年来，我国的高职、高专教育发展很快，但与之相配套的高职、高专教材建设却相对滞后，特别是实训教材尤其显得突出。此次高职、高专系列教材的编写，旨在量体裁衣，及时满足高职、高专教育发展的需要。

　　本书的编写以最新的《中国注册会计师执业准则》和《中国注册会计师执业准则指南》为依据，以注册会计师审计为主线，适当兼及政府审计和内部审计的相关内容。本书使用的资料，涉及企业的各个会计要素以及审计过程的所有循环，比较接近现代公司的实务操作。在每章设置了内容概述、案例分析、基本训练以及模拟训练等几方面的内容，既有理论，又有实际，可以让学生综合运用所学的理论知识独立完成不同项目的审计工作。《审计技能训练——案例·习题·实训》一书，立足企业第一线，在编写过程中，力求体现以下特色：

　　1. 系统性。本教材不但系统地阐述了审计业务的全部工作内容，更侧重于学生技能的训练，对于提高学生独立思考、分析问题的能力有较大的帮助。

　　2. 可操作性。本教材注重理论与实践的结合。注意吸收国内外审计理论与审计实务的新动态，特别突出审计实务教学，做到了理论联系实际。同时，考虑到审计是一门实践性很强的学科，为了缩小理论与实践的差距，加深对课程内容的理解，特别安排了大量的审计案例，既有上市公司的大型案例，也有部分典型账户源于企业实际操作的小案例分析，进一步丰富了教材内容，有利于学生从知识到技能的转化。

　　本书由华忠提出编写思想，拟订全书的提纲和撰写方式。华忠担任主编，乌仁托雅担任副主编，各章具体分工为：华忠编写第一、八章，王庆辉编写第二、三章，袁晓玲编写第四章，李晓渝编写第五章，乌仁托雅编写第六、七章，最后由主编总纂和定稿。全书编写和统稿过程中，得到了浙江永德会计师事务所注册会计师、高级会计师方咏梅，宁波文化广场投资发展有限公司总会计师乌仁托雅的审阅和指正；出版过程中，得到了经济科学出版社凌敏编辑的大力支持。在此一并致谢！本书编写过程中，参阅了大量的相关文献资料，值此之际，谨向原作者深表谢意！

由于时间仓促和编者水平有限，书中难免存在缺陷，敬请广大读者批评指正。

编　者

2009 年 8 月

目　录

第一章

内部控制制度评审

【知识目标】了解内部控制制度评审的特点；理解企业内部控制中的薄弱环节以及一般存在的错误和弊端。

【技能目标】使学生掌握企业内部控制制度评审的基本内容、方法、程序以及技巧。

第一节 内容概述

一、内部控制评审的基本内容

（一）授权批准控制

授权批准控制是指企业各级工作人员必须经过授权和批准才能对有关的经济业务进行处理，未经授权和批准，这些人员不允许接触和处理这些业务。授权批准控制规定了各级管理人员的职责范围和业务处理权限。单位内部某个部门和某个职员在处理业务时，必须经过批准授权才可以进行。授权后，部门或职员在授权范围内的事务，可以不经请示就可以自行处理，这样可以提高工作效率，也可以防止滥用职权。同时，授权批准控制也要求明确各级管理人员的职责，使他们对自己的业务处理行为负责，加强工作的责任心和使命感。

授权批准有一般授权和特殊授权。一般授权是指管理层制定的要求组织内部遵守的普遍适用于某类交易或活动的政策。特殊授权是指管理层针对特定类别的交易或活动逐一设置的授权。如：在处理材料采购业务时，企业规定采购员对于5 000元以下的材料采购业务有权根据情况自行决定是否采购，而对于金额超过规定标准的采购业务必须经主管领导批准。前者即为一般授权，后者则为特殊授权。

（二）职责划分控制

职责划分是指对某项交易或活动涉及的各项职责进行合理划分，使每一个人的工作能自动地检查另一个人或更多人的工作，其基本目的在于避免任何职员担任不相容职务。不相容职务是指经营业务的授权、批准、执行和记录等如完全由一个人或一个部门办理，发生错误与舞弊的可能性就会增大的两项或两项以上的职务。对不相容职务必须加以分离，应当特别注意以下三项职务是否进行了分离：

1. 交易的记录与资产的保管相分离。例如，仓库部门填写请购单，采购部门发出订购单，会计部门记录采购的货物，验收部门验收已收到的货物，仓库部门负责保管货物。

2. 将不相容的会计职责进行划分。例如，出纳与会计的分离、总账和明细账必须由不同的人进行记录。

3. 将执行一项交易的不同步骤指派给不同的人来完成。例如，由企业高层管理当局核准投资业务，由高层负责人授权签批，由财务经理办理具体的股票或债券的买卖，由会计部门负责进行会计记录和财务处理，由专人保管股票或债券等。

（三）凭证和记录控制

凭证和记录控制，即设计和使用适当的凭证，以确保交易和事项得以全面、完整、准确地记录。凭证和记录控制一般要求：

1. 凭证预先连续编号。对凭证预先连续编号的目的是保证所有的交易均已记录且没有交易被重复记录。在凭证预先连续编号的制度下，即使是作废的凭证也必须妥善保管。

2. 及时编制凭证记录已发生的交易和事项。编制的凭证应尽早送交会计部门，以便记录交易，登记账簿，并将已登记的凭证依序归档。凭证简单明了，书写清晰、不易被误解。在种类繁多的凭证和记录中，会计科目表和会计程序说明书尤为重要。因为会计科目表能提供适当分类的依据，而会计程序说明书包括对交易记录和过账的规定，这些规定与会计部门及时处理凭证有关。

（四）财产安全控制

主要包括对资产和记录采取适当的安全保护措施，对访问计算机程序和数据文件设置授权，以及定期盘点并将盘点记录与会计记录相核对。例如，现金、有价证券和存货的定期盘点制度等。

实物控制程序主要是资产接触和记录使用，指限制接近资产和接近重要记录，以保证资产和记录的安全。保护资产和记录安全最重要的措施就是采取实物保护措施。比如，将存货存入仓库以防偷窃。如果这一仓库由胜任的职工管理，还能够减少存货的残损；对于货币、有价证券等资产的安全存放和使用防火安全装置等也是重要的实物保护控制程序。

（五）业绩评价控制

主要包括被审计单位分析评价实际业绩与预算（或预测、前期业绩）的差异，综合分析财务数据与经营数据的内在关系，将内部数据与外部信息来源相比较，评价职能部门、分支机构或项目活动的业绩，以及对发现的异常差异或关系采取必要的调查与纠正措施。

（六）人员素质控制

内部控制能否有效实施，关键取决于人员的素质。人员素质控制是指通过相应的措施和方法使人员的积极性得以充分发挥，技能得以充分展现，避免用人不当，影响经营目标的实现。人员素质包括思想品德、职业道德、业务素质和专业技能等方面的内容。人员素质控制除了对人员本身的素质提出较高的要求外，还必须建立其他系列制度，如人员培训制度、人才选拔制度、岗位轮换制度、人员的考评、升降、奖惩制度等。

（七）内部审计控制

内部审计控制是指通过内部审计，促使企业的各种控制得以实现。内部审计对会计资料的监督、审查不仅是内部控制的重要手段，也是保证会计资料真实、完整的重要措施。

二、内部控制的一般错误和弊端

（一）不相容职务不分离，组织机构间不能相互控制

在现实的经济活动中，不少单位不同程度地存在资产的保管与会计不能够很好地分离；经营责任和会计责任不能够很好地分离；授权与执行、保管、审查、记录不能很好地分离。每一类经济业务在运行中不能经过两个或两个以上的部门。部门与部门间不能相互检查和制约，有的甚至出现检查者从属于被检查者的情况等。

（二）内部控制制度不健全

有些单位受到利益驱动，重经营，轻管理，自我防范、自我约束机制尚未建立，以至于既定的内部控制失控，有些单位的负责人超越内部控制制度行使职权，使内部控制执行起来大打折扣，会计的监督职能得不到良好发挥。

（三）内部审计形同虚设

内部审计对会计工作的再监督，不仅是内部控制的重要内容，也是保证会计资料真实的重要措施。然而，现实过程中，很多单位没有设专门独立的内部审计部门。有些单位的内部审计机构形同虚设的现象非常普遍。并且，审计人员素质偏低，审计方法和手段落后，审计经费得不到保障，审计工作不能被理解和支持，致使内部审计的质量和效率大打折扣，内部审计也未能发挥其应有的监控作用。

（四）内部控制制度的执行与监督、检查不力，考核、奖惩力度不够

当前企业内部控制制度的责任划分、量化、奖惩等都有待于进一步明确。内部控制制度的执行、检查流于形式，稽核的范围有限，以偏盖全、以点代面，缺乏完整性和全面性；执行的好坏也缺乏一个赏罚有度的奖惩制度。有的企业虽然也设有一些奖惩制度，但没有完全制度化，致使部分人员认为执行与否无关紧要；加之无相应的检查、考核内部会计控制制度

实施情况的得力机构，从而削弱了员工执行内部控制的自觉性和警觉性。

第二节 案例分析

【案例一】　　　　　　巨贪吞公款　内控鸣警钟

【案情简介】

据《中国审计》2002 年 7 月的消息，京城医学系统最大的贪污犯，原中国医学科学院肿瘤医院住院部主任石某，利用职权从 1996 年 1 月至 1999 年 12 月重复冒用曾经在肿瘤医院住院的病人姓名或杜撰病人姓名，虚报冒领病人出院退款 1 081 笔，侵吞公款 920 万元人民币。此外，还擅自将病人住院预交的 377 万元不入账，由其一人掌握和支配。已查明经其手的总额近千万元票据都是假单据。

巨贪石某只不过是一个科级干部，小官大贪，不禁令人想要探问究竟是何原因。从有关的案件资料来看，该院内部控制制度的设计缺陷及运行低效是导致其屡屡得手的重要原因。

1. 住院部现金（包括银行存款）管理长期处于"真空地带"。住院部属于肿瘤医院办理住院费收支结算的内部二级核算单位，现金收支活动及其结果应受到医院财务处监督和管理。然而，每年住院处收取预交现金约几千万元，却仅将预收现金扣除出院退款后的余额交存银行，并以取得的交款单做结算日报。财务处只掌握预收款退款后的净额而不掌握预收现金款、出院退款、出院收取补交款等分列明细项目，于是现金核算与管理所要求的收支两条线原则根本只是一纸空文，而在形式上和制度上能对住院部起到监督作用的财务处也形同虚设。现金内部控制制度的缺陷，使石某轻而易举地得手，而且直至事发 4 年后才被发现。

2. 肿瘤医院的财务管理软件存在漏洞。石某有权使用《住出院登记软件》，可调出已出院病人资料，改动该病人姓名（不改病案号）并打印出改动姓名的《住院费结算单》，然后再改回原病人姓名使病人资料保持原状。这一过程如若不存盘，整个电脑中不会留下任何痕迹。高科技装备起来的住院部却栽在软件上，究其原因还是由于缺乏有关计算机系统的内部知识与围绕计算机系统的内部控制。

3. 官小权大，岗位职责与权限不明。作为住院部负责人，石某独霸一方，我行我素，其在住院部的管理行为没有明确的规定也缺乏必要的牵制。医院财务处亦多年不对住院部进行审计和检查。这样一来，不仅二级核算单位内部缺乏职责分工与相互牵制，而且上级部门的监督与约束也极为弱化，从而为石某用偷梁换柱的手法编造虚假会计凭证，侵吞公款，提供了绝好的客观环境。

4. "窗口"弊端。住院部办理结账、退款的窗口过小，坐在里面的出纳只能看到伸入窗口的手而看不到领款人的脸。本案中石某的同伙陈某持石某开出的退款单去退款窗口领取退款达 430 次，如若退款窗口明亮见人，那么平均每天领取一次退款的陈某怎会不被出纳怀疑？可惜的是，这一道防线又被"窗口"挡住了。由此我们注意内部控制，不仅应关注无形的制度运作，也要关注有形的实物控制。

资料来源：《中国审计》，2002年7月。

【案例评析】

结合本案例，目前我国大中型医院、学校、科研等事业单位的现金一般实行内部二级核算，以加强事业单位现金内部控制，实质是二级单位以及单位与二级单位之间的内部控制。具体应包括以下内容：

1. 建立健全职务分离控制制度。职务分离是现金内部控制制度的基本要求，即按照不相容职务分离的原则，科学地划分现金管理的职责和权限，形成相互制衡机制。二级单位具体处理现金业务，应设置开票、出纳、复核岗位，各自的职责是：（1）开票员依据收费标准开出一式三联的票据，分别用于留底、交出纳和记账员。（2）复核员（可由二级核算单位负责人兼任）检查相关凭证是否齐全，金额计算是否准确，复核无误后交出纳员。（3）出纳员审核开票员开出票据，收付现金，每日终了则结算收入、支出数，与开票员核对；登记二级核算单位现金日记账，并编制每日现金收入支出和余额日报，报送记账员。（4）记账员审核开票员当日开出的所有票据，登记单位现金日记账；定期或不定期与二级单位出纳员核对账目。形成开票与复核、复核与出纳、出纳与记账、记账与开票和出纳之间制约和监督的关系。

2. 建立健全授权批准控制制度。授权批准是现金内部控制制度的一项基本原则，应明确办理现金收支业务的授权批准范围、权限、程序、责任，以保证权责明确，管理科学。鉴于目前中型事业单位计算机系统的日益普及，我们在此将授权问题与计算机系统相关内控结合在一起作说明。（1）业务部门授权二级核算单位负责人对健全核算的真实性、合理性、安全性负责，授权其复核现金收支。（2）二级单位负责人授权开票员根据收费标准编制现金收支单据，授权出纳根据审核后的现金收支单据收支现金。（3）每个二级核算单位的终端系统仅可处理由本部门处理的数据，这一点可由单位财务部门为二级核算单位设置一系列不同的密码而得以实现，这些密码应定期更换。（4）在每个二级单位内部，应由财务负责人根据职责分工的具体情况为不同岗位的人员分配不同的密码，从而使每一岗位的人员仅能接触由自己负责的数据。如开票员只能接触与开票有关的数据，而出纳员只能接触现金日记账资料，并且这一密码只能用来在正常工作时间内的数据录入以及任何情况下的数据修改，均需本部门财务负责人的授权批准方可。计算机系统内部应有自动生成的使用者记录，内容包括使用者的姓名、密码、所用终端、使用时间等。

3. 建立健全现金保全的控制制度。内部控制制度的主要目标是要保证资产与会计记录的安全与完整，所以内部控制本身应包括实物控制措施。现金保全是保证现金实物安全所采取的一项重要措施。具体而言，（1）现金必须及时送存银行，限额内的现金必须存放于保险柜。（2）所有空白票据和已处理的票据以及凭证记录须由有关人员妥善保管。（3）严格限制未授权人员直接接触现金，还应特别注意防止事实上接近现金的问题。如利用计算机作弊，少计收入或多计支出等。从现象上看并未接触现金而事实上却接近了现金，对于使用计算机系统的单位，还应注意计算机本身和磁盘的安全措施，每一使用计算机的人员应注意密码的保密，不得有意或无意泄露。

4. 建立健全内部报告和审核控制制度。建立内部报告制度，作为一种自查制度，二级单位负责人应就本部门现金收支管理、各岗位职责履行情况定期向授权者报告。建立二级单位审核制度。首先，审核现金日记账收支发生额记录是否真实、完整、可靠；现金余额是否账实相符；抽查原始凭证记录是否真实；计算是否正确、手续是否完备。其次，每年至少对二级核算单位现金内部控制制度实施情况进行一次全面检查。第三，检查二级单位负责人岗位履行情况，这一点尤其重要，我国许多案例已经揭示，贪污问题的症结在权力层。石某等虽然官小，但掌握的钱不少；职务不高，但确实有实权。如果严格把关，认真审计，在还是"小贪"的时候就能够被发现，这些人又怎么能成为"大贪"呢？

5. 建立健全财会人员素质控制制度。目前在我国财会人员中还普遍存在政治素质、业务素质较低，法律意识淡薄，抵制违法行为的自觉性不够，不能切实履行岗位职责等问题。人员素质是设计和实施内部控制制度的一个重要因素。为此应当采取有效的措施：（1）加强职业道德教育。一定要通过制度而不是仅凭对某一个人品德的信赖，来防止和发现各项经济业务中所存在的错弊，在这方面我们的教训不可谓不多。但是，另一方面也要看到，设计得再完好的制度也总是要由人来执行，而执行人员的态度认真与否，各执行人员之间是否合谋作弊等，将直接影响到内部控制制度的有效性，因此对单位员工，尤其是财会人员加强职业道德方面的后续教育非常必要。（2）实行岗位轮换制度。对不同岗位，尤其是现金岗位的会计人员实施轮换制度，可以防范现金发生危险，还可以使会计人员熟悉和掌握其他经济业务的处理方法。（3）实施激励、奖惩机制。激励会计人员参与企业管理与控制，发挥自己的积极性。以精神鼓励、物质奖励以及对违规者惩处等办法，促使会计人员采取合理化行为，自觉遵守规章制度。

【案例二】 内部控制的性质及构成分析——"湘缆"破产案的背后

【案情简介】

湖南湘潭电缆厂在 1992 年前是一个年产值为 25 亿元人民币的全国大型一类电线电缆骨干企业，曾位居全国 500 家重点企业之列。1995 年 5 月后，以陈海燕为首的一批蛀虫钻进了"湘缆"，从此该公司陷入困境，至 1998 年上半年，集团产值较上年同期下降 55%，销售收入下降 70%，增加亏损 5 000 余万元，职工生活无保障，集团决策层 9 名领导有 8 名集体提出辞职。同年 9 月上旬，由国务院派出的稽查特派员来湘缆查办此案。审计表明，湘缆集团实有资产 10.46 亿元，总负债达 12.02 亿元，严重资不抵债。检察机关进一步查明，作为党委书记兼总经理的陈海燕主管"湘缆"1 000 天，国有资产大量流失，"湘缆"竟亏损 3.61 亿元，平均每天亏损 36 万元。

湖南省审计厅和湘潭市审计局经过 1 年零 5 个月的艰辛工作，对湘缆集团 28 家全资和控股子公司的资产、负债和损益情况进行了全面审计，并与有关部门密切配合，延伸审计调查了与湘缆集团有经济往来的大阳股份公司等 7 家以陈海燕为首的特大经济犯罪案的主要犯罪事实：他们利用职务之便，采取狡诈的手段，挪用公款 90 次，总计金额 4 700 余万元，贪污侵吞公款 43 万余元，虚开增值税发票 113 份，造成国家税收实际损失 175 万元，偷税 45 万余元。

"湘缆"一案，是审计人员在实行经济责任审计时发现线索的，他们在对湘缆的内控制度进行测评后，发现管理相当混乱，各项制度形同虚设。"湘缆"的破产原因是多方面的，而其内部控制制度的缺陷和功效失灵是导致"湘缆"破产的主要原因之一。

资料来源：《中国审计》，2000 年 10 月；《企业管理》，2000 年 9 月。

【案例评析】

内部控制制度是一个单位的各级管理部门，为保护经济资源的安全和完整，确保经济信息的正确可行，协调经济行为，控制经济活动，利用单位因分工而产生的相互制约、相互联系的关系，形成一系列具有控制职能的方法、措施和程序，并予以规模化、系统化，使之组成一个严密的、较为完整的体系。

1. 对"湘缆"内部控制制度的分析。

（1）"湘缆"的控制环境。控制环境是指对企业内部控制的建立和实施有重大影响的多种因素的统称，具体包括企业的监事会，董事会，组织机构，企业管理者的品德、操行、价值观念、素质和能力，管理人员的管理理念、经营作风等。控制环境的好坏直接决定着企业其他控制能否实施的效果。

第一，"湘缆"的董事会。国企改革和发展的方向是建立现代企业制度，公司治理结构是现代企业制度的核心。要采取有效措施改善公司的治理结构，避免并切实解决经营管理者"内部人控制"问题，强化约束和激励机制，形成股东会授权、董事会决策、监事会监督、经理层执行的职责明确、岗位清晰、各司其职、各负其责、互相制衡、协调高效的运行机制。在"湘缆"，陈海燕从 1995 年 5 月起以国家工作人员的身份在湘缆任职，作为国有独资企业"湘缆"集团总公司的领导，她集党委书记、厂长、总经理于一身，监事会、董事会不过是摆设，这些内部监督机构不能也不敢履行职责，权力约束机制起不到应有的制衡与监督作用。就是在这种环境下，陈海燕在湘缆上演了挪用侵吞巨额国企资产的闹剧。

第二，"湘缆"经营者的品行操守。企业管理当局与职工的能力与操守，对于内部控制的成效有举足轻重的影响，再好的内部控制，也不能防范存心破坏制度谋取私利的人，内部控制也有其自身的局限性。而陈海燕是如何坐上"湘缆"总经理宝座的呢？这个问题很耐人寻味。1992 年 10 月，陈海燕在申请辞职未获批准的情况下弃厂离职，与李世平等人参加由香港良乐公司等公司合资筹建的深圳大阳电工公司，并利用他们原在"湘缆"掌握的技术生命线和业务关系，挤占"湘缆"市场。陈海燕这样一个不守厂规、背弃"湘缆"、私欲膨胀的人，利用地方政界的关系，在其转干不到八个月，由一名工人摇身一变成为厅级干部。从其日后的所作所为中不难发现，隐患这时就已经埋下了，陈海燕的人品、操守由此可见一斑。

第三，"湘缆"的组织机构。企业组织机构是指企业内部各职能部门及其在管理与职责之间的关系。各职能部门之间必须要有明确的职责划分，相关的权利、义务也要分清，这样才可能形成有效的内部控制环境。当陈海燕如愿以偿地登上了"湘缆"总经理宝座的同时，私营公司老板的担子还挑在肩上，她利用双边兼职这一便利条件，肆无忌惮地谋取私利，采用"高进低出"手段从私营企业购进高价原材料，而后将"湘缆"产品低价售给其私营企业，如此一进一出，让利给其私营企业，非法牟利，慷国家之慨。陈海燕一伙利用双边兼职的便利条件，以贸易为名，依靠"湘缆"的人才、资金、产品和市场，培育壮大私人企业，一旦私营公司遇到资金困难，便到国企"请款"。"湘缆"的组织机构成为陈海燕用以谋利的工具。

第四，"湘缆"的人事政策。内部控制制度实施是否有效，关键取决于实施内部控制制度人员的素质，要使内部控制制度的功能按额定的目标正常运行，必须配备与此相适应的高素质人员，而"湘缆"又是如何行事的呢？一是唯我独尊。顺我者昌，逆我者亡。陈海燕对不听招呼的财务人员，随意撤换，内审部门提供的审计报告不合意的不予签发，内审机构形同虚设，"湘缆"原来的审计处长因为审计了她原来任职的公司，揭露了亏损的真实情况而被撤职。二是任人唯亲。陈海燕将私营公司的亲信和骨干都安插到"湘缆"的各个重要岗位任职，如陆续将亲信任命为"湘缆"控股的承包经营大阳电磁线公司总经理，金湘公司的总经理。这就是"湘缆"的用人之道。

第五，"湘缆"的内部审计。内部审计作为企业内部一个较高层次的控制单位，一方面可以增加监督企业会计制度和各种内部控制制度运行的效果，另一方面也可对其他职能部门的运行进行监督、评价并促使其提高效率。从"湘缆"内审的情况来看，陈海燕上台前的几年，7个审计人员每年可以为企业挽回近千万元的损失。而陈海燕上台后，内审机构形同虚设。"湘缆"原来的审计处长因为揭露了真实情况而被撤职，正所谓"顶住的站不住"。因此，"湘缆"的内部审计的监督职能可以说是名存实亡。

（2）"湘缆"的会计系统。在"湘缆"，会计系统被陈海燕随意控制，对不听招呼的财务人员随意撤换，会计系统已经失去其监督作用，成为陈海燕的传声筒，必须惟其马首是瞻，否则，会计人员的职位不保。陈海燕掌握着生死予夺的大权，财务制度只是对老百姓有约束作用，陈海燕却可以为所欲为。

（3）"湘缆"的控制程序。在"湘缆"集团，管理相当混乱，各项制度形同虚设，陈海燕及其同伙利用职务之便，随意挪用公款；随意虚开增值税专用发票113份，造成国家税款流失。她及其同伙恣意妄为如入无人之境，控制程序的失败可以说是一目了然。

2. 由"湘缆"破产引发的思考。陈海燕一伙挪用公款、虚开增值税发票、大量转移侵吞国有资产案于2000年2月24日进行了一审判决。主犯陈海燕，同案犯原金湘公司总经理李世平均被判处无期徒刑，剥夺政治权利终身，另外四名同伙也分别受到法律的制裁。陈海燕一案已经尘埃落定，但是他们给国家、企业、职工造成的损失是不可估量的。目前，值得深思的是，如何建立并执行有效的内部控制制度，使问题消灭在萌芽状态，而不让其泛滥成灾直到局面难以收拾的时候才暴露出来；如何进行事前、事中的控制与监督，能及时发现和纠正违法违纪问题，起到预警作用。类似"湘缆"这样的企业不止一个，像陈海燕这样的硕鼠也还会"后继有人"，如何建立健全完善有效的内部控制制度，改善国企控制环境，建立严密有效的会计系统，设立良好的控制程序，从根本上改善国企的治理状况，国家在这方面要做的事很多，要走的路也很长，可以说任重道远。

【案例三】　　　　　　　　　内部控制的测试及评价

【案情简介】

H 盐场有限责任公司，隶属于天津渤海化工集团，是天津市的大型企业，占地面积 1.4 万多公顷，主要产品为原盐和氯化钾、溴素、镁等化工产品。该公司有下属单位 22 个，其中，盐场分场 5 个，化工厂 4 个。1992 年，H 盐场审计处在对各直属单位进行财务收支审计时，发现公司下属 3 个化工厂露天存放 10 台旧加热器（系用于原料卤的蒸发的自制非标设备）内有大量可回收利用的紫铜管。其中 1 台 5 米高的大型加热器内的铜管，已经短缺了不少。对这些旧加热器，有的化工厂正在与乡镇企业和个体户联系，准备自行处理。审计处认为，旧加热器的紫铜管是较贵重的金属物资，不应长期闲置或由化工厂自行处理。否则，将会造成国家财产的严重损失，甚至引发经济犯罪。因此，决定对旧加热器进行经济效益审计。

资料来源：《审计研究资料》，2007 年 5 月。

【案例评析】

审计人员研究了公司关于设备管理的内部控制制度，重点分析制度的薄弱环节。审计组邀请了 3 个化工厂的设备管理员座谈，了解到加热器报废工作在 1988 年以后，设备处只负责鉴定，处理工作改由供应处负责。其残值处理工作在 1990 年以前，由于国家分配的铜材指标不能满足生产需要，一直坚持得很好，先后利用拆卸的加热器废铜加工为新管材 21.3 吨，节约生产成本 10 万元。但在 1990 年以后，国家物资部门取消了铜材指标供应，废铜管的回收工作则由放松而后转为停止。

1. 对各厂设备管理内部控制制度进行符合性测试。对设备内部控制制度的符合性测试是设备审计的出发点。审计人员重点检查了设备的管理制度、账簿记录、控制环节、盘点制度，采用调查表法，对固定资产减少业务内部控制制度的申购、鉴定、审批、执行、记录、保管、清理各方面制度，进行全面调查，调查的结果表明资产的保管、清理为薄弱环节，可能存在漏洞和弊端，对此在实质性测试中应进行重点审查。

2. 对旧加热器报废问题进行实质性测试。经审查 3 个化工厂的固定资产账，报废的 10 台加热器账面记录如表 1 – 1 所示。

表 1 – 1　　　　　　　　　3 个化工厂报废的加热器账面记录　　　　　　　　单位：元

厂　　名	作废台数	账面原值	提取折旧	账面净值
A 厂	4	220 695.70	213 943.94	6 751.76
B 厂	1	107 865.63	105 139.39	2 726.24
C 厂	5	346 532.81	336 207.73	10 325.08
合　　计	10	675 094.14	655 291.06	19 803.08

经审查所有的报废加热器均有批准手续，审计组在查清废旧加热器的会计记录和存放情况以后，对其残值进行了详细计算，结果如下：10 台报废加热器中有可以回收利用的紫铜管 1 071 根，重量 14.286 吨，价值 157 146 元，可以回收利用的钢材 6.4 吨，价值 2 676 元。两项合计为 159 822 元。

3. 评价企业的物资回收制度。公司设备处缺乏必要的管理和控制，致使旧加热器长期露天存放，废旧物资不能变废为宝。加之部分管理人员存在错误意识，认识不到从废旧物资中挖掘潜力的必要性。

建议恢复和健全本公司的设备报废和鉴定制度。对报废设备和回收物资要妥善存放，专人保管，建账设卡，严格出入库手续，堵塞漏洞，真正做到物尽其用。另外建立必要的奖励制度。根据物资回收和加工利用创造的效益给予一定数额的奖励，以调动相关人员的积极性。

【案例四】 工薪内控失效 录入员有机可乘

【案情简介】

笑傲香府为一大型饮食企业，因人员流动性强，公司每周核发上周的员工工资。员工工资按计时工资制，并通过工时卡登记工作时间。计时员小王每周末将员工的工时卡和工资卡收集起来，送交财务中心计算机录入员小刘。因采用了先进的计算机处理系统，小刘录入的数据无法更改，小刘录入完成后，由财务中心会计员老张依据所输入数据核算应付工资，填制工资支票，同时由会计员青峰按照统一标准编制人工成本分配表和登记工资日记账。财务主管老周核对工资支票与工资日记账并确定无误后，签发工资支票和人工费用分配表，并直接交由小刘输入计算机以及到银行提取现金办理员工工资结算手续，办理完毕后，将支票存根和人工成本分配表返还老周，同时将员工的工时卡和工资卡一并返还计时员小王，最后由小王将工资分发给每位员工。

【案例评析】

财务部门的录入人员小刘身兼录入、银行结算（出纳）、工资发放三职，严重违反了不相容职务分离的原则。

理论上讲，小刘不仅与员工之间通过小王"单线联系"，而且与财务部门之间也"单线联系"，这就使得小刘具备了"欺上瞒下"而不被察觉的客观条件。

具体来说，如小刘在工时录入时，虚增工时，必然导致老张及青峰所核算的应付工资、填制的工资支票、编制人工成本分配表及登记工资日记账出现等额的高估错误，即便是财务主管老周的核对，也无法察觉小刘虚增工时的问题（因老周核对支票与工资日记账，未触及工时卡）。同样地，由于无人监督及核对，小刘可以在办理银行结算手续时，将与虚增工时相应的工资截留贪污，而这并不影响员工工时与其工资卡的一致性。而这一舞弊也不能通过财务部门与银行的对账加以揭示。

建议：银行存款的结算业务由小刘、小王以外的其他人员承担，最好由青峰承担，而由老张根据应付每个职员的工资,以工资单的形式通知员工以便核对,由小王返还员工工时卡,员工工资由员工个人直接到银行支取。

【案例五】　　　　　不相容职务不分离,截留货款归个人

【案情简介】

某国有制药厂为了促进销售、扩展市场,在药品销售方面制定如下制度:销售人员自己联系销售渠道,自找购药客户,谁销售药品谁负责收款,工资与销售金额挂钩。这项制度的实施,调动了销售人员的积极性,促进了销售额的增长,也引起了有关审计部门的注意:公司的应收账款随销售额的增加而大幅增加。

某审计局派出的审计小组对该制药厂 2003 年度的财务收支进行了审计。审计人员首先对收入及应收账款等重点内部控制制度进行了符合性测试,仔细分析了该厂的促销制度,并注意到促销制度实行后虽然销售额增加,但应收账款也大幅度增长的情况,认为该厂的促销制度在设计上存在一定的缺陷,销售和收款集中于销售人员一人办理,违背了内部控制制度中不相容职务分离的原则,增大了发生重大错弊的可能性。基于这种分析,审计人员把应收账款作为审计重点,对账龄较长、金额较大的应收账款进行了函证。

【案例评析】

在对某医院欠药厂的应收账款函证中,医院会计说已在半年前就将一张 58 900 元的支票交给该制药厂的销售员冯某,并出具了支票存根和收据,审计人员随即找到冯某询问。在大量证据面前,冯某不得不交代了将支票的资金存入自己的一个账户,并用于经商的事情。

该审计局在向被审计单位出具的审计意见书中,对上述内部控制缺陷向该制药厂提出了如下改进意见:销售与收款工作应该分离,由不同的人员负责;销售人员的工资奖金应与收到的销货款挂钩。

第三节　基本训练

一、单项选择题

1. 审计人员对内部控制进行考虑的基本目的是为了(　　)。
   A. 判断和资产安全性有关的程序和记录是否可靠
   B. 向客户提出改进内部控制的指导性建议
   C. 判断将要执行的审计测试的性质、程序和时间安排
   D. 发表审计意见
2. 审计人员在审计过程中,在(　　)必须恰当运用重要性原则。
   A. 计划阶段和实施阶段　　　　　　　　　　B. 计划阶段、实施阶段和报告阶段

C. 计划阶段和报告阶段   C. 实施阶段和报告阶段

3. 在确定重要性时，对于流动性较高的会计报表项目，审计人员应当（   ）。

    A. 确定较高的重要性水平   B. 确定较低的重要性水平

    C. 不考虑项目的流动性   D. 以上各项均不对

4. 对重要性评估所做的总体性要求是（   ）。

    A. 审计项目越重要，所需的证据越多

    B. 重要性水平与所需证据成反比

    C. 重要性水平与所需的证据成正比

    D. 重要性水平越低，所需的证据就会越少

5. 对重要性水平作出初步判断时审计人员应结合以往的审计经验，其含义是（   ）。

    A. 审计经验越丰富，所需的证据越多

    B. 审计经验越丰富，所需的证据越少

    C. 以往审计中运用的重要性水平，如果较为适当，可作为本年度确定重要性水平的重要依据

    D. 以往审计中运用的重要性水平，如果较为适当，可作为本年度的重要性水平

6. 审计人员在汇总尚未调整的错报或漏报时，不应当包括的错报或漏报是（   ）。

    A. 前期未调整的、本期仍存在的错报或漏报

    B. 前期未调整的但在本期已经不存在的错报或漏报

    C. 本期发现的错报或漏报

    D. 本期推断的错报或漏报

7. 如果重大错报风险评估为低水平，审计人员应当对所函证项目自该截止日起至资产负债表日止发生的变动实施（   ）。

    A. 风险评估程序   B. 控制测试程序

    C. 分析程序   D. 实质性程序

8. 下列内部控制措施中，属于察觉式的有（   ）。

    A. 授权审批控制   B. 原材料消耗定额控制

    C. 职责分工控制   D. 固定资产盘点控制

9. 下列内部控制措施中，属于预防式控制的是（   ）。

    A. 实物盘点   B. 会计记录核对   C. 职责分工控制   D. 计划控制

10. 下列各项中，属于内部控制中控制活动要素的是（   ）。

    A. 人事政策   B. 组织结构设置

    C. 风险评估   D. 凭证与记录控制

11. 被审计单位为了保证既定目标得以顺利实现而制定并执行的各项控制政策和程序，属于内部控制要素中的（   ）。

    A. 控制环境   B. 风险评估   C. 控制活动   D. 信息与沟通

12. 下列各项中，不属于控制活动的是（   ）。

    A. 监督   B. 实物控制   C. 独立检查   D. 职责分工控制

13. 在一个设计适当的内部控制系统中，同一名职员可以负责（   ）。

    A. 接受保管现金，并登记现金日记账

    B. 接受和保管现金支票，并批准注销客户的应收账款

    C. 保管空白支票和银行预留印鉴

    D. 批准付款与签发支票

14. 采用调查法调查了解被审计单位的内部控制时，设计调查表的人员是（   ）。

    A. 会计人员   B. 管理者   C. 审计人员   D. 统计人员

15. 审计人员在对内部控制进行初评后，认为应该实施内部控制测试的情况是（   ）。

    A. 内部控制的设置极为有限

    B. 进行内部控制测试不经济

    C. 难以对内部控制的健全性、有效性作出评价

    D. 内部控制风险较低

16. 下列不属于确定实质性测试重点领域考虑的问题是（   ）。

    A. 缺少内部控制的重要业务领域

    B. 内部控制能够防止重大错报

    C. 内部控制没有发挥作用的领域

    D. 内部控制设置不合理、控制目标不能实现的领域

17. 对内部控制初步评价，如果认为控制系统健全，相关的内部控制能够防止或发现和纠正重大错报或漏报，审计人员应（   ）。

    A. 转入符合性测试阶段   B. 提高重大错报风险评估水平

    C. 降低重大错报风险评估水平   D. 直接转入实质性测试阶段

18. 确定符合性测试的抽查范围时，可选择的方法是（   ）。

    A. 实地观察法   B. 证据检查法   C. 经验估计法   D. 重复执行法

19. 在风险基础审计模式中，当被审计单位内部控制失效或审计人员不拟进行符合性测试时，可将控制风险水平直接确定为（   ）。

    A. 最高   B. 适中   C. 最低   D. 忽略不计

20. 审计人员对某公司 2008 年度财务报表进行审计，在考虑重要性和审计风险时，与公司财务报表层次重大错报风险评估最相关的是（   ）。

    A. 应收账款周转率明显下降趋势   B. 公司控制环境薄弱

    C. 公司的生产成本计算过程相当复杂   D. 持有大量价值高且易被盗窃的资产

二、多项选择题

1. 总体审计计划必须事先考虑的工作包括（   ）。

    A. 对专家的利用   B. 对内部审计人员的利用

    C. 对其他审计人员工作的利用   D. 执行人及执行日期

2. 审计人员在编制审计计划时，还应当对（   ）进行适当评估，并制定初步审计策略。

A. 审计重要性　　　B. 审计策略　　　　　　　C. 审计风险　　　　　　　D. 审计目的

3. 关于重要性，下列说法正确的有（　　　）。

　A. 实际上，账户层次的重要性水平就是审计人员在进行实质性测试时，在能够对某一账户余额或某类经济业务总体特征作出合理评价的条件下所愿意接受的最大金额误差

　B. 某一金额对某个企业的会计报表来说是重要的，而对另一个企业的会计报表可能是不重要的

　C. 对某一特定企业而言，重要性也会因时间的不同而改变

　D. 若一项在报表中的错报或漏报足以改变或影响报表使用者的判断，则该项错报或漏报就是重要的，否则就是不重要的

4. 尚未调整的错报或漏报汇总数接近而未超过会计报表层次重要性水平时，审计人员应当考虑（　　　）。

　A. 发表无保留意见

　B. 追加审计程序

　C. 提请被审计单位调整已发现的错报或漏报

　D. 发表保留意见

5. 审计人员在汇总评价被审计单位尚未调整的错报或漏报数额时，该汇总数应当包括（　　　）。

　A. 前期尚未调整的错漏报　　　　　　　　　B. 本期尚未调整的错漏报

　C. 推断的错报或漏报　　　　　　　　　　　D. 期后事项及或有事项

6. 推断的错报和漏报应当包括（　　　）。

　A. 未建议被审计单位调整的未调整的不符事项

　B. 运用审计抽样技术所估计的未更正预计错报

　C. 运用分析性复核程序法所量化的估计错报

　D. 运用其他审计程序所量化的估计错报

7. 在确定拟实施的审计程序后，如果审计人员决定接受更低的重要性水平，审计人员应当（　　　）。

　A. 扩大预备调查的范围，以降低重大错报风险的初步判断水平

　B. 扩大复核性测试的范围，以降低重大错报风险的初步判断水平

　C. 修改计划实施的实质性的测试程序，以降低检查风险至可接受的水平

　D. 扩大分析性复核的范围，以降低整个审计风险至可接受的水平

8. 下列各项中，不属于审计人员总体审计计划审核事项的是（　　　）。

　A. 审计程序能否达到审计目标

　B. 审计程序能否适合审计项目的具体情况

　C. 对审计重要性的确定和审计风险的评估是否恰当

　D. 重点审计程序的制定是否恰当

9. 控制环境是内部控制的要素之一，其内容包括（　　　）。

A. 管理当局的观念和经营风格   B. 组织结构的设置

C. 员工的素质   D. 人事政策

10. 下列各项中，属于内部控制要素中控制活动要素的内容有（   ）。

A. 员工素质控制   B. 业务授权控制

C. 职责分工控制   D. 凭证与记录控制

11. 与文字描述法相比，应用调查法描述内部控制调查结果的优点有（   ）。

A. 可以对调查对象作出比较深入和具体的描述

B. 调查范围明确、问题突出、容易反映被审计单位内部控制系统中存在的缺陷和薄弱环节

C. 设计合理的标准调查表，可广泛适用于同类型被审计单位，从而减少审计工作量

D. 调查表可由若干人分别同时回答，有助于保证调查效果

12. 对内部控制进行调查时可以采用的方法有（   ）。

A. 查阅被审计单位的各项管理制度和相关文件

B. 问询被审计单位的管理人员和其他相关人员

C. 检查内部控制过程中生成的文件和记录

D. 观察被审计单位的业务活动和内部控制的实际运行情况

13. 下列关于符合性测试的说法中，正确的有（   ）。

A. 监盘是符合性测试的常用方法之一

B. 通过符合性测试以评价内部控制的可信赖程度

C. 符合性测试在审计实施阶段进行

D. 符合性测试在实质性测试之后进行

14. 审计人员对内部控制进行调查后，可以采用的描述内部控制的方法有（   ）。

A. 文字说明法   B. 调查表法   C. 流程图法   D. 录像法

15. 在编制审计计划时，审计人员应针对项目组成员工作的指导、监督与复核的性质、时间和范围制定计划。审计人员对项目组成员工作的指导、监督与复核的性质、时间和范围主要取决于（   ）。

A. 被审计单位的规模和复杂程序

B. 重要性水平

C. 执行审计工作的项目组成员的素质和专业胜任能力

D. 重大错报风险

16. 下列属于流程图法特点的是（   ）。

A. 可以对调查对象作出比较深入和具体的描述

B. 便于随时根据业务控制程序的变化作出修改

C. 由于缺少文字说明，较复杂的业务不易理解

D. 能使各项业务活动的职责分工、授权批准等项控制措施完整地显示出来

17. 下面属于文字说明法特点的是（   ）。

A. 单独使用时只限于内部控制系统比较简单且易于描述的小型企业

B. 使用范围广泛

C. 可以对调查对象作出比较深入和具体的描述

D. 难以用简明的语言描述内部控制系统的细节

18. 下列说法中正确的是（　　　）。

A. 内部控制的设置和运行受制于成本效益原则

B. 内部控制可能因有关人员相互勾结、内外串通而失效

C. 内部控制一般仅针对常规业务活动设计的

D. 内部控制可能因经营环境、业务性质的改变而削弱或失效

19. 在凭证与记录的控制过程中，建立严格的凭证制度要求（　　　）。

A. 凭证种类要齐全　　　　　　　B. 凭证内容要完整

C. 凭证要预先连续编号　　　　　D. 重要凭证要由专人负责保管

20. 审计人员对某公司 2008 年度财务报表进行审计，在了解内部控制环境时，审计人员应当关注（　　　）。

A. 公司治理层相对于管理层的独立性　　B. 公司管理层的理念和经营风格

C. 公司员工整体的道德价值观　　　　　D. 公司对控制的监督

三、判断题

1. 无论控制风险评估水平如何，审计人员都要记录控制风险评价结果。（　　　）

2. 对被审计单位内部控制的了解和控制测试可以完全替代实质性测试。（　　　）

3. 审计人员有责任建立、修正和维护被审计单位的各项控制。（　　　）

4. 内部控制的建立也要考虑成本效益原则。（　　　）

5. 审计人员发现被审计单位规模较小，财会人员亦较少，在出纳员请病假期间，财务科长指派会计兼任出纳。审计人员认为被审计单位内部控制制度健全。（　　　）

6. 审计人员如拟信赖内部控制，应当实施内部控制测试，以将重大错报风险降低至可接受水平。（　　　）

7. 审计人员评估的重大错报风险越高，实施实质性测试的范围越广。如果对控制测试结果不满意，审计人员应当考虑扩大实质性测试的范围。（　　　）

8. 如果通过对被审计单位内部控制的了解，审计人员发现管理当局缺乏诚信，导致财务报表的错报风险非常重大，并对财务报表的可审计性产生怀疑，审计人员应当考虑保留意见或否定意见。（　　　）

9. 如果识别出被审计单位未加控制或控制不当的重大错报风险，或认为被审计单位的风险评估过程存在重大缺陷，审计人员应当就此类内部控制缺陷与管理层沟通。（　　　）

10. 无论评估的重大错报风险结果如何，审计人员均应当针对所有重大的各类交易、账户余额、列报实施测试性程序，以获取充分、适当的审计证据。（　　　）

四、简答题

1. 内部控制的理念是如何发展起来的？经历了哪些阶段？

2. 现代内部控制的主要内容有哪些？

3. 审计人员通常通过哪些方法来了解内部控制制度？

4. 简述文字描述法、调查表法和流程图法各有哪些优点和缺点？适用范围如何？

5. 为什么要对内部控制进行测试？如何对内部控制进行设计测试和执行测试？

6. 针对不同的内部控制评价结果，审计人员应如何设计审计策略？

第四节 模拟训练

1. 资料： 某公司于 20×6 年 3 月开工建设生产车间，20×7 年 4 月完工。公司董事会考虑到项目金额较大，决定授权公司总经理李某全权负责组织工程的可行性研究，并由其对项目作出决策。之后，公司董事会又授权副总经理王某负责审核工程概预算编制，并对工程各项价款的支付进行审批。王某通过私定施工单位捞取了巨额回扣，并利用工程价款支付"一支笔"审批权从中侵占公司巨额财产。

要求： 分析该公司在工程项目建设过程中存在哪些内部控制缺陷？

2. 资料： 张明本年度担任 M 公司董事长，但对内部控制的实际操作不懂。李晓在公司工作多年，负责登记账簿和编制会计报表，现被任命为公司主管会计兼出纳，管理公司的现金收付账务处理和编制报表等事宜。李晓手下有两名会计人员，具体负责登记银行存款日记账、签发支票。从李晓每月提供的利润表看，公司收益令张明满意，但从资产负债表上看，货币资金却逐月减少以致到了影响资金周转的地步。为了满足生产经营需要，公司举债 100 万元，但几个月后，公司拥有的货币资金又不能满足需要了，不得不再次举债。张明任职两年后的 5 月 30 日，李晓突然几天未来上班，一连几天经多方联系仍不见踪影，李晓失踪了。而公司也陷入了困境，因为债务多已到期，甚至很多债权人声称他们的贷款几个月前就到期了，李晓答应 5 月 30 日前一次还清。为了筹钱还债，张明只好亲自打电话给两个最近采购大量商品的大客户，问他们能否立即支付这笔货款，而两家公司都给予同样的回复："货款都已付清了"。他们解释说，李晓答应只要发货就付款可以给予他们相当可观的现金折扣。

至此，公司陷入了不能偿还到期债务的困境，有的债权人甚至提出了破产清算。为了使公司不至于破产，经董事会研究决定转让公司 40% 股权且价格极低，买主为 H 财务公司，而且附加一个条件，即由 H 财务公司派王军担任主管会计。王军到任后，立即清查 M 公司财务，发现问题如下：

（1）大量正常的商品销售业务在账务上列为债权，且债权人多为虚假。当真正的客户付款时，李晓抽走支票或现金，账上不作任何处理。这样虚假客户的应收账款始终挂在账上。

（2）对真实债权人的应收款项，在收到债务人付款的支票时，李晓把这笔业务记录为借记某一项费用、贷记应收账款，然后再从现金收入中抽走同样多的现金，而以收到的支票来代替现金，使得银行存款账户的记录与现金收入的记录相一致。

（3）对许多现销业务，少记或不记现金收入。

（4）为了使报表盈余，李晓编造了许多虚假的销货记录。

（5）编制银行对账单时，李晓少登了许多未支付的支票，从而使银行存款日记账与银行存款总账保持一致。

要求：根据上述案例，分析 M 公司内部控制存在哪些问题，并提出改进意见。

3. 资料：西湖交电商场系专营交电商品的中型商业零售企业，商店设有电料、电讯和车料三个柜组，全店职工人数 70 人。经营商品主要来自本市有关专业批发部，少量向市内外厂商直接供货。销售对象除居民外，同时供应本市工矿企业和社会集团单位。该店商品核算实行"售价金额"核算，"已销商品进销差价"采用分柜组差价率计算法进行结转，库存商品实行一物一卡，计价采用先进先出法。据联系该店的税务局专管员反映，该店财会力量比较薄弱，工作责任心较差，违反财经纪律的行为时有发生。奖金发放考核销量和利润指标，凡销量和利润指标超过上年者，可按上年奖金水平发放。

要求：

（1）如果对企业内部制度进行弱点评价，一般应从哪些方面入手？

（2）对现金这种具有高度流通性的资产，如何对其管理和使用进行严格的内部控制？

4. 审计人员对 ABC 股份有限公司×年度会计报表进行审计，其未经审计的有关会计报表项目金额如表 1-2 所示。

表 1-2 　　　　　　　ABC 股份有限公司×年度未经审计的金额　　　　　单位：人民币元

总资产	净资产	主营业务收入	净利润
9 500 000	3 100 000	2 000 000	200 000

要求：

（1）如果以资产总额、净资产（股东权益）、主营业务收入和净利润作为判断基础，采用固定比率法，并假定资产总额、净资产、主营业务收入和净利润的固定百分比数值分别为 0.5%、1%、0.5% 和 10%，请代为计算确定 ABC 股份有限公司×年度会计报表层次的重要性水平（请列示计算过程）。

（2）如果被审计单位属于劳动密集型企业，其重要性水平又是多少？

（3）简要说明重要性水平、审计证据、审计风险三者之间的关系。

5. 资料：审计组于 2006 年 2 月对某公司 2005 年度财务收支情况进行审计。审计人员首先对内部控制进行了了解，然后对有关账户余额进行了实质性测试。有关情况和资料如下：

（1）以前年度未对存货实施盘点，仓库出库单未连续编号。

（2）2005 年 4~7 月，由于会计人员休产假，存货明细账由仓库保管员代记。

（3）每个月末，由日常负责到银行取送单据的出纳员编制银行存款余额调节表。

（4）2005年12月31日，应收账款账面余额是4 200万元，由80笔赊销业务形成，审计人员按照时间顺序将80笔赊销连续编号为001至080，并随机抽取了其中20笔进行审查，这20笔赊销业务账面金额是984万元，经审定实际应为1 020万元。

要求： 审计人员进行内部控制调查后，采用适当的方法描述该公司的内部控制制度。

6. 资料： 2004年3月，某市审计局派出审计组对某重点国有企业2003年度财务收支进行审计，有关审计情况和资料如下：

（1）由于市场竞争激烈，近年来该企业利润受市场影响波动较大。

（2）审计组调查该企业的内部控制情况后，认为内部控制较为健全合理，准备依赖内部控制进行审计，并据此将控制风险评估为低水平。同时按照该企业2003年度税后利润的10%确定重要性水平为90万元，审计组仅根据确定的控制风险水平和重要性水平编制了审计实施方案，确定了实质性测试的范围和重点。

（3）在现场进行实质性测试中，审计组发现该企业内部控制并不是十分有效，原来评估的控制风险水平偏低，应该定为中等水平，而且审计实施方案也应该进行相应调整。鉴于审计实施方案已经制定，审计组决定不修改书面的审计实施方案，但在现场审计中，每个审计人员调整了实质性测试的范围和重点。

（4）现场审计结束，审计组在起草审计报告时，未对重要性水平进行重新考虑和评估，就以准备阶段确定的90万元为标准，审计发现的90万元以下的所有错弊均不写入审计报告。

要求：

（1）审计组如何对重大错报风险进行评估，评估的结果如何？

（2）如果审计组在审计实施阶段仍采用原来估计的较低的控制风险水平，可能会产生什么样的影响？

第二章

货币资金审计

【知识目标】了解货币资金的内部控制及内部控制测试的内容；了解货币资金与其他各交易循环的关系；了解对货币资金内部控制进行调查与测试的要点。

【技能目标】使学生掌握库存现金实质性测试中的重要程序；掌握银行存款实质性测试中的重要程序。

第一节 内容概述

一、货币资金审计的基本内容

（一）货币资金的内部控制制度

1. 岗位分工及授权批准。

（1）单位应当建立货币资金的岗位责任制，明确相关部门和岗位的职责、权限，确保办理货币资金业务的不相容岗位相互分离、制约和监督。

（2）应当配备合格的人员办理货币资金业务，并定期进行岗位轮换。

（3）应当对货币资金业务建立严格的授权批准制度，明确审批人员对货币资金业务的授权批准方式、权限、程序、责任和相关控制措施，规定经办人办理货币资金业务的职权范围和工作要求。

（4）审批人员应当根据货币资金授权批准制度的规定，在授权范围内进行审批，不得超越审批权限。未经授权的部门和人员一律不得办理货币资金业务。

（5）单位取得的货币资金收入必须及时入账，不得私设"小金库"，不得账外设账，严格禁止收款不入账的违法行为。经办销售业务的人员不得同时经办收款业务。

（6）单位应当按照规定的程序办理货币资金支付业务。程序如下：支付申请、支付审批、支付复核、办理支付。

（7）单位对于重要货币资金支付业务，应当实行集体决策和审批制度。

（8）严禁未授权的机构或人员直接接触货币资金。

2. 现金和银行存款的管理。

（1）单位应当加强库存现金、库存限额的管理，在银行核定的库存限额内支付现金，不得任意超过库存现金的限额，超过库存限额的现金应及时存入银行。

（2）单位必须在《现金管理暂行条例》规定的范围内使用现金，不属于现金开支范围的业务一律通过银行办理转账结算。

（3）单位应加强现金的管理，明确收款、付款、记录等各个环节出纳人员与相关人员的职责权限。

（4）单位现金收入应及时存入银行，不得用于直接支付单位自身的支付，因特殊情况需坐支现金的，应事先报开户银行审查批准，由开户银行确定坐支的数额等，未经银行批准，严禁坐支现金。

（5）单位应当按照国家《支付结算办法》的规定，在银行开立账户，办理存款、取款和转账结算。

（6）一个单位只能选择一家银行的一个营业机构开立一个基本存款账户，不得在多家银行机构开立基本存款账户，也不得在同一个银行的几个分支机构开立一般存款账户。

（7）单位除了按规定留存的库存现金以外，所有货币资金都必须存入银行，单位一切收付款项，除制度规定可用现金支付的部分外，都必须通过银行办理转账结算。

（8）单位应当严格遵守银行结算纪律，不准签发没有资金保证的票据或远期支票，套取银行信用；不准签发、取得和转让没有真实交易和债权债务的票据，套取银行和他人资金；不准无理拒绝付款，任意占用他人资金；不准违反规定开立和使用银行账户。

（9）单位应当及时核对银行账户，确保银行存款账户余额与银行对账单相符。对银行账户核对过程中发现的未达账项，应查明原因，及时处理。

（10）单位应定期和不定期地进行现金盘点，确保现金账面余额和实际库存相符。不得白条抵库和挪用现金。

3. 票据及有关印章的保管。

（1）单位应加强货币资金票据（银行汇票、银行本票等）的管理，明确各种票据的购买、保管、领用、注销等环节的职责权限和程序，并专设登记簿进行记录，防止空白票据的遗失和盗用。

（2）单位应加强银行预留印鉴的管理，财务专用账应由专人管理，个人名章必须由本人或其授权人员保管。严禁一人保管支付款项的有关印章。

（二）货币资金的内部控制测试

货币资金的内部控制测试一般包括如下内容：

1. 检查一定期间的库存现金、银行存款日记账及其相关账户的记录。现金与银行存款日记账审查的范围和广度，视内部控制流程图和其他各方面的情况综合考虑而定；如果在检查中发现严重问题，应视情况扩大工作范围或改变实质性测试。

2. 抽取并审查收款凭证。在检查现金与银行存款日记账的基础上，还必须按货币资金收款凭证的类别，选取适当的样本量，进行检查。

3. 抽取并审查付款凭证。为测试货币资金付款的内部控制，注册会计师还必须按货币资金付款凭证的类别，选取适当的样本量，进行检查。

4. 抽取一定期间的银行存款余额调节表，查验其是否按月正确编制并经复核。

5. 检查外币资金的折算方法是否符合有关规定，是否与上年度一致。

（三）货币资金的实质性测试

1. 库存现金审计。库存现金的实质性测试程序一般包括如下几个方面：

（1）核对库存现金日记账余额与总账余额是否相等。审计人员在审查现金余额时，首先应做的是核对库存现金日记账余额与总账余额是否相符。如果不相符，审计人员应查明原因，将其作为继续审查现金余额的基础。

（2）分析性程序。审计人员应比较现金余额的本期实际数与预算数以及上年度账户余额的差异变动，还要比较有关项目的一些比率（比如流动比率、速动比率、现金周转率等）的变动情况。对本期数字与上期实际数或本期预算数的异常差异或显著波动必须进一步追查原因，确保审计重点。

（3）盘点库存现金。审计人员通常采用突击检查的方式会同被审计单位会计主管人员和出纳员盘点库存现金，编制库存现金盘点表，并将盘点余额同现金日记账核对，如有差异，应查明原因，并作出记录或适当调整。对于盘点中发现的充抵库存现金的借条、未提现支票、未作报销的收据和发票，要在"库存现金盘点表"中加以说明或作出必要的调整。一般而言，现金盘点日在结账日（资产负债表日）之后，审计人员还需根据结账日至盘点日所有现金收支倒推计算出结账日金额。

（4）验证现金收支的截止日期，并审查截止日期前后的现金收支情况。审计人员必须审查验证被审计单位现金收支的截止日期，以防止将本期的现金收支记入下期，或将属于下期的现金收支记入本期，从而防止被审计单位高估或低估现金的余额以达到隐瞒某些事实真相的目的。为此，审计人员首先应做好被审计单位结账日的现金盘点工作，然后对结账日前后的一段时期内的现金收支凭证进行审计，以确定其是否存在跨期现象。

（5）审查外币现金的折算是否正确。对于有外币现金收支业务的被审计单位，审计人员应审查被审计单位对外币现金的收支是否按所规定的汇率折合为记账本位币金额；外币现金的期末余额是否按期末市场汇率折合为记账本位币金额；外币折合差额是否按规定计入有关账户。

（6）抽查大额现金收支。审计人员应抽查大额的现金收支的原始凭证是否完整，有无授权批准，并核对相关账户的记账情况，如有与被审计单位生产经营无关的收支事项，应查明原因作适当的记录。

（7）确定库存现金的披露是否恰当。

2. 银行存款审计。银行存款的实质性测试程序一般包括如下几个方面：

（1）核对银行存款日记账余额与总账余额是否相等。审计人员在审查银行存款余额时，首先应做的是核对银行存款日记账余额与总账余额两者是否相符。

（2）分析性程序。审计人员应比较银行余额的本期实际数与预算数以及上年度账户余额的差异变动，对本期数字与上期实际数或本期预算数的异常差异或显著波动必须进一步追查原因，确定审计重点。尤其应注意的是银行存款中定期存款所占比例，以确定企业是否存在高息资金拆借。如存在高息资金拆借，应进一步分析拆出资金的安全性。

（3）审查银行存款余额调节表。审查结算日银行存款余额调节表是证实资产负债表所列货币资金中银行存款是否存在的一个重要方法。审计人员对银行存款余额调节表的审计主要包括：

① 核实调节表数据计算的正确性。审计人员对银行存款余额调节表数据计算正确性的核实，主要应从以下几个方面来进行：第一，将银行对账单、银行存款日记账和总账上的结账日余额与银行存款余额调节表上调节前的相应余额核对，验证调节表上的列示是否正确；第二，将银行对账单记录与银行日记账逐笔核对，核实调节表上各调节项目的列示是否真实完整，任何漏记、多记调节项目的现象都应引起审计人员的高度警惕；第三，在银行存款日记账账面余额和银行对账单余额的基础上复核上述未达账项及其加减调节情况，并验证调节后两者的余额计算是否正确、是否相符。如不相符，说明其中一方或双方存在记账差错，并要进一步追查原因，扩大测试范围。

② 调查未达账项的真实性。未达账项的真实性调查主要包括以下几个方面：第一，列示未兑现支票清单，注明开票日期和收款人姓名和单位，并调查金额较大的未兑现支票、可提现的未兑现支票以及注册会计师认为较为重要的未兑现支票；第二，追查截止日期银行对账单上的在途存款，并在银行存款余额调节表上注明存款日期；第三，审查直至截止日期银行已收、被审计单位未收的款项的性质及其款项来源；第四，审查直至截止日银行已付、被审计单位未付的款项的性质及其款项来源。

（4）函证银行存款余额。函证银行存款余额是证实资产负债表所列货币资金（银行存款、其他货币资金）是否存在的重要方法。通过向往来银行函证，审计人员不仅可以了解被审计单位资产的存在情况，而且还可以了解被审计单位所欠银行的债务，发现被审计单位未登记的银行负债，以及被审计单位应披露的或有负债等。

（5）验证银行存款收支的截止日期，并审查截止日期前后的银行存款收支情况。被审计单位资产负债表上的银行存款的数额，应以结账日实有数额为准。因此审计人员必须审查验证被审计单位银行存款收支的截止日期，以防止将属于本期的银行存款收支记入下期，或将属于下期的银行存款收支记入本期，从而防止被审计单位高估或低估其银行存款的数额，以达到隐瞒某些事实真相的目的。

（6）审查外币银行存款的折算是否正确。对于有外币银行存款收支业务的被审计单位，审计人员应审查被审计单位对外币银行存款的收支是否按所规定的汇率折合为记账本位币金额；外币银行存款的期末余额是否按期末市场汇率折合为记账本位币金额；外币折合差额是否按规定计入有关账户。

（7）抽查大额银行存款收支。审计人员应抽查大额银行存款收支的原始凭证，看其内容是否完整，有无授权批准，并核对相关账户的进账情况，如有与被审计单位生产经营无关的收支事项，应查明原因作适当的记录。

（8）确定银行存款的披露是否恰当。

3. 其他货币资金审计。其他货币资金的实质性测试程序一般包括如下几个方面：

（1）核对外埠存款、银行汇票存款、银行本票存款、信用证存款、存出投资款等各明细账期末合计数与总账数相符。

（2）函证外埠存款户、银行汇票存款户、银行本票存款户、信用证存款户、存出投资款等的期末余额。

（3）验证其他货币资金的截止日期，并审查截止日期前后的其他货币资金的收支情况，以防止高估或低估其他货币资金的数额。

（4）对于非记账本位币的其他货币资金，检查其是否按规定的折算汇率折算为记账本位币金额，是否将其期末余额折合为记账本位币金额。

（5）抽取一定样本量的原始凭证进行测试，检查其经济内容是否完整，有无适当的审批授权，并核对有关账户的进账情况。

（6）审查其他货币资金的披露是否恰当。

二、货币资金业务的一般错误和弊端

（一）没有建立完善的内控制度

很多单位没有建立一个完善有效的内部控制制度，使得会计人员在工作中无章可循，凭自己的工作经验或前任的方法进行会计工作。有些单位虽然制定了内控制度，但没有结合本企业的经营特点和组织结构，使控制的效果不理想。

（二）岗位分工不合理，控制程序不到位

1. 违反"不相容职务相分离"原则，会计人员身兼数职。许多单位出于方便考虑，安排出纳去银行时兼取银行对账单，出纳不仅登记银行存款日记账并且在月底编制银行存款余额调节表；出纳人员兼任往来账、或收入费用账、或稽核工作；会计人员兼任保管工作，有些单位，经办货币资金业务的人员与授权批准和审核稽查该项业务的人员是同一个人。

2. 没有严格的授权批准制度，没有按程序办理货币资金的收付。许多单位实行"财务一支笔"，对于重要的货币资金支付业务，没有实行集体决策和审批。货币资金的支付不按程序，有的出纳甚至在没有任何审批手续的情况下，就将货币资金支付出去。在办理报销业务时，不经会计填制记账凭证，出纳直接办理资金支付。有的单位甚至由一个人办理货币资金业务的全过程。

3. 缺乏必要的定期轮岗，会计工作交接不规范。在实际工作中，对于轮岗制度，很多单位不够重视，一个会计人员长期在一个岗位的现象非常普遍。有些单位即使实行了职务轮换，但交接程序也不规范，交接手续也不完善，无法实现接交人对交接人的监督。

（三）现金的日常核算管理不严密

1. 现金的核算管理不规范。很多单位在执行《现金管理暂行规定》时很不规范，超限额现金不及时送存银行，坐支现金，白条抵库，私设小金库，账外设账，收款不及时入账或不入账等。随意出借现金，现金盘点不及时，有的单位很长时间不进行盘点工作，不能做到日清月结。

2. 现金的舞弊形式。

（1）贪污现金。其主要手法有：少列现金收入总额或多列现金支出总额；涂改凭证金额；使用空白发票或收据向客户开票；隐瞒收入；换用"库存现金"和"银行存款"科目；头尾不一致；侵吞未入账借款；虚列凭证、虚构内容贪污现金。

（2）挪用现金。其主要手法有：利用库存现金日记账挪用现金；利用借款挪用现金；以延迟入账挪用现金；以循环入账挪用现金；以白条抵库挪用现金。

（四）银行存款的核算管理不规范

很多单位没有严格执行《支付结算办法》，为了工作上的方便，多立账户，甚至公款私存；疏于对银行结算凭证的填制、传递及保管的管理与控制；有些单位在日常工作中出于单位利益考虑，不能严格遵守银行的结算纪律，签发没有资金保证的票据或远期支票，套取银行信用；签发、取得或转让没有真实交易和债权债务的票据，套取银行或他人资金；对于到期应支付的款项，无合理理由拒绝付款，达到占用他人资金的目的；指定出纳定期核对银行账户，编制银行存款余额调节表；有时，当单位没有发生未达账项时，就不编制银行存款余额调节表。

银行存款的舞弊形式通常有：

1. 银行存款核算的常见漏洞。其常见手法有：制造余额差错；擅自提现；混用"库存现金"和"银行存款"科目；公款私存；出借转账支票；转账套现；涂改银行对账单；支票套物；提银留现；存款漏账；重复存款；涂改转账支票日期，套取利息，涂改银行存款进账单的日期。

2. 利用银行票据的内控缺陷挪用资金。在实务中，由于害怕被背书人名称填写有误导致退票，汇票背书转让时不填写被背书人名称的现象非常普遍，在这种情况下，经手承兑汇票的人不需要公司本身印鉴，随便找个皮包公司就可以将汇票挪用套现，且在公司账上不会留下任何痕迹。此外，被背书人名称未填的承兑汇票在遗失时很容易被人冒用。汇票背书转让时不填写被背书人名称，会给汇票转让方和接收方带来巨大风险。

3. 利用未达账项贪污挪用资金。银行存款余额调节表在货币资金控制中非常重要。有的单位出现会计人员和出纳联手，利用银行存款余额调节表中列示的四项未达账项，尤其是"企业已付，银行未付"与"银行已收，企业未收"两项未达账项，实施舞弊，挪用甚至贪污。或利用岗位分工不合理等内部控制的漏洞，私自向外借款，个人收取利息，长期隐匿于银行未达账项之中，致使单位资金被个人无偿占用。

4. 违反银行账户管理规定，出租、出借账户。财务人员还可能利用未达账项金额相等不影响银行存款余额调节表平衡的特点，采取不登记入账和不编入调节表的手段，出租、出借单位银行账户，谋取不正当利益。

（五）凭证及印鉴使用和保管不严

1. 在实际工作中，很多单位为贪图便利，片面追求效率，往往把不同印鉴交给一人保管，甚至就置于财务部门的办公桌内，方便大家取用，共管公用。结算凭证置于工作人员触手可及之处，这种管理方式固然可以提高工作效率，但却留下了很大的隐患。

2. 票据的购买、保管、领用、注销等环节操作程序不规范，不设专门的人员保管，不设专门的登记簿进行登记，尤其是空白票据的保管不够重视。

第二节 案例分析

【案例一】 金花公司大股东侵占上市公司资金

【案情简介】

金花股份在 2005 年年初以会计师事务所未能在约定时间内提交审计报告为由解聘为其服务了 8 年的岳洋会计师事务所，并于 2005 年 4 月 28 日披露了由上海万隆会计师事务所出具的标准无保留审计意见的 2004 年审计报告。

业内人士都知道上市公司一般不会轻易更换会计师事务所，这其中必有难言之隐。

通过仔细分析金花股份近三年的货币资金余额及资产负债情况（见表 2-1），就不难发现这难言之隐之一可能就是该公司存在大股东占有上市公司资金的问题。

表 2-1　　金花股份 2002~2005 年的货币资金余额及资产负债情况　　　单位：亿元

时间 项目	2005. 6. 30	2004. 12. 31	2003. 12. 31	2002. 12. 31
货币资金	3. 44	3. 39	3. 48	3. 69
资　产	18. 37	18. 54	14. 64	13. 33
资产负债率（%）	52	53	41	36
净利润	0. 04	0. 09	0. 14	0. 25

由表 2-1 可以看出金花股份近几年资产负债率不断上升，净利润不断下降，财务状况存在明显恶化的趋势，公司已于近日发布 2005 年度业绩预亏公告，但即使在此种财务状况下，公司的货币资金余额却始终保持在 3.5 亿元左右。一方面债台高筑，每年须为此偿付不菲的利息，另一方面银行里存放着大笔的闲钱，真是匪夷所思！由此推断，该公司期末货币

资金或是子虚乌有，或是受限资金，即已被大股东及其关联方占用。

资料来源：巨灵财经网，www. genius. com. cn，金花股份（600080）公司公告（2005 年 10 月 14 日）。

【案例评析】

金花股份于 2005 年 10 月 14 日发布公告称，控股股东占用公司资金 6.02 亿元，其中 2.85 亿元以存单质押的方式为控股股东及其关联公司提供全额银行承兑保证，由于控股股东及其关联公司未能如期归还，此 2.85 亿元存款已被银行扣除，另 3.17 亿元以公司名义借贷、由控股股东使用的银行借款未在公司账面反映。

【案例二】　　　　　　　　　　库存现金审计

【案情简介】

2008 年 4 月 30 日审计人员对华丰公司库存现金进行审计。出纳员结出当日现金日记账余额为 1 628 元，现金清点结果为：100 元币 6 张，50 元币 7 张，10 元币 9 张，5 元币 9 张，2 元币 15 张，1 元 10 张，1 角币 28 张，共计 1 127.8 元。企业库存限额为 1 000 元。出纳员持有下列凭证尚未入账：

1. 销售产品 500 元，销售发票已开，现金收到。
2. 王敏 4 月 6 日已经批准的借条 1 张，金额 400 元。
3. 江峰 4 月 10 日未经批准的借条 1 张，金额 200 元。
4. 支付包装物押金 250 元，收据一张。

审计人员进一步验证库存现金的应存数，随后对现金日记账进行仔细核对，发现问题。对 200 元的白条，审计人员向当事人江峰进行了核实。

【案例评析】

1. 收付错误。库存现金应存数 = 1 628 + 500 - 400 - 250 = 1 478 元，1 478 - 1 127.8 = 350.2 元，现金盘亏 350.2 元，进一步核对查明，150.2 元属收付上的差错。

2. 出纳人员挪用现金。江峰证实，他本人并没有借支备用金，是出纳人员虚构借款单，挪用现金。

3. 库存现金超限额。库存现金超限额 1 478 - 1 000 = 478 元。

4. 出纳人员缺勤时没有指定专人代理其工作，没有一套严密的现金管理制度。

5. 审计意见。

（1）企业应建立一套严密的现金管理制度，明确现金收付业务的程序及手续，明确出纳员的职责。

（2）对出纳员挪用现金一事，应给予行政处分，并责成其退还现金。

（3）销售发票及王敏借条，应及时补记入账。

（4）现金盘亏应办理审批手续，作出调账处理。现金超库存限额部分应及时解缴银行。

【案例三】 瞒天过海 多账户挪用补空资金

【案情简介】

审计人员吴天及江宁根据审计计划，于 2009 年 1 月对华立股份有限公司的货币资金进行了专项审计。审计人员在对华立股份有限公司的银行存款审查中，核对了银行存款日记账余额和总账余额，运用分析性程序对银行余额的本期实际数与预算数以及上年度账户余额进行了比较，审查了银行存款余额调节表并函证了银行存款余额。为了验证银行存款收支的截止日期和审查截止日期前后银行存款的收支情况，审计人员编制了结算日前后一周左右时间的银行存款调拨表。调拨表如表 2 - 2 所示。

表 2 - 2　　　　　　　　　　　　银行存款调拨表

被审计单位：华立股份有限公司　　　　　　　　　　　　　　　结账日：2008 年 12 月 31 日

银行账户				支付日期		收入日期	
支票号码	来自	转入	金额	企业记账日	银行记账日	企业记账日	银行记账日
1120381	工行户	中行户	800 000	12 月 29 日	12 月 30 日	12 月 29 日	12 月 31 日
1120382	工行户	中行户	650 000	12 月 29 日	12 月 30 日	1 月 6 日	12 月 31 日
1120383	工行户	交行户	400 000	1 月 3 日	12 月 29 日	12 月 29 日	12 月 30 日
1120384	交行户	农行户	900 000	1 月 3 日	12 月 30 日	12 月 31 日	12 月 31 日

审查人员：吴天　　执行日期：2009 年 1 月 19 日　　复核人员：江宁　　复核日期：2009 年 1 月 25 日

【案例评析】

审计人员通过对相关人员的进一步核实，发现以下问题：

1. 挪用补空掩饰资金短缺。1120382 号支票就是被审计单位出纳人员为掩饰资金短缺而实施的挪用补空手法。10 月 10 日，该单位出纳人员利用职务之便，私自将 650 000 元拆借给其亲友，而账面上却未做反映。由于其亲友直到年末仍未将款项归还，致使企业账面出现亏空。为掩饰这一事实，便开出上述支票，将企业银行存款日记账的收款日延至下年，本年只记支出，方使银行存款日记账与银行对账单的金额保持一致。

2. 挪用补空用于高估货币资金、粉饰财务经营状况。1120383 号支票是被审计单位从工商银行调度 400 000 元到交通银行。从企业存款账上看，企业的收款日期是在本年度 12 月 29 日，反映为本年度银行存款的增加；但企业付款日却为 1 月 3 日，本年度的货币资金并未减少。这样就使企业本年度货币资金虚增了 400 000 元（为了保持借贷平衡，同时增加了流动负债），使原来的存款不足现象得以粉饰。

3. 挪用补空用于虚增经营成果。1120384 号支票是被审计单位从交通银行调度 900 000 元到农业银行。从企业银行存款账上看，企业的收款日期是在本年度 12 月 31 日，这样本年度货币资金增加了 900 000 元；由于企业银行存款账上记载的付款日期为 1 月 3 日，故货币资金的减少并未反映在本年度。同时，为了维持本年度的借贷平衡，企业又凭空贷记产品销售收入账户 900 000 元，从而使企业当期的经营成果虚增 900 000 元。

4. 审计意见。

（1）对出纳出借资金的行为应予以严肃处理，责成其将出借的资金收回。

（2）将本年度货币资金虚增的 40 万元、虚增当期的经营成果 90 万元进行调整。

（3）企业应建立一套规范的货币资金管理制度，严格资金业务的程序与手续，按照企业会计准则及相关制度进行会计处理。

第三节 基本训练

一、单项选择题

1. （　　）容易导致内部控制失效。

    A. 货币资金收付与记录岗位分离

    B. 业务处理与内部审计独立

    C. 款项结算与审核分离

    D. 支票、印章由一人保管，但要与记录分离

2. 以下对货币资金业务内部控制制度的要求中，与银行存款无直接关系的是（　　）。

    A. 按月盘点现金做到账实相符　　　　　B. 当日收入现金及时送存银行

    C. 加强对货币资金业务的内部审计　　　D. 收支与记账岗位分离

3. 办理货币资金支付业务的程序是（　　）。

    A. 支付申请、支付审批、办理支付、支付复核

    B. 支付申请、支付审批、支付复核、办理支付

    C. 支付申请、支付复核、支付审批、办理支付

    D. 支付申请、办理支付、支付复核、支付审批

4. 审计人员监盘库存现金时，被审计单位必须参加的人员是（　　）。

    A. 会计主管人员和内部审计人员　　　　B. 现金出纳员和银行出纳员

    C. 现金出纳员和内部审计人员　　　　　D. 出纳员和会计主管人员

5. 审计人员对被审计单位库存现金进行盘点，其范围应当包括（　　）。

    A. 出纳员保管的现金　　　　　　　　　B. 财务部门保管的现金

    C. 各部门保管的现金　　　　　　　　　D. 存入银行的现金

6. 如果审计人员要证实被审计单位在临近 12 月 31 日签发的支票未入账，最有效的审计程序是（　　）。

    A. 函证 12 月 31 日的银行存款余额

    B. 审查 12 月 31 日的银行对账单

    C. 审查 12 月 31 日的银行存款余额调节表

D. 审查被审计单位 12 月份的支票存根和银行存款日记账

7. 如果审计人员已从被审计单位的某开户银行获取了银行对账单和所有已付支票清单，该审计人员（　　　）。

A. 不需再向该银行函证

B. 仍需再向该银行函证

C. 复核银行对账单

D. 可根据实际需要，确定是否向银行函证

8. 为证实银行对账单、银行存款日记账、总账记录的正确性，审计人员应抽取审查一定期间的（　　　）。

A. 内部控制流程图　　　　　　　　　　B. 收款凭证

C. 付款凭证　　　　　　　　　　　　　D. 银行存款余额调节表

9. 如果在资产负债表日后对库存现金进行盘点，应当根据盘点数、资产负债表日后至（　　　）的库存现金数，倒推计算资产负债表上所包含的库存现金数是否正确。

A. 审计报告日　　　　　　　　　　　　B. 资产负债表日

C. 盘点日　　　　　　　　　　　　　　D. 外勤工作结束日

10. 抽查现金日记账记录时，审阅摘要栏一般是为了检查（　　　）。

A. 现金收付业务的账务处理是否准确　　B. 有无坐支现象

C. 有无超过规定的库存现金限额　　　　D. 现金收付业务是否合法

11. 下列与现金相关的内部控制，应提出改进建议的是（　　　）。

A. 每日及时记录现金收入并定期向顾客寄送对账单

B. 担任登记现金日记账及总账职责的人员与担任现金出纳职责的人员分开

C. 现金折扣需经过适当审批

D. 每日盘点现金并与账面余额核对

12. 某公司的银行存款日记账和总账期末余额为 1 570 万元，经检查，银行存款日记账和直接从银行取得的银行对账单，发现以下未达账项：（1）银行代扣代缴的水电费 5 万元，公司尚未入账；（2）银行收到的销货款 10 万元，公司尚未入账；（3）银行存缴利息 1 000 元，公司尚未入账。审计认为该公司年末资产负债表中银行存款余额应为（　　　）万元。

A. 1 555.10　　　　B. 1 564.90　　　　C. 1 575　　　　D. 1 575.1

13. 为测试银行存款截止期的正确性，应审查银行存款收付业务的期间是（　　　）。

A. 决算日后任意一天　　　　　　　　　B. 决算日当天

C. 整个审计期间　　　　　　　　　　　D. 决算日前后数天

14. 审查银行存款余额时，银行存款余额调节表可由审计人员自行编制或向被审计单位索取，选用的方式取决于（　　　）。

A. 审计人员的业务能力　　　　　　　　B. 被审计单位会计人员的素质

C. 被审计单位内部控制的健全程度　　　D. 审计人员是否遵守审计准则

15. 被审计单位将银行存款的收款 500 元错误记录在日记账的贷方，审计人员认为银行

存款日记账的余额应（　　　）元。

    A. 调增 1 000　　　　　B. 调减 1 000　　　　　C. 调整 500　　　　　D. 调减 500

16. 现金盘点与存货盘点时间的区别在于（　　　）。

    A. 存货盘点时间安排在上班前

    B. 存货盘点时间安排在下班后

    C. 现金盘点安排在上班前或下班时

    D. 存货盘点时间安排在审计结束时

17. 现金盘点与存货盘点方式的区别在于（　　　）。

    A. 存货盘点采用突击性方式　　　　　　　B. 现金盘点采用突击性方式

    C. 现金和存货盘点均采取突击性方式　　　D. 现金盘点采用预告性方式

18. 银行对账单余额与银行存款日记账余额不符，应当执行的最有效的审计程序是（　　　）。

    A. 重新测试相关的内部控制

    B. 审查银行对账单中记录的该账户资产负债表前后的收付情况

    C. 审查银行存款日记账中记录的该账户资产负债表日前后的收付情况

    D. 审查该账户的银行存款余额调节表

二、多项选择题

1. 检查货币资金不相容职务划分情况时，审查内容包括（　　　）。

    A. 抽查收付款凭证上有无审批授权人的签章

    B. 抽查银行存款调节表，检查编制人员签章是否为出纳员以外人员

    C. 抽取现金及银行存款日记账与相应的记账凭证，检查是由会计人员编制并审核记账凭证

    D. 支票的保管和登记及印章的保管是否分别由两人保管

2. 下列审计程序中，属于库存现金、银行存款账户实质性程序的有（　　　）。

    A. 盘点库存现金，编制库存现金盘点表

    B. 抽取大额现金和银行存款收支

    C. 抽取银行存款余额调节表并做检查

    D. 向开户银行函证银行存款余额

3. 审计人员对库存现金进行突击性盘点，可以实现的审计目标是（　　　）。

    A. 确定资产负债表上所列示的现金是否确实存在

    B. 确定资产负债表上所列示的现金是否确实归被审计单位所有

    C. 确定现金的余额是否正确

    D. 确定现金在资产负债表上的披露是否恰当

4. 下列关于库存现金盘点程序的说法中正确的是（　　　）。

    A. 企业各部门经管的现金都应列入盘点范围

    B. 是证实资产负债表所列现金是否存在的一项重要程序

    C. 对借条、未作报销的原始凭证，可以视同库存现金

D. 对存放在两处或两处以上的现金应同时进行盘点

5. 资产负债表日后盘点库存现金时，审计人员应（   ）调整至资产负债表日的余额。

    A. 扣减资产负债表日至盘点日库存现金增加额

    B. 扣减资产负债表日至盘点日库存现金减少额

    C. 加计资产负债表日至盘点日库存现金增加额

    D. 加计资产负债表日至盘点日库存现金减少额

6. 审计人员实施的下列各项审计程序中，能够证实银行存款是否存在的有（   ）。

    A. 分析定期存款占银行存款的比例   B. 检查银行存款余额调节表

    C. 函证银行存款余额   D. 检查银行存款收支截止的正确性

7. 审计人员向客户的往来银行进行函证，可以了解（   ）。

    A. 资产负债表所列银行存款是否存在   B. 银行存款收支记录的完整性

    C. 是否有欠银行的债务   D. 是否有未登记的银行借款

8. 审计人员寄发的银行询证函（   ）。

    A. 是以被审计单位的名义发往开户银行的   B. 属于积极式询证函

    C. 要求银行直接回函至会计师事务所   D. 包括银行存款和借款余额

9. 下列各项中，属于银行存款函证的内容有（   ）。

    A. 各银行存款户余额   B. 银行贷款余额

    C. 银行贷款担保或抵押情况   D. 各银行存款户性质

10. 审计人员应当注意检查库存现金内部控制的建立和执行情况，并关注（   ）。

    A. 库存现金的收支是否按规定的程序和权限办理

    B. 是否存在与被审计单位经营无关的款项收支情况

    C. 是否存在出租、出借银行账户的情况

    D. 出纳与会计的职责是否严格分离

11. 审计人员应按现金的收款凭证分类，选取适当的样本量，作（   ）的检查。

    A. 核对现金日记账的收入金额是否正确

    B. 核对收款凭证与应收账款明细的有关记录是否相符

    C. 核对实收金额与销货发票是否一致

    D. 函证银行存款

12. 为测试现金付款内部控制，审计人员应按照现金付款凭证分类，选取适当的样本量，作（   ）的检查。

    A. 检查付款的授权批准手续是否符合规定

    B. 核对现金日记账的付出金额是否正确

    C. 核对付款凭证与应付账款明细的记录是否一致

    D. 核对实付金额与购货发票是否相符

13. 关于库存现金的监盘，下列说法正确的有（   ）。

    A. 将所有的库存现金同时全面清点   B. 提前通知出纳人员做好准备

    C. 盘点时间一般安排在营业前或营业终了后   D. 盘点时应由审计人员亲自清点

14. 在货币资金的内部控制中，关于印章保管的说法中正确的有（   ）。

A. 财务专用章和个人名章可以由一人保管

B. 财务专用章和个人名章必须交由银行保管

C. 财务专用章和个人名章严禁由一人保管

D. 财务专用章应由专人管理，个人名章必须由本人或其授权的人保管

15. A 公司编制的 2008 年 12 月末银行存款余额调节表显示存在 12 万元的未达账项，其中包括 A 公司已支付而银行未付的材料采购款 11 万元。以下审计程序中，可能为该材料采购款未达账项的真实性提供审计证据的有（   ）。

A. 向相关的原材料供应商寄发询证函

B. 检查相关的采购合同、供应商销售发票和付款审批手续

C. 就 2008 年 12 月末银行存款余额向银行寄发银行询证函

D. 检查 2009 年 1 月份的银行对账单

16. 检查货币资金部分不相容职务划分情况时，审查内容包括（   ）。

A. 抽查收付款凭证上有无审批授权人的签章

B. 抽查银行存款表，检查编制人签章是否为出纳员以外的人员

C. 抽查现金及银行存款日记账与相应的记账凭证，检查是否由会计人员编制并审核记账凭证

D. 支票的保管和登记及印章的保管是否分别由两人负责

17. 以下审计程序中，属于实质性测试程序的有（   ）。

A. 检查银行预留印鉴的保管情况

B. 检查银行存款余额调节表中未达账项在资产负债表日后的进账情况

C. 检查现金交易中是否存在应通过银行办理转账支付的项目

D. 检查外币银行存款年末余额是否按年末汇率折合为记账本位币金额

18. 对银行存款余额实施函证程序，正确的有（   ）。

A. 以 A 公司的名义寄发银行询证函

B. 除余额为零的银行存款账户以外，必须对 A 公司所有银行存款账户实施函证程序

C. 由 A 公司代为填写银行询证函后，交由注册会计师直接发出并回收

D. 如果银行询证函回函结果表明没有差异，则可以认定银行存款余额是正确的

19. 评审内部控制时，认为被审计单位以下职务应分离的有（   ）。

A. 登记现金日记账与银行存款日记账   B. 登记银行存款账与核对银行账

C. 登记银行存款日记账与保管支票   D. 保管支票与保管印章

20. 下列情况下，审计人员仍需函证被审计单位银行存款的有（   ）。

A. 企业银行存款账户为零

B. 信用证存款

C. 审计人员直接从某一银行取得对账单或所有已付支票

D. 外埠存款

三、判断题

1. 货币资金的支出要有合理、合法的凭据，并要有核准手续。   （   ）
2. 如果库存现金余额极少，小于审计风险指数，则审计人员可以不进行实质性测试。
                                                                              （   ）
3. 银行存款账户余额为零，但只要存在本期发生额，审计人员就应进行函证。（   ）
4. 审计人员应向被审计单位的开户银行进行函证，不论其存款余额多少，函证银行存款的同时也对银行借款、担保等情况进行了证实。   （   ）
5. 被审计单位资产负债表上的银行存款数额，应以编制或取得银行存款余额调节表日银行存款账户数额为准。   （   ）
6. 被审计单位的一年以上的定期存款或限定用途的存款不属于流动资产，应列示于其他资产项下。   （   ）
7. 库存现金的盘点是针对现金的完整性目标而实施的。   （   ）
8. 除了岗位分离和授权批准制度外，现金和银行存款的管理制度以及票据和有关印章的保管制度也是货币资金内部控制的要点。   （   ）
9. 一般来说，如果企业的其他货币资金业务较少，审计人员可以直接进行其他货币资金的控制测试。   （   ）
10. 审计人员审计了 A 公司提供的相关银行存款余额调节表中的调节事项，对其中应予以调整的事项提出了审计调整建议。在 A 公司接受建议后，审计人员得出其不再存在未入账银行存款收支业务的审计结论。   （   ）

四、简答题

1. 货币资金内部控制包括哪些主要内容？
2. 货币资金控制测试的步骤是什么？
3. 库存现金实质性测试包括哪些内容？
4. 银行存款实质性测试包括哪些内容？
5. 其他货币资金实质性测试包括哪些内容？

第四节 模拟训练

1. 资料： 甲审计人员在对 A 公司 2008 年度财务报表进行审计时，对该公司的银行存款实施的部分审计程序如下：

（1）取得 2008 年 12 月 31 日的银行存款余额调节表。
（2）向开户银行寄发询证函，并直接收取寄回的询证函回函。
（3）取得开户银行 2009 年 1 月 31 日的银行对账单。

要求：

（1）甲审计人员应采取何种方式才能直接收回开户银行的询证函回函？目的是什么？

（2）甲审计人员取得银行存款余额调节表后应检查哪些内容？

（3）甲审计人员索取开户银行 2009 年 1 月 31 日的银行对账单，能证实 2008 年 12 月 31 日银行存款余额调节表的哪些内容？

2. 资料：科龙电器于 2005 年 12 月 1 日聘请了毕马威华振会计师事务所对科龙集团在调查期间（自 2001 年 10 月 1 日至 2005 年 7 月 31 日止）内发生的重大现金（即货币资金）流向开展调查工作。

（1）重大现金流向的界定。毕马威华振会计师事务所的调查范围局限于科龙集团账面记录的等于或超过下列重要性金额标准的现金流向（见表 2 - 3）：

表 2 - 3 科龙集团重要性金额标准

公司名称	重要性金额
科龙电器	人民币 5 000 万元
科龙空调、科龙冰箱	人民币 5 000 万元
其他子公司	人民币 10 万元至 1 000 万元（根据各公司经营规模而定）

（2）不正常现金流向的界定。

① 科龙集团所属公司的资金在没有任何业务支持的情况下从账内或账外银行账户被直接划拨至格林柯尔系公司，而格林柯尔系公司的资金在没有任何业务支持的情况下从账内或账外银行账户被直接划拨至科龙集团所属公司。

② 从格林柯尔系公司购入与科龙集团业务需求不配比的原材料，其中有一部分在预付货款后未收到全部或部分原材料。

③ 代某些授权维修商向格林柯尔系公司支付若干费用。

④ 以高于资产价值的价格购买资产。

⑤ 不正常的销售退款与收款。

⑥ 支付广告费、律师费等，但公司并未接受过相应服务。

⑦ 其他，如科龙集团所属公司的注册资本金不正常划拨。

（3）调查所需资料与依据。科龙集团所属公司提供的资料、管理人员作出的陈述、事务所自相关银行获得的银行重新打印的对账单。

（4）调查结果。根据毕马威华振会计师事务所提交的调查报告，科龙集团与格林柯尔系公司在调查期间内发生的不正常现金流向涉及现金流出金额人民币 21.69 亿元，现金流入金额人民币 24.62 亿元；与怀疑和格林柯尔系公司有关的公司发生不正常现金流向涉及现金流出金额人民币 19.02 亿元，现金流入金额人民币 10.17 亿元。科龙集团与格林柯尔系公司、怀疑和格林柯尔系公司有关的公司在调查期间内进行的不正常现金净流出约为 5.92 亿元，该现金净流出金额可能代表科龙集团的最小损失；另外，发现的其他不正常现金流向涉及现金流出人民币 2.08 亿元，现金流入人民币 0.28 亿元。

资料来源：广东科龙电器股份有限公司董事会公告，《中国证券报》，2005 年 12 月 2 日。

要求：分析该案例货币资金审计程序、审计方法的特点及被审计单位货币资金业务存在的问题。

3. 资料：2007 年 2 月 28 日，审计人员对某公司出纳员所管理的现金进行盘点，结果如下：

（1）现金实有额：100 元币共 3 张，50 元币共 6 张，10 元币共 9 张，5 元币共 10 张，2 元币共 14 张，1 元币共 17 张。

（2）在盘点库存时，发现以下凭证并未登记账簿：

① 办公室 1 月 4 日购买办公用品发票一张，金额 85 元，未入账。

② 总务科李某 1 月 8 日前签写未经批准的借据一张，计 300 元尚未入账。

③ 采购员赵某 1 月 25 日为出差购原材料签写并经批准的借据一张，计 500 元尚未入账。

④ 出售废旧物资收到现金 160 元，未入账。

⑤ 企业为发送公函，购买票面为 1 元和 5 角的邮票分别为 10 张和 20 张，附有发票一张，尚未入账，日期为 1 月 19 日。

（3）银行为企业核定的现金库存限额为 800 元，现金日记账月末余额为 1 450 元。

要求：

（1）根据上述盘点资料，编制库存现金盘点表。

（2）对企业库存现金管理进行评价指出所存在的问题。

4. 资料：审计人员于 2008 年 10 月 8 日检查了安建公司 2008 年 9 月份银行存款日记账，并与对账单进行核对。9 月 30 日银行存款日记账余额为 228 500 元，银行对账单余额 223 360 元（经核实是正确的），核对后发现下列情况：

（1）9 月 8 日，银行对账单有存款利息 320 元，银行存款日记账为 230 元，经查系记账凭证写错。

（2）9 月 10 日，银行对账单上有收入外地汇款 8 500 元（查系外地某乡镇企业），而日记账上无此记录。

（3）9 月 15 日，银行对账单上有支出外地汇款 1 500 元，而日记账上无此记录。

（4）9 月 18 日，对账单上付出 8 500 元（查系转账支票），但日记账上无此记录。

（5）9 月 20 日，银行存款日记账收入 2 000 元，银行对账单无此记录。

要求：

（1）根据上述资料，运用审计调节法，编制银行存款余额调节表。

（2）分析其中可能存在的问题并提出进一步审查的方法。

（3）2008 年 9 月 30 日银行存款日记账的正确余额是多少？

（4）如果 2008 年 9 月 30 日资产负债表上"货币资金项目"中银行存款余额为 228 000

元，请问是否真实？

5. **资料**：审计人员根据 A 公司会计期末前后在不同银行间转账的情况，编制了如表 2 - 4 所示的资料。

要求：

（1）请解释编制银行存款转账划拨测试表的理由。

（2）确定表 2 - 4 中哪些项目需要做进一步的调查，并简要说明理由。

表 2 - 4 　　　　　　　　　　　　　　　　　银行存款转账划拨测试表

单位名称：A 公司　　　　　　　　　　编制人：张兰　　　　　　　　　日期：2009 年 1 月 20 日
会计截止日：2008 年 12 月 31 日　　　复核人：李红　　　　　　　　　日期：2009 年 1 月 20 日

序号	内容	支票号码	金额（元）	账本记录日期		银行对账单日期		备注
				转出	转入	转出	转入	
1	不同银行间转账	略	10 000	1/4	12/31	1/5	12/30	
2	不同银行间转账		89 000	12/31	12/31	1/4	1/4	
3	不同银行间转账		7 000	1/3	1/5	1/3	12/30	
4	不同银行间转账		5 500	12/30	1/4	1/4	1/5	

销售与收款循环审计

第一节 内容概述

一、销售与收款循环业务的基本内容

销售与收款循环是指企业将商品销售或将劳务提供给购买者，并收回款项等一系列经营活动。这一循环所涉及的主要业务活动包括：销售业务授权，向顾客交付货物，向顾客开具账单并记录销售，办理和记录资金的收入，定期与客户、开户行对账等。销售与收款循环所涉及的主要业务活动及会计资料如图 3-1 所示。

在资产负债表中，销售与收款循环涉及的主要相关项目包括：应收票据、应收账款、预收账款、应交税费、其他应交款等；在利润表中，该循环涉及的主要项目包括：主营业务收入、营业税金及附加、其他业务利润等。

下面具体介绍销售与收款循环中比较典型的重要项目——营业收入、应收账款和坏账准备实质性测试的方法。

（一）营业收入的实质性测试

1. 主营业务收入的实质性测试。

（1）取得或编制主营业务收入明细表，复核加计并与总账和明细账合计数核对相符；同时，结合其他业务科目数额，与报表数核定相符。

销售业务授权	接受客户订单（订货单、销售单、商品价目表）审批商业信用（销售单）

向客户交付货物	按销售单供货（销售单）按销售单发运货物（销售单、发运凭证）

向客户开具账单并记录销售	开具账单（销售发票、汇款通知书、贷项通知书）记录销售（转账凭证或收款凭证，相关科目账）

办理和记录资金收入	现金及支票存入银行（收款凭证）登记现金、银行存款日记账及应收账款明细账（相关科目账）

定期与客户、开户行对账	定期向客户寄对账单（客户对账单）定期与开户行对账（银行对账单、银行存款余额调节表）

计提坏账准备及注销坏账	估计并计提坏账准备（应收账款账龄分析表、坏账准备、管理费用科目账）注销坏账（坏账审批单、坏账准备及应收账款科目账）

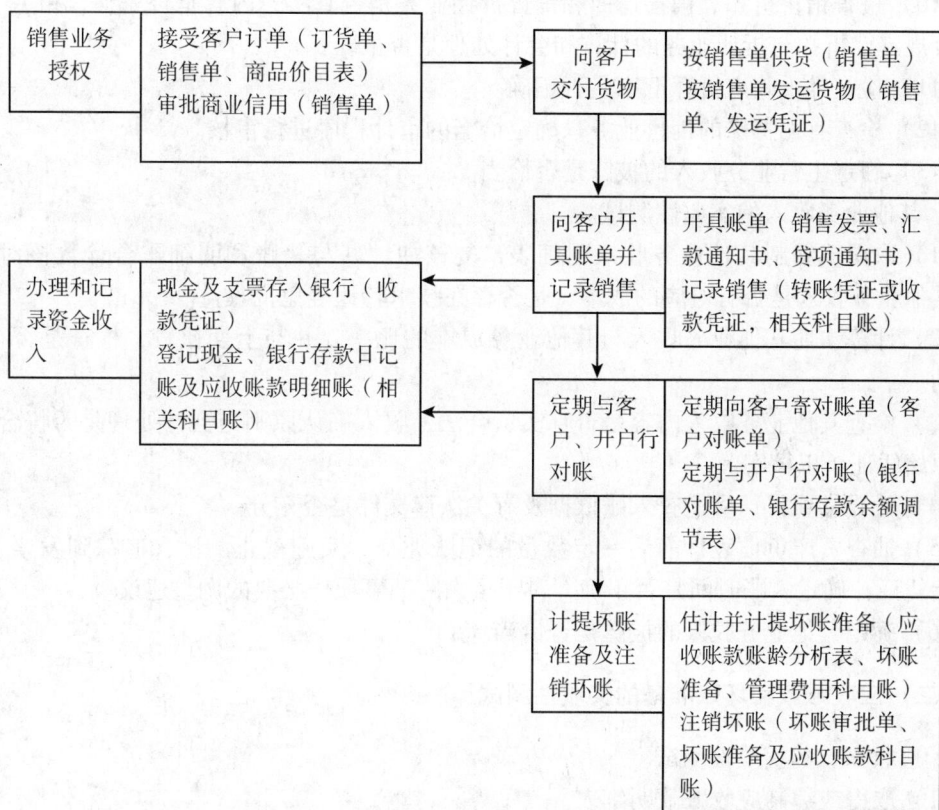

图 3-1　销售与收款循环所涉及的主要业务活动及会计资料

（2）查明主营业务收入的确认原则和方法，注意是否符合企业会计准则和企业会计制度规定的收入确认条件，前后期是否一致，特别是在不同销售方式和结算方式下，确认收入实现的时点是不同的。

（3）选择恰当的分析方法进行实质性分析程序。

（4）根据增值税专用发票或普通发票，估算全年收入，与实际入账收入金额核对，并检查是否存在虚开发票或已销售但未开发票的情况。

（5）获取产品价格目录，抽查售价是否符合定价政策，注意销售给关联方或利益密切相关企业的产品价格是否合理。

（6）抽取本期一定数量的销售发票，检查发票各要素是否齐全，是否与发运凭证、销售合同或协议、记账凭证等相一致。

（7）抽取本期一定数量的记账凭证，检查其是否与销售发票发运凭证、销售合同或协议、记账凭证等相一致。

（8）实施销售的截止测试。可以考虑三条审计路线：一是以账簿记录为起点；二是以销售发票为起点；三是以发运凭证为起点。

（9）结合对资产负债表日应收账款的函证程序，检查有无未经顾客认可的巨额销售。

（10）检查销售折扣、销售退回和销售折让业务是否真实，内容是否完整，相关手续是否符合规定，折扣与折让业务的计算和会计处理是否正确。

（11）检查外币收入折算汇率是否正确。

（12）检查有无特殊的销售业务，确定恰当的审计程序进行审核。

（13）确定主营业务收入的披露是否恰当。

2. 其他业务收入的实质性测试。

（1）取得或编制其他业务收入明细表，复核加计并与总账和明细账合计数核对相符，注意其他业务收入是否有对应的成本，是否存在技术转让等免税收益。

（2）计算本期其他业务收入与其他业务成本的比率，并与上期比较，检查是否存在重大波动。

（3）检查其他业务收入内容是否真实、合法，收入确认原则与会计处理是否符合规定，抽查原始凭证予以核实。

（4）对异常项目，应追查入账依据及有关法律文件是否充分。

（5）抽查资产负债表日前后一定数量的记账凭证，实施截止测试，追踪到发票、收据等原始凭证，确定入账时间是否正确，对于重大跨期事项作必要的调整建议。

（6）确定其他业务收入的披露是否恰当。

（二）应收账款和坏账准备的实质性测试

1. 应收账款的实质性测试。

（1）取得或编制应收账款明细表。

① 复核加计正确，并与总账和明细账合计数核对相符，结合坏账准备科目与报表数核对相符。

② 检查应收账款账龄分析是否正确。编制应收账款账龄分析表时，可以考虑选择重要的顾客及其余额列示，而将不重要的或余额较小的汇总列示。

③ 检查非记账本位币结算的应收账款，其折算汇率及折算是否正确。

④ 分析有贷方余额的应收账款项目，查明原因，必要时建议作重分类调整。

⑤ 结合预收账款等往来项目的明细余额，查明有无同挂的项目或销售无关的其他款项，如有，应作出记录，必要时提出调整建议。

（2）对应收账款实施实质性分析性程序。

① 复核应收账款借方累计发生额与主营业务收入是否配比，如存在不配比的情况应查明原因。

② 编制重要客户的应收账款增减变动表，与上期比较分析是否发生变动，收集客户资料，分析其变动的合理性。

③ 计算应收账款周转率、应收账款周转天数等财务指标，并与相关指标对比分析，检查是否存在重大异常。

（3）向债务人函证应收账款。函证是指审计人员为了获取影响财务报表或相关披露项目的信息，通过直接来自第三方对信息和现存状况的声明，获取和评价审计证据的过程。

审计人员应当考虑被审计单位的经营环境、内部控制的有效性、应收账款账户的性质、被询证者处理询证函的习惯做法及回函的可能性等，以确定应收账款函证的范围、对象、方式和时间。

函证的范围、对象主要由以下因素决定：①应收账款在全部资产中的重要性，比重较大则函证的范围较大；②被审计单位内部控制的强弱，内部控制较健全则函证的范围较小，反之，则要扩大函证范围；③以前期间的函证结果；④函证方式的选择。

函证方式的选择：函证方式分为积极的函证方式和消极的函证方式。积极的函证方式主要适用于对金额大、疑点多的账项的审查；消极的函证方式通常适用于对金额小、疑点少的账项的审查。

函证时间的选择：审计人员通常以资产负债表日为截止日，在资产负债表日后适当时间内实施函证。

函证的控制：审计人员应当对选择被询证者、设计询证函以及发出和收回询证函保持控制。

对不符事项的处理：不符事项的原因可能是由于双方登记入账的时间不同，或是由于一方或双方记账错误，也可能是被审计单位的舞弊行为。

对函证结果的总结和评价：审计人员应将函证的过程和情况记录在工作底稿中，并据以评价函证的可靠性。

（4）确定已收回的应收账款金额。对已收回金额较大的款项进行常规检查，如核对收款凭证、银行对账单、销售发票等，并注意凭证发生日期的合理性。

（5）检查未函证的应收账款。对于未函证的应收账款，审计人员应抽查有关原始凭证，如销售合同、销售订单、销售发票副本及发运凭证等，以验证与其相关的应收账款的真实性。

（6）检查长期挂账应收账款。审计人员应检查应收账款明细账及有关原始凭证，查找有无资产负债表日后仍未收回的长期挂账应收账款并提请被审计单位作适当的处理。

（7）检查函证结果。对债务人回函中反映的例外事项及存在争议的余额，审计人员应查明原因并作记录，必要时，应建议被审计单位作相应的调整。

2. 坏账准备的实质性测试。

（1）取得或编制坏账准备明细表，复核加计正确，并与总账和明细账合计数核对相符。

（2）将应收账款、坏账准备本期计提数与资产减值损失相应明细项目的发生额核对相符。

（3）检查应收账款、坏账准备计提和核销的批准程序，评价坏账准备所依据的资料、假设及计提方法。

（4）实际发生坏账损失的，检查转销依据是否符合有关规定，会计处理是否正确。

（5）检查坏账的确认和处理。审计人员应检查坏账的确认是否符合相关规定，坏账的处理是否经过授权批准，会计处理是否正确。

（6）实施分析程序。通过计算坏账准备余额占应收账款余额的比例并和以前期间的相关比例进行比较，评价坏账准备计提的合理性。

（7）确定坏账准备的披露是否恰当。

（8）检查贴现、质押或出售。检查应收账款是否已用于贴现，判定贴现业务属质押还是出售，其会计处理是否正确。

（9）分析应收账款明细账余额。审计人员如果发现应收账款出现贷方明细余额的情形，应查明原因，必要时建议作重分类调整。

（10）确定应收账款的披露是否恰当。

二、销售业务一般存在的错误和弊端

在经济实务中，有的被审计单位可能采用一些不当手法来处理经济业务，致使账务信息失真。在销售业务领域，这样的手法主要如下：

1. 销售发票开票过程中的非法行为。如虚开发票、代替其他单位或个人开具发票、开具上下联次内容不相符合"大头小尾"的发票等。

2. 人为改变销售的入账时间。如在销售未最终实现的情况下确认销售收入、将本期销售延迟到下期入账或者长期不入账、将下期收入提前到本期入账等。

3. 有意或无意漏记销售收入。如只记合格产品的销售，不记残次品的销售；只记主要产品的销售，不记副产品、自制半成品、边角余料的销售；不记特殊销售，如将自制产品用于本企业基本建设、福利设施等。

4. 入账金额不正确。

5. 混淆各种主营业务收入分类。包括主营业务收入本身类别及主营业务收入与其他业务收入、营业外收入的区分。

三、收款业务一般存在的错误和弊端

在应收账款等收款业务领域，部分被审计单位可能采用的一些不当业务处理手法主要如下：

1. 虚列应收账款，由此虚列销售收入。

2. 应收账款长期挂账。被审计单位因赊销商品而产生的应收账款本应及时收回，但有时出于各种原因而造成被审计单位应收销货款的长期挂账。例如，购货双方存在业务纠纷，购货方故意长期占用应付货款、购货方已无还款能力等。不论出于什么原因，被审计单位都应尽快处理，并确定该应收账款是否能收回。

3. 通过调节坏账准备而达到调节利润的目的。例如，调整坏账计提比例，调整计提坏账准备的金额，由此达到调节当期利润的目的。

4. 坏账损失任意确认。例如，将本可以收回应收账款作坏账核销，实际收回时成为账外资金；或者对无法收回的坏账不予核销，长期挂账。

5. 人为改变应收账款账龄。例如，将具有较高账龄的应收账款金额调入较低账龄应收账款的金额中；以每一户头最后一笔往来款发生的时间作为确定该户头账龄的时间等。

【案例一】 不同情况收入确认与查证

【案情简介】

审计人员李浩在对华兴公司营业收入实施实质性测试时，抽查到以下销售业务：

1. 确认对 A 公司销售收入计 1 000 万元（不含税，增值税税率为 17%）。相关记录显示：销售给 A 公司的产品系华兴公司生产的半成品，其成本为 900 万元，华兴公司已开具增值税发票且已经收到货款；A 公司对其购进的上述半成品进行加工后又以 1 287 万元的价格（含税，增值税税率为 17%）销售给华兴公司，A 公司已开具增值税发票且已收到货款，华兴公司已作存货购进处理。

2. 确认对 B 公司销售收入计 2 000 万元（不含税，增值税税率为 17%）。相关记录显示：销售给 B 公司的产品系按其要求定制，成本为 1 800 万元；B 公司监督该产品生产完工后，支付了 1 000 万元款项，但该产品尚存放于华兴公司，且华兴公司尚未开具增值税发票。

3. 确认对 C 公司销售收入计 3 000 万元（不含税，增值税税率为 17%）。相关记录显示：根据双方签订的协议，销售给 C 公司该批产品所形成的债权直接冲抵华兴公司所欠 C 公司原料采购款；相关冲抵手续办妥后，华兴公司已经向 C 公司开具增值税发票；该批产品的成本为 2 500 万元。

4. 拟在 2007 年 12 月按合同约定以离岸价向某外国公司出口产品时，对方告知由于其所在国开始实施外汇管制，无法承诺付款。为了开拓市场，华兴公司仍于 2007 年年末交付产品，在 2007 年确认相应的业务收入。

5. 华兴公司于 2007 年年末委托某运输公司向某企业交付一批产品。由于验收时发现部分产品有破损，该企业按照合同约定要求华兴公司采取减价等补偿措施或者全部予以退货，华兴公司以产品破损全部是运输公司责任为由拒绝对方要求。由于发货前已收到该企业预付的全部货款，华兴公司于 2007 年确认了相应业务收入。

6. 华兴公司于 2007 年 12 月初以每件 500 元（不含增值税）的价格向某公司交付了 1 000 件产品。双方约定，在该公司付清货款前，尽管华兴公司不再对所交付的产品实施管理和控制，但仍对尚未收款的该部分产品保留法定所有权。截至 2007 年末，华兴公司收取了该公司支付的其中 800 件产品的货款，但确认了业务收入 500 000 元。

【案例评析】

1. "事项 1"不能确认。因为这是属于存货的委托加工业务，不属于销售业务。

借：主营业务收入   10 000 000

应交税费——应交增值税（销项税额）	1 700 000
其他应收款	1 170 000
贷：库存商品	11 000 000
应交税费——应交增值税（进项税额）	1 870 000
同时，借：库存商品	9 000 000
贷：主营业务成本	9 000 000

"事项2"可以确认。因为其属于定制的销售活动，只要符合定制条件，无论产品是否运走，发票是否开立，都符合销售实现的条件。

"事项3"可以确认。销售只有成立形成债权，才能与相关的债务进行重组。

"事项4"可以确认。按合同约定以离岸价销售时，只要货物离开离岸港船舷，销售就成立，但由于考虑到对方外汇管制无法支付，要考虑计提应收账款坏账准备。

"事项5"可以确认。由于产品已交付，收入已实现，应当确认收入；如果合同约定采取减价等补偿措施或者全部予以退货实际发生时，按折扣、退货等处理，冲减当期收入。

"事项6"不可以确认。由于华兴公司不再对所交付的产品实施继续管理和控制，但仍对尚未收款的该部分产品保留法定所有权，故截至2007年年末，华兴公司收取了该公司支付的其中800件产品的货款，应当确认业务收入400 000元。

2. 结合本案例中不同情况下的收入确认，讨论收入确认原则以及应当注意的问题。

收入同时满足下列条件的，才能予以确认：

（1）企业已将商品所有权的主要风险和报酬转移给购货方。

（2）企业既没有保留通常与所有权相联系的继续管理权，也没有对已售出的商品实施有效的控制。

（3）收入的金额能够可靠地计量。

（4）相关的经济利益很可能流入企业。

（5）相关的已发生或将发生的成本能够可靠地计量。

3. 针对"事项1~6"，应当追加审计程序才能查证清楚。

针对"事项1"，审计人员应当检查委托加工合同以及相关会计处理，重点关注存货计价与分摊以及支付手续费的合理性。

针对"事项2"，审计人员应当检查定制合同以及相关会计处理，重点关注销售是否符合合同规定的条件。

针对"事项3"，审计人员应当检查销售相关的凭证，检查债务重组合同以及相关的会计处理，重点关注是否是同一的债权债务人进行债务抵消。

针对"事项4"，审计人员应当检查销售合同以及货运凭证，同时检查对方关于无法付款的告知函件，并向海关函证，重点关注销售是否真正实现。

针对"事项5"，审计人员应当检查合同以及相关凭证，重点关注是否符合合同规定采取减价等补偿措施或者全部予以退货等对销售的影响。

针对"事项6"，审计人员应当检查双方约定以及相关会计处理，重点关注对于余款的追索对销售的影响。

【案例二】 销货的截止性测试

【案情简介】

华兴公司是专门销售进口汽车零件的公司,公司要求销货时必须有预先编号的出库单,出货时,发货人员要在出库单上填写日期。截至资产负债表日12月31日,最后一张出货单号码为2167。会计部门按收到送来的出货单先后开立发票。

华兴公司12月底出库单已寄出并附有销货发票如表3-1所示。

表3-1   华兴公司12月底出货单号与销货单发票号对应

出货单号码	销货单发票号码
2163	4332
2164	4326
2165	4327
2166	4330
2167	4331
2168	4328
2169	4329
2170	4333
2171	4335
2172	4334

华兴公司12月和次年1月的部分账簿记录如表3-2所示。

表3-2   华兴公司12月和次年1月部分账簿记录   单位:万元

日　　　期	销货单发票号码	金额
12.30	4326	726.11
12.30	4329	1 914.30
12.31	4327	419.83
12.31	4328	620.22
12.31	4330	47.74
01.01	4332	2 641.31
01.01	4331	106.39
01.01	4333	852.06
01.02	4335	1 250.5
01.02	4334	646.58

【案例评析】

1. 假定出货人员将出库单号码 2168～2172 的日期写成 12 月 31 日，请分析这种情况对财务报表的影响，并讨论审计人员如何才能发现这种错误。

由于截至资产负债表日 12 月 31 日，最后一张出货单号码为 2167，所以实际上出库单号码 2168～2172 的日期是次年的，但出货人员将出库单号码 2168～2172 的日期写成 12 月 31 日，这种出库单、销售单日期不在同一年度的截止错误容易造成提前确认收入。审计人员执行截止性测试才能发现这种错误。

2. 结合案例，请讨论作为审计人员如何确认在资产负债表日销货截止是正确的。

可供选择的有三条路径：

（1）从报表日前后若干天的账簿记录查至记账凭证，检查发票存根与发运凭证。

（2）从报表日前后若干天的发票存根查至发运凭证与账簿记录。

（3）从报表日前后若干天的发运凭证查至发票开具情况与账簿记录。

3. 讨论哪些内部控制能够减少这种截止错误，并讨论作为审计人员如何测试这些内部控制。

建立如下的内部控制措施能够减少这种截止错误：

（1）及时获取原始凭证并记账。

（2）一个业务活动要由不同的人员相互牵制完成，并加强内部稽核。

审计人员可采取以下程序对此内部控制予以测试：

（1）询问被审计单位的人员，了解被审计单位的销售和收款的主要控制制度是否被执行。

（2）观察销售和收款的关键控制点及特制控制点的控制实践。

（3）检查关键控制点生成的有关文件和记录。

（4）必要时通过重新执行来证实控制执行的有效性。

（5）通过追踪交易在财务报告信息系统中的处理过程（穿行测试），以提取对关键控制点控制有效支持的审计证据。

【案例三】　　　　　年报审计中应收账款函证

【案情简介】

华兴公司年报中有 905 个"应收账款"账户，借方余额共计 4 250 000 元。这些账户余额为 10～1 040 000 元，其中有 5 个金额超过 50 000 元的账户，共计 500 000 元。另有 40 个贷方余额账户，共计 5 000 元。

审计人员根据控制测试的结果，将与应收账款的存在性和计价认定有关的重大错报风险评估为高水平；确定的可容忍错报为 125 000 元，预计应收账款的错报为 35 000 元。审计人员没有计划实施其他实质性程序以实现相同的目标，其他实质性程序不能发现重大错报的风险为"最高"。审计人员通过分析程序合理确信，应收账款不存在重大的低估。

审计人员将应收账款贷方余额作为应付账款单独测试；对选取的所有账户的余额进行

函证。

1. 对超过 50 000 元的 5 个账户进行百分之百的检查，并将其排除在准备抽样的总体之外。

2. 将 900 个其余的借方余额，共计 3 750 000 元，分为三组：第一组由 250 个余额大于或等于 5 000 元的账户组成（账面金额合计 2 500 000 元），抽取样本多；第二组由余额小于 5 000 元而大于 500 元的账户组成（账面金额合计 1 250 000 元），抽取样本少；第三组为单笔余额小于 500 元的应收账款，抽取样本比例为零。

审计人员采用非统计抽样确定样本规模，模型中保证系数如表 3 - 3 所示。

表 3 - 3   保证系数

评估的重大错报风险	其他实质性程序未能发现重大错报的风险			
	最高	高	中	低
最高	3.0	2.7	2.3	2.0
高	2.7	2.4	2.0	1.6
中	2.3	2.1	1.6	1.2
低	2.0	1.6	1.2	1.0

在对确定的函证样本进行函证的过程中，华兴公司要求不对其中 6 笔应收账款发函证，因为这 6 笔账款存有争议。由于这些争议的悬而未决，因而在客户付款时华兴公司并没有正确入账。华兴公司对应收账款积极函证的结果总结如表 3 - 4 所示。

表 3 - 4   华兴公司应收账款积极函证结果

给予肯定的客户	56
给予否定的客户	8
没有回函的客户	10
在客户要求下没有发函的客户	6

审计人员把发函证的存根以及收到的函证回函附归入审计工作底稿，据此判断华兴公司原来编报数值得信赖。

【案例评析】

1. 确定应收账款函证抽样样本规模，并说明审计人员共需要发多少份函证。

估计样本规模 = 3 750 000 ÷ 125 000 × 2.7 = 81

审计人员应向 81 个其账户余额被选取的客户和百分之百检查组中 5 个客户寄发询证函，共 86 份询证函。

2. 审计人员在什么情况下可以不对应收账款进行发函询证？对于不发函证的应收账款审计人员应当如何处理？

除非存在下列两种情形之一，审计人员应当对应收账款实施函证：

（1）根据审计重要性原则，有充分证据表明应收账款对财务报表不重要。

（2）审计人员认为函证很可能失效。如果审计人员认为被询证者很可能不回函或即使回函也不可信，可不对应收账款实施函证。审计人员可能基于以前年度的审计经验或者类似工作经验，认为某被询证者的回函率很低或判断回函不可靠，并得出函证很可能无效的结论。

对于不发函证的，审计人员应当实施替代审计程序。替代审计程序应当能够提供实施函证所能够提供的同样效果的审计证据，如针对应收账款存在性认定的替代程序有：检查被审计单位资产负债表日后收到有关款项的记录和凭证，包括银行进账单、汇款证明、银行存款日记账等；检查销售合同、销售发票和发货记录等证明交易确实已经发生的证据；检查被审计单位与客户之间的函电记录等。

3. 该案例中函证样本采用分层审计抽样的办法，对于单笔余额较小的应收账款抽取比例为零是否适当？你认为正确的处理是什么？为什么？

不适当。因为余额较小的应收账款，可能存在的错报性质严重，也应当抽取一定的比例进行函证，并结合实施替代审计程序。

4. 华兴公司要求审计人员不要对某些账目进行函证，这种行为是否构成对华兴公司年报审计范围的限制？在什么情况下可以允许客户影响审计人员的决定？

构成对审计范围的限制。如果认为管理层的要求合理，审计人员应当实施替代审计程序，以获取与这些账户余额或其他信息相关的充分、适当的审计证据。如果认为管理层的要求不合理，且被阻挠而无法实施函证，审计人员应当视为审计范围受到限制，并考虑对审计报告可能产生的影响。

5. 对于收到否定回答的应收账款，应当如何确认？下一步的审计程序可能有哪些？

应当追加审计程序予以追查。检查被审计单位资产负债表日后收到有关款项的记录和凭证，包括银行进账单、汇款证明、银行存款日记账等；检查销售合同、销售发票和发货记录等证明交易确实发生的证据；检查被审计单位与客户之间的函电记录等。

6. 审计人员对于没有收到回函的应收账款，应当如何处理？为什么？

再次发询证函，如果仍然收不到，应当执行替代审计程序予以查证。其原因是收不到的询证函可能隐藏着重大问题。

7. 假定经查证，对于"5 000 元及以上"的样本的错报金额为 6 300 元，"500～5 000元"的样本的错报金额为 750 元，这些错误都是会计处理中的一般错误，华兴公司同意更正已发现的 7 050 元错报。分析华兴公司该年度应收账款账面余额是否可以接受？为什么？

对于"5 000 元及以上"组总体错报 = 6 300 ÷（739 000 ÷ 2 500 000）= 21 300 元；对于"500～5 000 元以下"组总体错报 = 750 ÷（62 500 ÷ 1 250 000）= 15 000 元。因此，根据样本项目推断的错报总额 = 21 300 + 15 000 = 36 300 元。

华兴公司管理层同意更正已发现的 7 050 元错报，因此剩余的推断错报变为 29 250 元，小于预计错报 35 000 元，认为其假设与结果一致；小于可容忍错报 125 000 元，认为应收账款账面余额发生的错报未超过可容忍错报（125 000 元）。而得到上述结果的风险很小，因此总体可以接受。

【案例四】　　不相容职务不分离　现金控制漏洞百出

【案情简介】

2008 年 5 月，东方公司为扩大销售渠道，在 A 区设立了一家销售网点，委派当地人员李明担任该网点的经理，网点的会计则由公司本部直接委派会计人员丁萦前往担任。为满足经营需要，东方公司在工商银行 A 分行开设了专门账户，供该销售网点支付相关费用。

公司规定，销售网点的支票由会计人员丁萦保管，财务专章由李明掌管。使用支票支付费用须由李明和丁萦共同签发，并指定丁萦持签发的支票到银行办理支取手续。作为会计人员，丁萦除登记银行日记账外，每月还必须按时从银行取得对账单进行核对。支票存根、作废支票、银行对账单等均由丁萦保管。丁萦每月必须编制现金支出报告送交公司总部。

经了解相关内部控制后，审计组决定将开具销售发票这一环节作为控制测试的重点，这一环节具体包括填制连续编号的销售发票并向顾客寄送。

【案例评析】

1. 审计组分析东方公司现金支出内部控制中存在如下严重的缺陷：会计人员丁萦同时拥有管账（银行存款日记账）、管钱（银行存款的支取）、管物（支票、支票存根、支票作废）以及账实核对（银行存款对账单的取得及核对）职权，严重违反了不相容职务分离的基本控制原则，极易造成贪污银行存款的情况发生；丁萦可以利用支付费用时由李明签发的支票取得银行存款而加以贪污，同时向李明声称支票作废而另行签发。因作废支票由丁萦保管，李明无法察觉此种舞弊行为；由于丁萦集各种不相容职务于一身，通常难以发现舞弊的内部控制，包括日记账与支票存根的核对、日记账与对账单的核对、拨入金额与支付金额的核对等。

2. 为了降低开具销售发票过程中出现重复、遗漏、错误计价或其他差错，东方公司应设立如下控制程序：在开具每张销售发票之前，开票人员应独立检查是否在装运凭证和相应的经批准的销货单；应依据已授权的商品价目表和装运凭证上的商品数量编制销售发票；独立检查销售发票的计价和计算的正确性；将装运凭证上的商品总数与相对应的销售发票上的商品总数进行比较。

3. 审计组应从销售发票中抽取一个适当的样本，进行如下测试：检查样本中的每张发票副本是否附有装运凭证和经批准的销售单，装运凭证与销售单的数量、名称、时间等是否相吻合；核对销售发票副本记载的商品数量与装运凭证的一致性，核对销售发票的单价与商品价目表的一致性；检查销售发票副本上有无独立检查人员的签章；询问独立检查人员，证实其检查的内容是否包括将销售发票与装运凭证的核对以及销售发票与商品价目表的核对。

【案例五】　　　　　　　控制不严　随意赊销

【案情简介】

2005年5月，某企业审计部门对下属全资子公司甲公司的财务收支情况进行了审计。有关甲公司销售与收款业务的资料和审计情况如下：

1. 甲公司在销售与收款业务的管理办法中规定：在向客户赊销货物时，需经过专门设立的信用部门批准；负责应收账款的会计人员每月编制对账单与客户对账；总经理助理定期检查销售与收款情况。

2. 甲公司2004年12月31日的应收账款余额为2 500万元。乙客户是甲公司的主要应收账款客户，其2002年、2003年和2004年年末对甲公司的欠款金额分别为300万元、500万元和900万元。

3. 甲公司在向乙客户销售货物时，收到乙客户订单即可发货，不需履行赊销审批手续。审计人员经调查核实，甲公司自现任总经理2002年1月上任后，即与乙客户发生业务往来。由总经理特批对乙客户采用"见订单即发货"的销售方式，但甲公司信用部门并不掌握乙客户的信用状况。乙客户的所在地距甲公司2 000公里。

4. 审计人员采用肯定函证方式向甲公司的客户发函询证应收账款余额，除未收到乙客户的回函外，其他客户均回函，且证明欠款金额与函证金额相符。

5. 审计人员在对甲公司主营业务交易的截止期进行测试的过程中，发现乙客户2004年12月28日订购货物一批，甲公司2004年确认销售收入及应收账款50万元，该批货物于2005年1月5日发出，甲公司发货后即结转成本24万元。

【案例评析】

1. 甲公司销售与收款业务中，只有以下两项符合内部控制要求：由专门设立的信用部门批准赊销信用；总经理助理定期检查销售与收款情况。

2. 对未回函的乙客户，审计人员应当再次发函询证。

3. 在无法从外部取得能够证实乙客户应收账款余额的证据时，审计人员可采取检查乙客户订货单、检查甲公司销售发票副本和检查甲公司发运单等方式作为替代程序。

4. 审计人员在核实甲公司2004年主营业务交易的截止期时，应重点关注发票开票日期、记账日期和发货日期。

5. 关于甲公司对乙客户2004年12月28日订购货物的账务处理，多计2004年主营业务收入50万元。

【案例六】　　　　　　　营业收入审计

【案情简介】

2006年4月，某审计机关派出审计组，对某公司2005年度财务收支进行审计，有关情况和资料如下：

1. 该公司 2005 年未发生并购、分立和债务重组行为，供产销形势与上年相当。

2. 审计人员对 2005 年度会计报表进行审计时，对主营业务收入进行了截止性测试。

3. 审计人员对 2005 年有关收入项目进行了审计，部分情况如下：

（1）3 月 30 日，销售给甲企业（非关联企业）A 产品 10 000 件，每件 5 000 元，该公司确认收入 5 000 万元。该产品的市价为每件 4 900 元。

（2）6 月 20 日，转让某专利技术的使用权 3 年，一次性收取专利技术使用权转让费 300 万元，不再提供后续服务，该公司分 3 年确认收入。

（3）8 月 26 日，对含在 B 公司售价内的 5 年服务费 100 万元，该公司全部确认为收入。

（4）10 月 16 日，收到乙企业转账支票 500 万元，开出销售发票并发运货物，该公司确认为收入。

4. 该公司 2005 年度会计资料部分内容如下：

（1）资产负债表"长期借款"项目，2005 年末的余额为 3 000 万元。经进一步审查，该款项是一笔为构建厂房而专门借入的长期借款，借款期限为 2003 年 3 月至 2006 年 2 月，年利率为 7.65%。厂房已于 2004 年 10 月竣工交付使用。

（2）G 产品主营业务收入及成本比较数据如表 3 - 5 所示。

表 3 - 5　　　　　　　　G 产品主营业务收入及成本比较　　　　　　单位：万元

项　目	2005 年发生额		2004 年发生额	
	主营业务收入	主营业务成本	主营业务收入	主营业务成本
G 产品	38 900	31 200	38 800	35 900

（3）财务费用比较数据如表 3 - 6 所示。

表 3 - 6　　　　　　　　　　　财务费用比较　　　　　　单位：万元

项　目	2005 年	2004 年
利息支出	120	270
减：利息收入	29	38
银行手续费	5	4
合　计	96	236

【案例评析】

1. 在对主营业务收入进行截止性测试时，审计人员应关注发票开具日期或收款日期、记账日期和发货日期或劳务提供日期。

2. 在对"资料 3"中该公司 10 月 16 日对乙企业销售业务进行审计时，审计人员需通过检查销售发票副本和发货记录与收款记录来审查该销售业务的真实性。

3. 假设被审计单位会计报表 2005 年年初数和上年数均已审核无误，通过对"资料 4"进行分析，可以初步判断该公司 2005 年会计资料中存在的问题有：长期借款 3 000 万元列报不合理，应列为流动负债；G 产品主营业务成本可能被低估；利息支出的金额可能有误。

第三节 基本训练

一、单项选择题

1. 审计人员对被审计单位实施销货业务截止测试，主要目的是为了检查（　　）。
   A. 年底应收账款的真实性
   B. 是否存在过多的销货折扣
   C. 主营业务收入的会计记录归属期间是否正确
   D. 销货退回是否已经核准

2. 对通过函证无法证实的应收账款，审计人员应当执行的最有效的审计程序是（　　）。
   A. 重新测试相关的内部控制
   B. 抽查有关原始凭证，如销售合同、销售订单、销售发票副本及发运凭证等
   C. 实施实质性程序
   D. 审查资产负债表日后的收款情况

3. 在以下销售与收款授权审批关键点控制中，未做到恰当控制的是（　　）。
   A. 在销售发生之前，赊账已经正确审批
   B. 未经赊账批准的销货一律不准发货
   C. 销售价格、销售条件、运费、折扣由销售人员根据客户情况进行谈判
   D. 对于超过既定销售政策和信用政策规定范围的特殊销售业务，采用集体决策方式

4. 下列各项中，预防员工贪污、挪用销货款的最有效的方法是（　　）。
   A. 记录应收账款明细的人员不得兼任出纳
   B. 收取顾客支票与收取顾客现金由不同人员担任
   C. 请顾客将货款直接汇入公司所指定的银行账户
   D. 公司收到顾客支票后立即寄送收据给顾客

5. 审计人员通常以资产负债表日为截止日，在（　　）实施函证。
   A. 12 月 31 日　　　　　　　　　　B. 12 月 31 日前
   C. 资产负债表日　　　　　　　　　D. 资产负债表日后

6. 销售与收款循环主要凭证和记录按业务顺序依次为（　　）。
   A. 订货单、贷项通知单、现金日记账
   B. 订货单、销货单、销售合同、发运单、发票
   C. 销货日记账、发票、贷项通知单、收款凭证
   D. 发货单、销售合同、订货单

7. 审查销售与退回账务处理时，可确认为正确的是（　　）。

    A. 冲减销售确认期的营业收入

    B. 冲减销售退回期的营业收入

    C. 冲减退回期营业收入并同时冲减当期营业成本

    D. 冲减销售确认期营业收入并冲减同期营业成本

8. 审查被审计单位坏账准备余额占应收账款余额的比例并和以前期间的相关比例比较，主要是为了评价（　　）。

    A. 应收账款计提坏账准备金额是否正确

    B. 应收账款计提坏账准备的合理性

    C. 应收账款期末余额是否正确

    D. 应收账款的可收回性

9. 审查所有销售业务是否均已登记入账，最有效的程序是（　　）。

    A. 从销售单追查至销售收入明细账   B. 从货运文件追查至销售收入明细账

    C. 从销售单追查至货运文件   D. 从货运文件追查至销售发票

10. 为确保销售收入截止的正确性，审计人员最希望（　　）。

    A. 建立严格的赊销审批制度   B. 发运单连续编号并顺序签发

    C. 经常与客户对账核对   D. 年初及年末停止销售

11. 对大额逾期应收账款如无法获取询证回函，则审计人员应（　　）。

    A. 审查所审期间应收账款的收回情况

    B. 了解大额应收账款的收回情况

    C. 审查与销货有关的销售订单、发票、发运凭证

    D. 提请被审计单位提高坏账准备提取比例

12. 对于积极式函证而没有复函，应采用追查程序，如仍得不到答复，应考虑（　　）。

    A. 扩大对其他应收款的函证

    B. 获取管理当局的声明

    C. 按客户提供的地址直接询问

    D. 检查销售合同、销售发票及发运凭证等

13. 在确定函证对象时，以下项目中，应当进行函证的是（　　）。

    A. 函证很可能无效的应收款项

    B. 交易频繁但期末余额较小的应收款项

    C. 执行其他审计程序可以确认的应收款项

    D. 应收纳入审计范围内子公司的款项

14. 下列文件中，不属于销售和收款循环审计中应该审查的文件是（　　）。

    A. 客户对账单   B. 发运单   C. 销售合同   D. 生产统计表

15. 审计人员使用函证程序审查应收账款时，最难发现的错弊是（　　）。

    A. 应收账款提前入账   B. 应收账款金额记录错误

    C. 漏记应收账款   D. 虚列应收账款

16. 在应收账款实质性审查过程中，控制函证过程的人员应是（   ）。
    A. 财务主管   B. 出纳人员   C. 审计人员   D. 销售人员
17. 对两次发出肯定式询证函后仍未得到回复的某笔应收账款，审计人员应当（   ）。
    A. 将该笔应收账款确认为坏账
    B. 认定被审计单位虚构应收账款户名，捏造应收账款
    C. 查阅有关销货合同、发货单，验证应收账款的真实性
    D. 编制应收账款账龄分析表
18. 为了审查应收票据的贴现，下列各项中，无效的审计程序是（   ）。
    A. 向被审计单位的开户银行函证
    B. 审查被审计单位的相关会议记录
    C. 向被审计单位的债务单位函证
    D. 询问被审计单位管理当局
19. 对被审计单位注销应收某客户的 95 万元账款，审计人员应注意审查的内容是（   ）。
    A. 注销坏账的审批文件   B. 赊销政策
    C. 全年销售计划   D. 坏账准备的计提政策
20. 被审计单位营业费用明细账中记录了以下项目，其中符合我国现行会计制度规定的是（   ）。
    A. 管理部门人员工资   B. 常设销售机构经费
    C. 生产车间领用的产品包装物费用   D. 为购货单位垫付的运杂费

二、多项选择题

1. 销售和收款循环所涉及的主要凭证或会计记录是（   ）。
   A. 顾客订货单   B. 销售单
   C. 销售发票   D. 商品价目表
2. 销售和收款循环所涉及的主要业务活动包括（   ）。
   A. 接受顾客订单   B. 按销售单供货
   C. 记录销售   D. 注销坏账
3. 审计人员针对销售与收款业务内部控制制度是否健全、各项规定是否得到有效执行，其测试的重要环节包括（   ）。
   A. 检查是否存在销售与收款业务不相容职务混岗的现象
   B. 检查授权批准手续是否健全，是否存在越权审批行为
   C. 检查信用政策、销售政策的执行是否符合规定
   D. 检查销售退回手续是否齐全、退回货物是否及时入库
4. 审计人员应特别关注被审计单位以下有关收款业务相关内部控制内容的有（   ）。
   A. 单位应当按客户设置应收账款台账，及时登记每一客户应收账款余额变动情况和信用额度使用情况，对长期往来客户应当建立起完善的客户资料，并对客户资料实行动态管理，及时更新

B. 单位对于可能成为坏账的应收账款应当报告有关决策机构，由其进行审查，确定是否确认为坏账，单位发生的各种坏账，应查明原因，明确责任，并在履行规定的审批程序后作出会计处理

C. 单位应当定期与往来客户通过函证等方式核对应收账款、应收票据、预收账款等往来款项，如有不符，应查明原因，及时处理

D. 单位应当建立应收账款账龄分析制度和逾期应收账款催收制度，销售部门应当负责应收账款的催收，财务部门应当督促销售部门加紧催收。对催收无效的逾期应收账款可通过法律程序予以解决

5. 审计人员在进行实质性程序中，一般首先编制或索取所审项目的明细表，这是因为明细表是（　　）。

A. 与总账、报表数核对的基础　　　　　B. 分析程序的基础

C. 实质性程序的起点　　　　　　　　　D. 控制测试的依据

6. 对主营业务收入进行实质性分析程序时，运用分析程序进行比较的主要内容包括（　　）。

A. 主营业务收入　　　　　　　　　　　B. 重要客户的销售额

C. 重要产品的毛利率　　　　　　　　　D. 销售给重要客户的产品的毛利率

7. 对于被审计单位销售退回、折让与折扣的控制测试，审计人员应检查（　　）。

A. 销售退回和折让的会计处理是否正确

B. 所退回的商品是否具有库房签发的退货验收报告

C. 销售退回与折让的批准与贷项通知单的签发职责是否分离

D. 现金折让是否经过适当授权，授权人与收款人的职责是否分离

8. 审计人员确定应收账款函证数量的大小、范围时，应考虑的主要因素有（　　）。

A. 应收账款在全部资产中的重要性　　　B. 被审计单位内部控制的强弱

C. 以前年度的函证结果　　　　　　　　D. 函证方式的选择

9. 审计人员对应收账款实施的实质性分析程序包括（　　）。

A. 复核应收账款借方累计发生额与主营业务收入是否配比，如存在不匹配的情况应查明原因

B. 在明细表上标注重要客户，并编制对重要客户的应收账款增减变动表，与上期比较分析是否发生变动，必要时，收集客户资料分析其变动合理性

C. 计算应收账款周转率、应收账款周转天数等指标，并与被审计单位上年指标、同行业同期相关指标对比分析，检查是否存在重大异常

D. 计算坏账准备计提是否恰当

10. 一般情况下，审计人员应选择（　　）项目作为函证对象。

A. 大额或账龄较长的项目

B. 与债务人发生纠纷的项目

C. 交易频繁但期末余额较小甚至余额为零的项目

D. 可能产生重大错报或舞弊的非正常的项目

11. 当同时存在（　　）情况时，审计人员可考虑采用消极的函证方式。

A. 重大错报风险评估为低水平　　　　B. 涉及大量余额较小的账户

C. 预期不存在大量的错误　　　　　　D. 没有理由相信被询证者不认真对待函证

12. 销售与收款循环内部控制包括（　　）。

A. 批准赊销与销售相互独立　　　　　B. 批准赊销与发货开票相互独立

C. 收取货款与记录相互独立　　　　　D. 批准坏账与收款、记账相互独立

13. 截止测试应重点关注的与营业收入确认有密切关系的日期包括（　　）。

A. 销售截止测试实施日期　　　　　　B. 发票开具日期或者收款日期

C. 记账日期　　　　　　　　　　　　D. 发货日期或提供劳务日期

14. 审计已发生的销货业务是否均已登记入账，进行审计时常用的控制测试程序有（　　）。

A. 检查发运凭证连续编号的完整性

B. 检查赊销业务是否已经适当的授权批准

C. 检查销售发票连续编号的完整性

D. 观察已经寄出的对账单的完整性

15. 审计人员在确定函证对象时，下列债务人应作为主要函证对象的是（　　）。

A. 欠款金额占全部应收账款的 20%　　B. 欠款时间已达 2 年以上

C. 持有被审计单位 30% 的股东　　　　D. 与被审计单位同一董事长

16. 对营业收入截止期的审查有三条线索，即（　　）。

A. 以明细账为起点追查决算日前后会计凭证

B. 以决算日前后销售发票为起点追查发运单和明细账

C. 以发运单为起点追查销售发票和明细账

D. 从销货合同追查明细账

17. 某产品成本近年来呈上升趋势，被审计单位将产品销售成本结转由原来的加权平均法改为先进先出法，在其他条件不变的情况下，所造成的影响有（　　）。

A. 当年利润减少　　　　　　　　　　B. 当年利润增加

C. 年末存货余额增加　　　　　　　　D. 年末存货余额减少

18. 审计人员对销售与收款循环进行内部控制测试的内容有（　　）。

A. 发函询证应收账款

B. 检查是否按期编制应收账款账龄分析表

C. 实地观察不相容职务划分情况

D. 审查销售发票是否经过授权批准

19. 在运用分析性复核方法检查主营业务收入的完整性时，审计人员可以实施的程序有（　　）。

A. 计算本期主要产品的销售额和毛利率，并与上期比较

B. 比较本期各月主营业务收入的波动情况

C. 比较本期各月主营业务收入的实际数与计划数

D. 计算本期存货周转率，并与上期比较

20. 审查营业收入计算的正确性时，如果被审计单位以现金或支票结算方式销售产品，则应与销货发票存根相核对的账户有（　　　）。

A. 应收账款明细账 　　　　　　B. 银行存款日记账

C. 主营业务收入明细账 　　　　D. 应收票据明细账

三、判断题

1. 负责销货明细账和应收账款明细账的人员不得经手现金。　　　　　　（　　）

2. 应收账款函证的样本由审计人员和客户共同商定，但正式的询证函则由客户签发。

（　　）

3. 审计人员为了发现被审计单位多计收入，应采取的审计路线是以账簿为起点。

（　　）

4. 审查坏账准备提取是否正确，仅仅关系到资产负债表的正确性。　（　　）

5. 如果被审计单位重大错报风险较低时，审计人员可选择资产负债表日后适当日期为截止日实施函证。　　　　　　　　　　　　　　　　　　　　　　　　（　　）

6. 某公司将当年发生的销售退回与折让不作账务处理，目的是为了虚减销售额，虚减利润，少交所得税。　　　　　　　　　　　　　　　　　　　　　　　　（　　）

7. 仅对凭证预先进行编号，不做清点，就可以防止销售以后忘记向顾客开具账单或登记入账，也可以防止重复开具账单或重复记账。　　　　　　　　　　　　（　　）

8. 审计人员应当假定被审计单位在收入确认方面存在舞弊风险，并应当考虑哪些收入类别以及与收入有关的交易或认定可能导致舞弊风险。　　　　　　　（　　）

9. 应收账款的重要性水平越高，所需要的函证数量越大。　　　　（　　）

10. 审计人员对企业应收账款进行分析的目的在于取得应收账款可收回性及坏账准备充分性方面的证据。　　　　　　　　　　　　　　　　　　　　　　　　（　　）

四、简答题

1. 销售与收款循环内部控制及符合性测试的主要内容是什么？

2. 审计人员如何确定应收账款函证的范围？

3. 审计人员如何处理函证的结果？

4. 如何进行营业收入的截止性测试？

5. 如何运用分析性复核程序审查坏账准备？

第四节　模拟训练

1. **资料**：审计人员王永在审查 A 公司收入业务时，发现它与 B 公司签订的来料加工合同。合同中规定，加工费 9 600 元通过转账支付，剩余材料留归 A 公司。审查 A 公司收款凭证，会计分录为：

借：银行存款　　　　　　　　　　　　　　　　　　　　9 600

　　贷：其他应付款　　　　　　　　　　　　　　　　　　　9 600

另外王永还发现，加工剩余的材料 90 千克，合同单价为每千克 80 元，被加工车间出售，价款 7 200 元没有入账，被作为加工车间工人的奖金分掉。

要求：指出 A 公司在来料加工业务处理中存在的问题，并提出处理意见。

2. 资料：

（1）审计人员获得 ABC 公司 2008 年度应收账款明细资料如表 3 - 7 所示。

表 3 - 7　　　　　　　　　ABC 公司 2008 年度应收账款明细资料　　　　　　　单位：元

债务单位	账面余额	
	年初数	年末数
甲公司	38 000	51 000
乙公司	45 890	37 800
丙公司	108 000	94 000
丁公司	89 000	89 000
戊公司	19 080	23 890
己公司	201 000	154 000
合　计	500 970	499 690

（2）审计人员于次年 1 月对该公司应收账款进行了全面函证，截至次年 1 月 25 日除丁公司外，收到全部回函。除下列款项存在异议外，均与应收账款明细账相符。

① 甲公司回函，仅欠款 11 000 元，其余已于次年 1 月 15 日支付，支票号码为 678。经追查，该笔款项已于次年 1 月 18 日收到，并已入账。

② 戊公司回函称所欠款项中的 18 000 元因商品质量问题，只能支付 70%，财务部经理已同意。

要求：根据以上情况，分析审计人员应采取哪些进一步的审计措施。

3. 资料：2003 年 4 月，某审计厅派出审计组，对某企业 2002 年度财务收支情况实施审计。在销售和收款业务循环审计过程中，有关情况和资料如下：

（1）该企业的销售和收款业务循环职责分工包括：销售部门无权批准赊销，发货与开票相互独立，应收账款会计人员负责编制、寄送对账单，坏账注销与否由应收账款会计人员决定。

（2）在符合性测试中，审计人员采用统计抽样的方法选取一定数量的销售发票，审查相关内部控制措施的执行情况。抽样前，确定的可靠性水平为 95%，精确限度为 5%，预计总体错误率为 1%。样本量可靠性水平为 95%。

（3）在对营业收入进行审计时，审计人员首先对 2002 年各月主营业务收入进行趋势分析，发现 12 月份发生额异常大。

（4）审计人员重点抽查了 12 月份产品销售业务，发现以下情况（售价均不含增值税）：

① 12 月 6 日，该企业向 A 公司出售设备一台，并负责安装测试，售价 120 000 元，当日确认销售 120 000 元。经调查，该设备目前尚未安装完毕。

② 12 月 10 日，该企业与 B 公司签订售价 600 000 元的设备销售合同，并于当日确认销售收入 600 000 元。

③ 12 月 18 日，C 公司交来支票，向该企业购买售价为 300 000 元的不需安装设备一台。该企业当日即将提货单和销售发票开出交给 C 公司，并于当日确认销售收入 300 000 元。

要求：

（1）该企业的销售和收款业务循环职责分工中，有哪些不符合内部控制要求？

（2）根据"资料（2）"中所给的抽样参数和样本量确定表，审计人员应抽取的销售发票的最小数量是多少？

（3）除"资料（3）"中采用的对各月收入进行趋势分析法外，审计人员对主营业务收入还可以采用分析性复核方法有哪些？

（4）根据对"资料（4）"中 3 笔销售业务的分析，该企业共虚增主营业务收入是多少？

（5）为了审查该企业是否存在其他虚增营业收入的情况，审计人员还可以采用的审计程序有哪些？

4. 资料：2004 年 3 月，审计组对某企业 2003 年度财务收支进行审计，有关资料和审计情况如下：

（1）12 月 20 日，该企业生产和销售甲、乙产品，甲产品售价 100 元/件，成本 50 元/件；乙产品售价 80 元/件，成本 40 元/件。

（2）12 月 20 日，该企业发出甲产品 5 000 件给本地一家代销单位，年末收到代销结算清算单。清算单反映产品已经销售，但尚未结算货款。该企业已确认收入并结转销售成本。

（3）12 月 25 日，某客户用支票购买甲产品 500 件、乙产品 2 000 件。提货单和发票已经开出并交给客户，但尚未提货。该企业已确认销售收入，未结转销售成本。

（4）12 月 27 日，该企业发货给外地一家公司，其中，甲产品 1 000 件，乙产品 2 000 件，年末没有办妥货款结算手续。该企业已经确认收入并结转销售成本。

（5）12 月 10 日，由于资金紧张，该企业将 2004 年 1 月 10 日到期商业承兑汇票 30 万元到银行贴现，支付贴现息 2 000 元。票据到期后没有发生拒付情况。

（6）2003 年末，该企业应收账款余额 2 000 万元，其他应收账款余额 400 万元，应收票据余额 600 万元。企业采用备抵法核算坏账，按应收账款余额的 3% 计提坏账准备。账面列示 2003 年年初坏账准备为贷方余额 3 万元，2003 年度发生坏账损失 200 万元，当年收回 2001 年已确认并转销的坏账损失 30 万元，年末计提坏账准备 173 万元。

要求：

（1）该企业对上述业务的处理，对主营业务收入产生的影响是多少？

（2）该企业对上述业务的处理，对主营业务成本产生的影响是多少？

（3）上述销售业务中存在的问题，使真实性和正确性受到影响的会计报表项目有哪些？

（4）该企业处理收回以前已转销的坏账损失业务时，正确的会计处理所涉及的会计科目有哪些？

（5）对该企业年末计提的坏账准备金额，审计人员认为其应该如何处理？

采购与付款循环审计

第一节 内容概述

一、采购与付款循环业务的基本内容

采购与付款循环中的业务活动包括：购买商品或劳务，记录采购业务，支付账款，定期与供货方、开户行对账等。采购与付款循环所涉及的主要业务活动及会计资料如图4-1所示。

在资产负债表中，采购与付款循环涉及的主要相关项目包括：预付账款、固定资产、累计折旧、固定资产减值准备、工程物资、在建工程、在建工程减值准备、固定资产清理、应付票据、应付账款等。

下面具体介绍采购与付款循环中比较典型的重要项目——应付账款、固定资产及累计折旧实质性测试的方法。

（一）应付账款的实质性测试

1. 获取或编制应付账款明细表，复核加计正确，并与报表数、总账数和明细账合计数核对相符。

2. 根据被审计单位实际情况，选择以下方法对应付账款执行实质性分析程序：

购买商品或劳务	申请购买（请购单） 编制订购（订购单） 验收商品（验收单） 保管已验收商品（入库单、盘存记录）		记录采购业务	编制付款凭单（购货发票、付款凭单） 记录负债（购货发票、订购单、付款凭单、相关会计凭证、相关科目账）
支付账款	偿付欠款（支票等结算凭证） 办理和记录货币资金的支出（现金、银行存款及应付账款科目账）		定期与供应商、开户行对账	定期向供应商对账（卖方对账单） 定期与开户行对账（银行对账单、银行存款余额调节表）

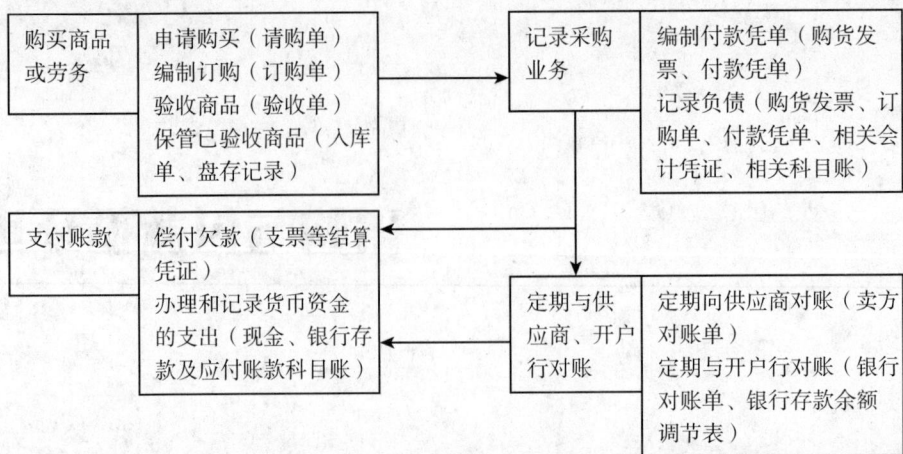

图 4-1 采购与付款循环所涉及的主要业务活动及会计资料

（1）将期末应付账款余额与期初余额进行比较，分析波动原因。

（2）分析长期挂账的应付账款，要求被审计单位作出解释，判断被审计单位是否缺乏偿债能力或利用应付账款隐瞒利润；并注意其是否可能无须支付，对确实无须支付的应付款的会计处理是否正确，依据是否充分。

（3）计算应付账款与存货的比率，应付账款与流动负债的比率，并与以前年度相关比率对比分析，评价应付账款整体的合理性。

（4）分析存货和营业成本等项目的增减变动，判断应付账款增减变动的合理性。

3. 检查应付账款是否存在借方余额，如有，应查明原因，必要时建议作重分类调整。

4. 函证应付账款。一般情况下，并不必须函证应付账款，这是因为函证不能保证查出所有未记录的应付账款，况且审计人员能够取得采购发票等外部凭证来证实应付账款的余额。但如果控制风险较高，某应付账款明细账户金额较大或被审计单位处于财务困难阶段，则应进行应付账款的函证。

在进行函证时，审计人员应选择较大金额的债权人，以及那些在资产负债表日金额不大甚至为零，但为企业重要供货人的债权人，作为函证对象。函证最好采用积极函证方式，并具体说明应付金额。同应收账款的函证一样，审计人员必须对函证的过程进行控制，要求债权人直接回函，并根据回函情况编制与分析函证结果汇总表，对未回函的，应考虑是否再次函证。

如果存在未回函的重大项目，审计人员应采用替代审计程序。比如，可以检查决算日后应付账款明细账及库存现金和银行存款日记账，核实其是否已支付，同时检查该笔债务的相关凭证资料，核实交易事项的真实性。

5. 查找未入账的应付账款。为了防止企业低估应付账款，审计人员应检查被审计单位有无故意漏记应付账款行为。例如，结合存货盘存，检查被审计单位在资产负债表日是否存在有材料入库凭证但未收到采购发票的经济业务；检查资产负债表日后收到的采购发票，关注采购发票的日期，确定其入账时间是否正确；检查资产负债表日后应付账款明细账贷方发生额的相应凭证，确认其入账时间是否正确；检查资产负债表日后若干天的付款事项，询问被审计单位内部或外部的知情人员，确定有无未及时入账的应付账款，检查相关记录或文件。检查时，审计人员还可以通过询问被审计单位的会计和采购人员，查阅资本预算、工作通告单和基建合同等来进行。

如果审计人员通过这些程序发现某些未入账的应付账款，应将有关情况详细记入工作底稿，然后根据其重要性确定是否需建议被审计单位进行相应的调整。

6. 检查带有现金折扣的应付账款是否按发票记载的全部应付金额入账，在实际获得现金折扣时再冲减财务费用。

7. 被审计单位与债权人进行债务重组的，检查不同债务重组方式下的会计处理是否正确。

8. 结合其他应付款、预付款项等项目的审计，检查有无同时挂账的项目，或有无属于其他应付款的款项，如有，应作出记录，必要时，建议被审计单位作重分类调整或会计误差调整。

9. 以非记账本位币结算的应付账款，检查其采用的折算汇率及折算是否正确。

10. 标明应付关联方（包括持5%以上（含5%）表决权股份的股东）的款项，执行关联方及其交易审计程序，并注明合并报表时应予抵销的金额。

11. 确定应付账款的披露是否恰当。一般来说，"应付账款"项目应根据"应付账款"和"预付账款"科目所属明细科目的期末贷方余额的合计数填列。

如果被审计单位为上市公司，则通常在其财务报表附注中应说明有无欠持有5%以上（含5%）表决权股份的股东单位账款；说明账龄超过3年的大额应付账款未偿还的原因，并在期后事项中反映资产负债表日后是否偿还。

（二）固定资产——账面余额的实质性测试

1. 获取或编制固定资产和累计折旧分类汇总表，检查固定资产的分类是否正确并与总账数和明细账合计数核对相符，结合累计折旧、减值准备科目与报表数核对相符。

固定资产和累计折旧分类汇总表又称一览表或综合分析表，是审计固定资产和累计折旧的重要工作底稿，其参考格式如表4-1所示。

表4-1　　　　　　　　　　固定资产和累计折旧分类汇总表
年　月　日

被审计单位：　　　　　编制人：　　　　　复核人：　　　　　日期：

固定资产	固定资产				累计折旧					
类别	期初余额	本期增加	本期减少	期末余额	折旧方法	折旧率	期初余额	本期增加	本期减少	期末余额
合计										

汇总表包括固定资产与累计折旧两部分，应按照固定资产类别分别填列。需要解释的是期初余额栏，审计人员对其审计应分三种情况：一是在连续审计情况下，应注意与上期审计工作底稿中的固定资产和累计折旧的期末余额审定数核对相符；二是在变更会计师事务所时，后任审计人员应查阅前任审计人员有关工作底稿；三是如果被审计单位以往未经审计人员审计，即在首次接受审计情况下，审计人员应对期初余额进行较全面的审计。尤其是当被审计单位的固定资产数量多、价值大、占资产总额比重高时，最理想的方法是全面审计被审计单位设立以来"固定资产"和"累计折旧"账户中的所有重要的借贷记录。这样，既可核实期初余额的真实性，又可从中加深对被审计单位固定资产管理和会计核算工作的了解。

2. 根据具体情况，选择以下方法对固定资产实施实质性分析程序：

（1）计算固定资产原值与全年产量的比率，并与以前年度比较，分析其波动原因，可能发现闲置固定资产或已减少固定资产未在账户上注销的问题。

（2）计算本期计提折旧额与固定资产总成本的比率，将此比率同上期比较，旨在发现本期折旧额计算上可能存在的错误。

（3）计算累计折旧与固定资产总成本的比率，将此比率同上期比较，旨在发现累计折旧核算上可能存在的错误。

（4）比较本期各月之间、本期与以前各期之间的修理及维护费用，旨在发现资本性支出和收益性支出区分上可能存在的错误。

（5）比较本期与以前各期的固定资产增加和减少。由于被审计单位的生产经营情况不断变化，各期之间固定资产增加和减少的数额可能相差很大。审计人员应当深入分析其差异，并根据被审计单位以往和今后的生产经营趋势，判断差异产生的原因是否合理。

（6）分析固定资产的构成及其增减变动情况，与在建工程、现金流量表、生产能力等相关信息交叉复核，检查固定资产相关金额的合理性和准确性。

3. 实地检查重要固定资产（如为首次接受审计，应适当扩大检查范围）。确定其是否存在，关注是否存在已报废但仍挂账的固定资产。

实施实地检查审计程序时，审计人员可以以固定资产明细分类账为起点，进行实地追查，以证明会计记录中所列固定资产确实存在，并了解其目前的使用状况；也可以以实地为起点，追查至固定资产明细分类账，以获取实际存在的固定资产均已入账的证据。

当然，审计人员实地检查的重点是本期新增加的重要固定资产，有时，观察范围也会扩展到以前期间增加的重要固定资产。观察范围的确定需要依据被审计单位内部控制的强弱、固定资产的重要性和审计人员的经验来判断。如为首次接受审计，应适当扩大检查范围。

4. 检查固定资产的所有权。对各类固定资产，审计人员应获取、收集不同的证据以确定其是否归属被审计单位所有：对外购的机器设备等固定资产，通常经审核采购发票、采购合同等予以确定；对于房地产类固定资产，尚需查阅有关的合同、产权证明、财产税单、抵押借款的还款凭据、保险单等书面文件；对融资租入的固定资产，应验证有关融资租赁合同，证实其并非经营租赁；对汽车等运输设备，应验证有关运营证件等；对受留置权限制的固定资产，通常还应审核被审计单位的有关负债项目等予以证实。

5. 检查本期固定资产的增加。被审计单位如果不正确核算固定资产的增加，将对资产负债表和利润表产生长期的影响。因此，审计固定资产的增加，是固定资产实质性程序中的重要内容。固定资产的增加有多种途径，审计中应注意：

（1）对于外购固定资产，通过核对采购合同、发票、保险单、发运凭证等资料，抽查测试其入账价值是否正确，授权批准手续是否齐备，会计处理是否正确；如果购买的是房屋建筑物，还应检查契税的会计处理是否正确；检查分期付款购买固定资产入账价值及会计处理是否正确。

（2）对于在建工程转入的固定资产，应检查竣工决算、验收和移交报告是否完备，与在建工程的相关记录是否核对相符，借款费用资本化金额是否恰当；对已经达到预定可使用状态但尚未办理竣工决算手续的固定资产，检查其是否已按估计价值入账，并按规定计提折旧；是否待确定实际成本后再对固定资产原价进行了调整。

（3）对于投资者投入的固定资产，检查投资者投入的固定资产是否按投资各方确认的价值入账，并检查确认价值是否公允，交接手续是否齐全；涉及国有资产的，是否有评估报告并经国有资产管理部门评审备案或核准确认。

（4）对于更新改造增加的固定资产，检查通过更新改造而增加的固定资产，增加的原值是否符合资本化条件，是否真实，会计处理是否正确；重新确定的剩余折旧年限是否恰当。

（5）对于融资租赁增加的固定资产，获取融资租入固定资产的相关证明文件，检查融资租赁合同主要内容，并结合长期应付款、未确认融资费用科目检查相关的会计处理是否正确。

（6）对于企业合并、债务重组和非货币性资产交换增加的固定资产，检查产权过户手续是否齐备，检查固定资产入账价值及确认的损益和负债是否符合规定。

（7）检查固定资产的后续支出是否符合资本化条件，会计处理是否正确。

（8）如果被审计单位为外商投资企业，检查其采购国产设备退还增值税的会计处理是否正确。

（9）检查被审计单位的固定资产是否需要预计弃置费用，相关的会计处理是否符合规定。

（10）对于通过其他途径增加的固定资产，应检查增加固定资产的原始凭证，核对其计价及会计处理是否正确，法律手续是否齐全。

6. 检查本期固定资产的减少。固定资产的减少主要包括出售、向其他单位投资转出、向债权人抵债转出、报废、毁损、盘亏等。有的被审计单位在全面清查固定资产时，常常会出现固定资产账存实亡现象，这可能是由于固定资产管理或使用部门不了解报废固定资产与会计核算两者间的关系，擅自报废固定资产而未及时通知财务部门作相应的会计核算所致，这样势必造成财务报表反映失真。审计固定资产减少的主要目的就在于查明业已减少的固定资产是否已作适当的会计处理。固定资产减少所需审查的资料同固定资产增加时所需审查的资料基本相同，其审计要点如下：

（1）结合固定资产清理科目，抽查固定资产账面转销额是否正确。

（2）检查出售、盘亏、转让、报废或毁损的固定资产是否经授权批准，会计处理是否正确。

（3）检查因修理、更新改造而停止使用的固定资产的会计处理是否正确。

（4）检查投资转出固定资产的会计处理是否正确。

（5）检查债务重组或非货币性资产交换转出固定资产的会计处理是否正确。

（6）检查转出的投资性房地产账面价值及会计处理是否正确。

（7）检查其他减少固定资产的会计处理是否正确。

7. 检查固定资产后续支出的核算是否符合规定。《企业会计准则——固定资产》规定，与固定资产有关的后续支出，如果同时满足下列两个确认条件：一是该固定资产包含的经济利益很可能流入企业。二是该固定资产的成本能够可靠计量，应当将该后续支出计入固定资产成本；否则，应当在该后续支出发生时计入当期损益。

在具体实务中，对于固定资产发生的下列各项后续支出，通常的处理方法为：

（1）固定资产修理费用，应当直接计入当期费用。

（2）固定资产改良支出，应当计入固定资产账面价值，其增计后的金额不应超过该固定资产的可收回金额。

（3）如果不能区分是固定资产修理还是固定资产改良，或固定资产修理和固定资产改良结合在一起，则企业应按上述原则进行判断，其发生的后续支出，分别计入固定资产价值或计入当期费用。

（4）固定资产装修费用，符合上述原则可予资本化的，在两次装修期间与固定资产尚可使用年限两者中较短的期间内，采用合理的方法单独计提折旧。如果在下次装修时，该固定资产相关的固定资产装修项目仍有余额，应将该余额一次全部计入当期营业外支出。

8. 检查固定资产的租赁。企业在生产经营过程中，有时可能有闲置的固定资产供其他单位租用；有时由于生产经营的需要，又需租用固定资产。租赁一般分为经营租赁和融资租赁两种。

在经营租赁中，租入固定资产的企业按合同规定的时间，交付一定的租金，享有固定资产的使用权，而固定资产的所有权仍属出租单位。因此，租入固定资产的企业的固定资产价值并未因此而增加，企业对以经营性租赁方式租入的固定资产，不在"固定资产"账户内核算，只是另设备查簿进行登记。而租出固定资产的企业，仍继续提取折旧，同时取得租金收入。检查经营性租赁时，应查明：

（1）固定资产的租赁是否签订了合同、租约，手续是否完备，合同内容是否符合国家规定，是否经相关管理部门的审批。

（2）租入的固定资产是否确属企业必需，或出租的固定资产是否确属企业多余、闲置不用的，双方是否认真履行合同，其中是否存在不正当交易。

（3）租金收取是否签有合同，有无多收、少收现象。

（4）租入固定资产有无久占不用、浪费损坏的现象；租出的固定资产有无长期不收租金、无人过问，是否有变相馈送、转让等情况。

（5）租入固定资产是否已登入备查簿。

（6）租入固定资产改良支出的核算是否符合规定。

在融资租赁中，租入单位向租赁公司借款购买固定资产，分期归还本息，付清全部本息后，就取得了固定资产的所有权。因此，融资租赁支付的租金，包括了固定资产的价值和利息，并且这种租赁的结果通常是固定资产所有权最终归属租入单位。故租入企业在租赁期间，对融资租入的固定资产应按企业自有固定资产一样管理，并计提折旧、进行维修。在检查融资租赁固定资产时，除可参照经营租赁固定资产检查要点以外，还应注意融资租入固定资产的计价是否正确，并结合长期应付款、未确认融资费用等科目检查相关的会计处理是否正确。

此外，还应注意，对于融资租入固定资产发生的固定资产后续支出，应当按照自有固定资产发生的后续支出的处理原则予以处理。

9. 获取暂时闲置固定资产的相关证明文件，并观察其实际状况，检查是否已按规定计提折旧，相关的会计处理是否正确。

10. 获取已提足折旧仍继续使用固定资产的相关证明文件，并作相应记录。

11. 获取持有待售固定资产的相关证明文件，并作相应记录。检查对其预计净残值调整是否正确、会计处理是否正确。

12. 检查固定资产保险情况，复核保险范围是否足够。

13. 检查有无与关联方的固定资产购售活动，是否经适当授权，交易价格是否公允。对于合并范围内的购售活动，记录应予合并抵消的金额。

14. 检查年度终了被审计单位对固定资产的使用寿命、预计净残值和折旧方法的复核结果是否合理，若不合理，则应提请被审计单位作必要调整。

15. 对应计入固定资产的借款费用，应根据企业会计准则的规定，结合长短期借款、应付债券或长期应付款的审计，检查借款费用（借款利息、折溢价摊销、汇兑差额、辅助费用）资本化的计算方法和资本化金额，以及会计处理是否正确。

16. 结合银行借款等科目，了解是否存在已用于债务担保的固定资产。如有，则应取证并作相应的记录，同时提请被审计单位作恰当披露。

17. 检查购置固定资产时是否存在与资本性支出有关的财务承诺。

18. 确定固定资产的披露是否恰当。财务报表附注通常应说明固定资产的标准、分类、计价方法和折旧方法；融资租入固定资产的计价方法；固定资产的预计使用寿命和预计净残值；对固定资产所有权的限制及其金额（这一披露要求是指，企业因贷款或其他原因而以固定资产进行抵押、质押或担保的类别、金额、时间等情况）；已承诺将为购买固定资产支付的金额；暂时闲置的固定资产账面价值（这一披露要求是指，企业应披露暂时闲置的固定资产账面价值，导致固定资产暂时闲置的原因，如开工不足、自然灾害或其他情况等）；已提足折旧仍继续使用的固定资产账面价值；已退废和准备处置的固定资产账面价值。固定资产因使用磨损或其他原因而需退废时，企业应及时对其处置。如果其已处于处置状态而尚未转销时，企业应披露这些固定资产的账面价值。

如果被审计单位是上市公司，则通常应在其财务报表附注中按类别分项列示固定资产期初余额、本期增加额、本期减少额及期末余额；说明固定资产中存在的在建工程转入、出售、置换、抵押或担保等情况；披露通过融资租赁租入的固定资产每类租入资产的账面原值、累计折旧、账面净值；披露通过经营租赁租出的固定资产每类租出资产的账面价值。

在资产负债表上需要分别列示固定资产原价、累计折旧、固定资产净值、固定资产减值准备、固定资产净额项目。审计人员应根据前述各项审计内容，结合累计折旧的审计，确定资产负债表上有关固定资产各项数据的正确性，并注意固定资产折旧方法、固定资产的分类情况等是否已在会计报表附注时进行恰当披露。

（三）固定资产——累计折旧的实质性测试

固定资产可以长期参加生产经营而仍保持其原有实物形态，但其价值将随着固定资产的使用而逐渐转移到生产的产品中，或构成经营成本或费用。这部分在固定资产使用寿命内，按照确定的方法对应计折旧额进行的系统分摊就是固定资产的折旧。

在不考虑固定资产减值准备的前提下，影响折旧的因素有折旧的基数（一般指固定资产的账面原价）、固定资产的残余价值和使用寿命三个方面。在考虑固定资产减值准备的前提下，影响折旧的因素则包括折旧的基数、累计折旧、固定资产减值准备、固定资产预计净残值和固定资产尚可使用年限五个方面。在计算折旧时，对固定资产的残余价值和清理费用只能人为估计；对固定资产的使用寿命，由于固定资产的有形和无形损耗难以准确计算，因而也只能估计；同样，对固定资产减值准备的计提也带有估计的成分。因此，固定资产折旧主要取决于企业的折旧政策，具有一定程度的主观性。

固定资产折旧审计，应从影响固定资产折旧的各因素分别进行审查，从而确定固定资产折旧的计算、提取和分配是否合法与正确。主要应检查折旧范围、折旧方法、折旧年限、开始和停止计提折旧的时间是否符合国家规定，有无扩大和缩小固定资产折旧范围、随意变更折旧方法，以调节成本和利润的问题。

累计折旧的实质性测试通常包括：

1. 获取或编制累计折旧分类汇总表，复核加计正确，并与总账数和明细账合计数核对相符。

2. 检查被审计单位制定的折旧政策和方法是否符合相关会计准则的规定，确定其所采用的折旧方法能否在固定资产预计使用寿命内合理分摊其成本。前后期是否一致，预计使用寿命和预计净残值是否合理。

《企业会计准则——固定资产》明确规定：企业应当根据与固定资产有关的经济利益的预期实现方式，合理选择固定资产折旧方法。可选用的折旧方法包括年限平均法、工作量法、双倍余额递减法和年数总和法等；除非由于与固定资产有关的经济利益的预期实现方式有重大改变，应当相应改变固定资产折旧方法，折旧方法一经选定，不得随意调整；企业至少应当于每年年度终了对固定资产的使用寿命、预计净残值和折旧方法进行复核，如果固定资产使用寿命预计数和净残值预计数与原先估计数有差异，应当作相应调整。

3. 根据实际情况，选择以下方法对累计折旧执行实质性分析程序：

（1）对折旧计提的总体合理性进行复核是测试折旧正确与否的一个有效办法。在不考虑固定资产减值准备的前提下，计算、复核的方法是用应计提折旧的固定资产原价乘本期的折旧率。计算之前，审计人员应对本期增加和减少固定资产、使用寿命长短不一的和折旧方法不同的固定资产作适当调整。如果总的计算结果和被审计单位的折旧总额相近，且固定资产及累计折旧的内部控制较健全时，就可以适当减少累计折旧和折旧费用的其他实质性程序工作量。

（2）计算本期计提折旧额占固定资产原值的比率，并与上期比较，分析本期折旧计提额的合理性和准确性。

（3）计算累计折旧占固定资产原值的比率，评估固定资产的老化程度，并估计因闲置、报废等原因可能发生的固定资产损失，结合固定资产减值准备，分析是否合理。

4. 复核本期折旧费用的计提和分配：

（1）了解被审计单位的折旧政策是否符合规定，计提折旧范围是否正确，确定的使用寿命、预计净残值和折旧方法是否合理；如采用加速折旧法，是否取得批准文件。

（2）检查被审计单位折旧政策前后期是否一致。

（3）复核本期折旧费用的计提是否正确：

① 已计提部分减值准备的固定资产，计提的折旧是否正确。按照《企业会计准则——固定资产》的规定，已计提减值准备的固定资产的应计折旧额应当扣除已计提的固定资产减值准备累计金额，按照该固定资产的账面价值以及尚可使用寿命重新计算确定折旧率和折旧额。

② 已全额计提减值准备的固定资产，是否已停止计提折旧。

③ 因更新改造而停止使用的固定资产是否已停止计提折旧。因大修理而停止使用的固定资产是否照提折旧。

④ 对按规定予以资本化的固定资产装修费用是否在两次装修期间与固定资产尚可使用年限两者中较短的期间内，采用合理的方法单独计提折旧，并在下次装修时将该项固定资产装修余额一次全部计入了当期营业外支出。

⑤ 对融资租入固定资产发生的、按规定可予以资本化的固定资产装修费用，是否在两次装修期间、剩余租赁期与固定资产尚可使用年限三者中较短的期间内，采用合理的方法单独计提折旧。

⑥ 对采用经营租赁方式租入的固定资产发生的改良支出，是否在剩余租赁期与租赁资产尚可使用年限两者中较短的期间内，采用合理的方法单独计提折旧。

⑦ 未使用、不需用和闲置的固定资产是否按规定计提折旧。

⑧ 持有待售的固定资产折旧计提是否符合规定。

（4）检查折旧费用的分配是否合理，是否与上期一致；分配计入各项目的金额占本期全部折旧计提额的比例与上期比较是否有重大差异。

（5）注意固定资产增减变动时，有关折旧的会计处理是否符合规定，查明通过更新改造、接受捐赠或融资租入而增加的固定资产折旧费用计算是否正确。

5. 将"累计折旧"账户贷方的本期计提折旧额与相应的成本费用中的折旧费用明细账户的借方相比较，以查明所计提折旧金额是否全部摊入本期产品成本或费用。一旦发现差异，应及时追查原因，并考虑是否应建议作适当调整。

6. 检查累计折旧的减少是否合理、会计处理是否正确。

7. 检查累计折旧的披露是否恰当。

如果被审计单位是上市公司，通常应在其财务报表附注中按固定资产类别分项列示累计折旧期初余额、本期计提额、本期减少额及期末余额。

（四）固定资产——固定资产减值准备的实质性测试

固定资产的可收回金额低于其账面价值称为固定资产减值。这里的可收回金额应当根据固定资产的公允价值减去处置费用后的净额与资产预计未来现金流量的现值两者之间的较高者确定。这里的处置费用包括与固定资产处置有关的法律费用、相关税费、搬运费以及为使固定资产达到可销售状态所发生的直接费用等。

企业应当在资产负债表日判断固定资产是否存在可能发生减值的迹象。根据《企业会计准则——资产减值》的规定，如存在下列迹象的，表明固定资产可能发生了减值：

（1）固定资产的市价当期大幅度下跌，其跌幅明显高于因时间的推移或正常使用而预计的下跌。

（2）企业经营所处的经济、技术或者法律等环境以及固定资产所处的市场在当期或者将在近期发生重大变化，从而对企业产生不利影响。

（3）市场利率或者其他市场投资回报率在当期已经提高，从而影响企业计算固定资产预计未来现金流量现值的折现率，导致固定资产可收回金额大幅度降低。

（4）有证据表明固定资产陈旧过时或者其实体已经损坏。

（5）固定资产已经或者将被闲置、终止使用或者计划提前处置。

（6）企业内部报告的证据表明固定资产的经济绩效已经低于或者将低于预期，如固定资产所创造的净现金流量或者实现的营业利润（或者损失）远远低于（或者高于）预计金额等。

（7）其他表明固定资产可能已经发生减值的迹象。

如果由于该固定资产存在上述迹象，导致其可收回金额低于账面价值的，应当将固定资产的账面金额减记至可收回金额，将减记的金额确认为固定资产减值损失，计入当期损益，同时计提相应的固定资产减值准备。

固定资产减值准备的实质性程序一般包括：

（1）获取或编制固定资产减值准备明细表，复核加计正确，并与总账数和明细账合计数核对相符。

（2）检查固定资产减值准备计提和核销的批准程序，取得书面报告等证明文件。

（3）检查被审计单位计提固定资产减值准备的依据是否充分及会计处理是否正确。

（4）检查资产减值的认定是否恰当，计提固定资产减值准备的依据是否充分。会计处理是否正确。

（5）实施实质性分析程序，计算本期末固定资产减值准备占期末固定资产原值的比率，并与期初该比率比较，分析固定资产的质量状况。

（6）检查被审计单位处置固定资产时原计提的减值准备是否同时结转，会计处理是否正确。

（7）检查是否存在转回固定资产减值准备的情况。按照企业会计准则规定，固定资产减值损失一经确认，在以后会计期间不得转回。

（8）确定固定资产减值准备的披露是否恰当。如果企业计提了固定资产减值准备，根据《企业会计准则——资产减值》的规定，企业应当在财务报表附注中披露：①当期确认的固定资产减值损失金额；②企业提取的固定资产减值准备累计金额。如果发生重大固定资产减值损失的，还应当说明导致重大固定资产减值损失的原因，固定资产可收回金额的确定方法，以及当期确认的重大固定资产减值损失的金额。

如果被审计单位是上市公司，其财务报表附注中通常还应分项列示计提的固定资产减值准备金额、增减变动情况以及计提的原因。

（五）固定资产——固定资产清理的实质性测试

1. 获取或编制固定资产清理明细表，复核加计正确，并与报表数、总账数和明细账合计数核对相符。

2. 结合固定资产等的审计，检查固定资产、累计折旧等结转是否正确。

3. 检查固定资产清理的原因，如系出售、报废、毁损，应检查是否经有关技术部门鉴定并授权批准，会计处理是否正确；如系对外投资、债务重组或非货币性资产交换转出，应检查有关的合同协议以及股东（大）会或董事会的决议。检查其会计处理是否正确。

4. 检查固定资产清理收入和清理费用的发生是否真实，清理净损益的计算是否正确，会计处理是否正确。

5. 检查有无长期挂账的固定资产清理余额。如有，应查明原因，必要时提出调整建议。

6. 确定固定资产清理的披露是否恰当。

二、采购业务一般存在的错误和弊端

采购过程中可能有如下舞弊行为：预算或计划外盲目采购或购建；造成资金积压与低效使用；收受回扣、中饱私囊、虚报损耗、中途转移、违规结算和资金流失等贪污舞弊行为造成企业资金的损失；混淆采购成本、资本性支出挤占生产成本等行为，造成成本核算的差错等。

在固定资产和累计折旧领域，部分被审计单位可能采用的一些不当业务处理手法如下：

1. 新增固定资产计价中的错报。固定资产增加可能有不同来源，不同固定资产来源的固定资产有不同的计价要求，不论被审计单位出于有意或无意未完全按照计价要求处理相关账务，都会造成固定资产价值计量中错弊。

2. 固定资产减少中的错报。例如，固定资产变价收入不入账；固定资产清理完毕，不及时结转营业外收入等。

3. 混淆资本性支出和收益性支出。被审计单位如果有意增加成本、费用，可能将符合固定资产标准的物品划入低值易耗品；而如果有意减少当期成本、费用，则可能将应属于低值易耗品的物品划入固定资产进行管理，延缓其摊销速度。由此，混淆资本性支出和收益性支出的结果，使固定资产和存货之间产生此生彼消的关系，使会计信息产生错报。

4. 固定资产分类不准确。一般被审计单位应按经济用途和使用情况对固定资产进行分类。对固定资产的分类正确与否主要涉及被审计单位对哪些固定资产应计提折旧，以及折旧费用的列支问题。这样的问题直接影响到被审计单位费用和成本的计算、账务成本的确定和计算所得税的依据。例如，被审计单位混淆经营租赁方式租入的固定资产和融资租赁方式租入的固定资产，由此对计提的折旧费用产生影响。

5. 累计折旧计算的错误。会计核算时漏提固定资产折旧，人为延长或缩短固定资产的折旧年限，人为调增或调减固定资产预计净残值比例，调节折旧，进而调节利润。

6. 自建固定资产的计价。自建工程完工交付使用后，不及时结转固定资产，造成在建工程成本虚增，并推迟固定资产计提折旧的时间，导致利润虚增。

7. 减值准备。固定资产、在建工程减值准备期末余额和当期计提额的确定存在一定的主观性，可能出现重大错误，必要时需要关注有无通过减值准备调节利润。

三、付款业务一般存在的错误和弊端

在应付账款领域，部分被审计单位可能采用的一些不当业务处理手法如下：

1. 低估应付账款。有的被审计单位为了粉饰财务状况，在期末对已收的购货发票或货到单未到的，不做账务处理，少列应付账款；或者将当期发生的购货业务推迟下一会计期间确认，从而低估应付账款。这是较常见的舞弊方式，由于账面没有实际存在的应付账款的相关记录，因此与发现应收账款的高估相比，发现应付账款的低估更困难。

2. 虚增应付账款。虚构购货业务，或者将当期的部分销售收入记入"应付账款"，从而虚增应付账款，造成营业成本高估或是营业收入低估，当期利润低估。然后在以后期间再虚构销售业务，虚增以后期间利润，若有可能审计人员应适当关注账龄较长的应付账款。

3. 利用应付账款隐瞒收入。有的被审计单位将营业外收入列入"应付账款"，而不按会计制度规定计入有关收入账户中，以达到人为调节损益、减少当期应交税费的目的。

4. 应付账款长期挂账。出现长期挂账的原因可能有：被审计单位不按合同规定的期限及时偿还货款、双方之间业务纠纷、账务处理错误、对方已破产或倒闭。不论出于哪种原因，长期挂账的应付账款都应得到及时处理。

第二节 案例分析

【案例一】　　　　　　　　　固定资产处理混乱

【案情简介】

审计人员在审查 A 公司 2008 年会计报表时，发现固定资产购入业务有下列疑点：

1. 2008 年 3 月购入不需要安装的设备一台，调出单位账面原值为 90 000 元，已提折旧 20 000 元，经双方协商确定价款 80 000 元，该公司以银行存款支付 80 000 元价款外，还支付包装费和运输费共 1 000 元。账务处理如下：

借：固定资产	90 000	
贷：实收资本		70 000
累计折旧		20 000
借：盈余公积	80 000	
贷：银行存款		80 000
借：管理费用	1 000	
贷：银行存款		1 000

2. 在清查该公司房屋建筑物时，发现固定资产上记录的两层楼的办公室，却是一幢三层楼房，系该公司利用本公司材料委托农村基建队扩建，共计开支工料费 60 000 元（其中材料款 40 000 元），均作为长期待摊费用，分两年摊销。2008 年 8 月完工，自 9 月至 12 月已摊入生产成本 10 000 元。

3. 2008 年 8 月购入电动机 3 台，共计 8 580 元（含已付增值税），列入"长期待摊费用"账户，并已全部摊入当年生产成本。经到生产车间核对，并调阅原始凭证，证实所购电动机为在用固定资产。

【案例评析】

1. 情形 1 存在的问题：虚增实收资本，人为冲减盈余公积，未能如实反映固定资产的价值及累计折旧，虚增费用，虚减当年利润。

调整分录如下：

借：实收资本	70 000	
累计折旧	20 000	
贷：盈余公积		80 000
固定资产		10 000
借：固定资产	1 000	
贷：管理费用		1 000

并补提 2008 年度应提取的折旧。

2. 情形 2 存在的问题：改扩建支出应列入固定资产价值，将其列入长期待摊费用，混淆了收益性支出和资本性支出，虚增费用，少计固定资产价值。

调整分录如下：

借：固定资产	60 000	
贷：长期待摊费用		50 000
生产成本		10 000

并补提 2008 年度应提取的折旧。

3. 情形 3 存在的问题：购入的电动机属于固定资产，将其列入长期待摊费用，混淆了收益性支出和资本性支出，虚增费用，少计固定资产价值。

调整分录如下：

借：固定资产	8 580

贷：生产成本   8 580

并补提 2008 年度应提取的折旧。

【案例二】   固定资产处置不合理

【案情简介】

审计人员审查某企业 2008 年×月份固定资产、累计折旧、固定资产清理等明细账及相关凭证时发现：

1. 2 日购入需要安装设备一台，以银行存款支付设备买价 36 000 元，增值税 6 120 元，运杂费 390 元，立即投入安装。会计处理为：

借：固定资产   36 390
　　应交税费——应交增值税   6 120
　　　贷：银行存款   42 510

10 日安装完毕并交付使用，发生材料费 1 000 元，应付工资 490 元。会计处理为：

借：在建工程   1 490
　　　贷：原材料   1 000
　　　　　应付职工薪酬   490

借：固定资产   1 490
　　　贷：在建工程   1 490

2. 20 日经批准将因火灾毁损的设备一台转入清理。该设备原值 200 000 元，已提折旧 150 000 元，获得保险公司赔偿金 20 000 元，残体变价收入 5 000 元，均已存入银行，并以银行存款支付清理费 1 000 元。其中收到保险公司赔偿金，会计处理为：

借：银行存款   20 000
　　　贷：营业外收入   20 000

3. 30 日计提折旧 20 600 元，其中：

生产车间：使用中固定资产   15 800
　　　　　封存固定资产   800
管理部门：使用中固定资产   4 000
会计处理为：

借：制造费用   16 600
　　管理费用   4 000
　　　贷：累计折旧   20 600

当月另有一台设备（原值 12 630 元，月折旧率 0.792%）出租给外单位未提折旧。

【案例评析】

1. 需要安装设备的购置及安装费用均应在"在建工程"科目核算，增值税应计入固定资产原值，待交付使用时，再转"固定资产"账户。调整分录为：

借：在建工程   42 510
　　贷：固定资产   36 390
　　　　应交税费——应交增值税   6 120
借：固定资产   42 510
　　贷：在建工程   42 510

2. 保险公司赔偿金不属于营业外收入，应记入"固定资产清理"账户贷方，因此结转固定资产清理净损失的金额错误。调整分录为：

借：营业外收入   20 000
　　贷：固定资产清理   20 000
借：营业外支出   26 000
　　贷：固定资产清理   26 000

3. 经批准封存的固定资产应照提折旧，出租固定资产应提折旧，并作其他业务成本处理。调整分录为：

借：其他业务成本   100
　　贷：累计折旧   100

【案例三】　　　　　　　采购与付款循环内部控制不合理

【案情简介】

诚信会计师事务所 A 和 B 审计人员接受委派，于 2008 年 11 月 1 日至 7 日对大通公司的采购与付款循环的内部控制制度进行了解和测试，并在相关审计工作底稿中记录了了解和测试的事项，摘录如下：

1. 大通公司的材料采购需要经授权批准后方可进行，采购部根据经批准的请购单发出订购单。货物运达后，验收部根据订购单的要求验收货物，并编制一式多联的未连续编号的验收单。仓库根据验收单验收货物，在验收单上签字后，将货物移入仓库加以保管。验收单上有数量、品名、单价等要素。验收单一联交采购部登记采购明细账和编制付款凭单，付款凭单经批准后，月末交会计部；一联交会计部登记材料明细账，一联由仓库保留并登记材料明细账。会计部根据只附验收单的付款凭单登记有关账簿。采购合同规定，大通公司收货后须在 7 天内付款，逾期每天支付货款 5‰的违约金，严重的供货方停止供货。

2. 会计部审核付款凭单后，支付采购款项。大通公司授权会计部的经理签署支票，经理将其授权给会计人员小王负责，但保留了支票印章。小王根据已适当批准的凭单，在确定支票收款人名称与凭单内容一致后签署支票，并在凭单上加盖"已支付"的印章。A 和 B 审计人员对付款控制程序的穿行测试表明，未发现与公司规定有不一致之处。

【案例评析】

大通公司采购与付款循环内部控制方面的缺陷有：

1. 验收单未连续编号，不能保证所有的采购都已记录或不被重复记录。应建议大通公司对验收单进行连续编号。

2. 付款凭单未附订购单及购货发票等，会计部门无法核对采购事项是否真实，登记有关账簿时，金额或数量可能会出现差错。应建议大通公司将订购单和发票等与付款凭单一起交会计部门。

3. 会计部门月末审核付款凭单后才付款，未能及时将材料采购和债务登记入账并按约定时间付款。应建议大通公司采购部门及时将付款凭单交会计部门，按约定时间付款。

【案例四】 固定资产审计

【案情简介】

A 会计师事务所对 G 公司 2008 年度会计报表进行审计时，取得了与折旧计提、分配的相关数据见表 4-2。

表 4-2 G 公司 2008 年度折旧计提、分配相关数据 单位：元

月份	固定资产原值	计提折旧	制造费用负担额	管理费用负担额
1	23 000 000	2 070 000	1 449 000	621 000
2	23 000 000	2 070 000	1 449 000	621 000
3	25 500 000	2 295 000	1 606 500	688 500
4	25 500 000	2 295 000	1 606 500	688 500
5	25 500 000	2 295 000	1 606 500	688 500
6	34 000 000	3 060 000	2 142 000	918 000
7	34 000 000	3 060 000	2 142 000	918 000
8	29 000 000	2 610 000	1 827 000	783 000
9	29 000 000	2 610 000	1 827 000	783 000
10	29 300 000	2 637 000	1 845 900	791 100
11	29 300 000	2 637 000	1 845 900	791 100
12	29 300 000	2 637 000	1 845 900	791 100
合计		30 276 000	21 193 200	9 082 800

审计人员通过调查了解，取得了与以上数据相关的资料：

1. 3 月，固定资产原价增加了 2 500 000 元，折旧率没有变化。

2. 6 月，固定资产原价增加了 8 500 000 元，折旧率没有变化。

3. 8 月，由于固定资产报废，原价减少了 5 000 000 元，折旧率没有变化。

4. 10月，固定资产原价增加了300 000元，折旧率没有变化。

5. 1～2月份，该公司有固定资产出租业务，自3月份起，该公司将该项固定资产收回，用于生产经营。

经过审查，该公司固定资产的增加手续完备，核算内容真实，使用的固定资产折旧率均符合有关法律法规要求。

【案例评析】

1. 从表4-2中可以看出，3月份增加固定资产，在原有固定资产折旧率没有变化的情况下，当月折旧额随之增加，很可能是将当月增加的固定资产也计提了折旧。同样的情况还发生在6月和10月。8月减少固定资产时，在原有固定资产折旧率没有变化的情况下，当月折旧额随之减少，很可能是将当月减少的固定资产也随之停止计提折旧。由此分析，该公司在计算固定资产折旧额方面存在错误，应进一步进行审查，并提请调整有关账项。

2. 该公司1～2月份有固定资产出租业务，但该项固定资产提取的折旧仍然由制造费用和管理费用负担，需要审计人员根据实际情况来确定该公司的处理是否正确。

【案例五】   累计折旧审计

【案情简介】

审计人员在审查F公司2008年度固定资产折旧时，发现2008年1月新增已投入生产使用的设备一台，原价100 000元，预计净残值为10 000元，预计使用年限为5年，使用年数总和法对该项固定资产计提折旧，其余各项固定资产均用直线法计提折旧，该公司对这一事项在财务状况说明书中未作充分揭示。

【案例评析】

F公司的固定资产折旧方法本期出现不一致，且未作充分揭示，违反了会计准则和会计制度。该事项对资产负债表和利润的影响计算如下：

用年数总和法计算该设备的年折旧额 = （100 000 - 10 000）× $\frac{5}{15}$ = 30 000（元）

用直线法计算该设备的年折旧额 = $\frac{100\ 000 - 10\ 000}{5}$ = 18 000（元）

由于折旧方法改变，使2008年度多提折旧12 000元（30 000 - 18 000），资产负债表中的"累计折旧"项目增加了12 000元，利润表中的"利润总额"减少了12 000元。

对此，审计人员应要求F公司在财务状况说明书中作这样的揭示：本公司由于对原值为100 000元、预计净残值为10 000元、预计使用年限为5年的设备采用年数总和法计提折旧，与采用直线法计提折旧相比，使2008年度的折旧额增加12 000元，利润总额减少12 000元，特此予以揭示。

【案例六】　　　　　　　　　　固定资产清理审计

【案情简介】

某企业于 12 月以更新设备的名义淘汰了 6 台正常运转的机器设备，设备原值 190 万元，已提折旧 100 万元，财会部门按厂长授意作了固定资产清理的账务处理，会计分录为：

借：固定资产清理　　　　　　　　　　　　　　　　　　　　　　　900 000
　　累计折旧　　　　　　　　　　　　　　　　　　　　　　　　1 000 000
　　贷：固定资产　　　　　　　　　　　　　　　　　　　　　　1 900 000

12 月末，财会部门将净值 90 万元作为固定资产清理后的净损失，由"固定资产清理"账户转入了"营业外支出"账户，会计分录为：

借：营业外支出　　　　　　　　　　　　　　　　　　　　　　　　900 000
　　贷：固定资产清理　　　　　　　　　　　　　　　　　　　　　900 000

【案例评析】

审计人员分三步审查了该企业上述行为：第一步，审阅固定资产清理明细账，发现上述 6 台设备的会计处理有缺点，设备未到年限却进行清理，而账簿记录中没有清理费用和残料价值或变价收入。第二步，盘点实物。经实地查看和盘点已作清理处理的 6 台设备，在车间根本没动，而且照常运转。第三步，调查企业对这些设备作固定资产清理的目的。经询问，有关人员供认其目的是通过提前报废这台设备，压缩当年利润数额，少交所得税，以缓解资金不足的矛盾。

【案例七】　　　　　　　　　　固定资产购置业务审计

【案情简介】

2004 年 4 月，审计组对某公司 2003 年度财务收支进行了审计。在对该公司固定资产业务进行审计时，发现如下情况：

1. 该公司与设备采购有关的部分内部控制如下：

（1）采购部门确定设备需要量，提出设备购置申请书，报送设备管理部门。

（2）设备管理部门根据申请书会同财会部门、计划部门编制设备采购计划。

（3）采购计划经批准后，设备管理部门下达采购通知单，交采购部门执行。

（4）采购的设备到货后，由采购部门组织验收。

2. 审计人员对该公司固定资产实施监盘时发现，甲设备在固定资产明细账及固定资产卡片的记录均为 3 台，但实物盘点的结果是 4 台。

3. 审计人员在对该公司固定资产入账价值进行审查时，发现 2003 年年初购入乙设备的入账价值只包括买价，而增值税计入进项税，包装费、运杂费和成本安装等计入了当期管理费用。

4. 审计人员在对固定资产入账价值进行审查时，通过分析性复核所发现的线索，经过进一步追查，发现 2003 年年初购进的丙设备至审计时尚未计提折旧，其价值占年末固定资产原值的比例为 15%。

【案例评析】

1. 该公司与设备采购有关的内部控制措施中存在如下缺陷：采购部门确定设备需要量，提出设备购置申请书，报送设备管理部门；采购的设备到货后，由采购部门组织验收。

2. 分析该公司有一台甲设备未登记的原因可能：该设备已做报废处理，账卡已注销，但实物仍在使用；该设备新近购进，尚未登账建卡。

3. 该公司将乙设备按买价入账的方法，可能使固定资产原值虚减，累计折旧虚减，导致应交税费虚减，对 2003 年末资产负债表造成影响。

4. 可以将 2003 年应计提折旧的固定资产平均余额乘以当期折旧率，与实际计提折旧额相比较以及计算 2003 年计提折旧额占固定资产原值的比例，并与以前年度比较，发现丙设备未提折旧的情形。

第三节 基本训练

一、单项选择题

1. 从下列内容中，审计人员可以得出折旧费用计提不足的结论是（　　）。
   A. 固定资产投保价值大大超过账面价值
   B. 折旧全部提尽的固定资产数量庞大
   C. 固定资产大修理费用增幅偏大
   D. 使用届满而报废的固定资产一再发生超额损失

2. 与预付账款的审计目标相似的项目是（　　）。
   A. 应付职工薪酬　　　B. 应收票据　　　　C. 应付账款　　　　D. 应收账款

3. 对（　　）进行审查最有可能发现未入账的应付账款。
   A. 购货发票　　　　　B. 提货单　　　　　C. 未支付账单　　　D. 发货记录

4. 审计人员实地观察固定资产时，重点应注意（　　）。
   A. 计提折旧　　　　　B. 本期减少　　　　C. 本期新增　　　　D. 正在使用

5. 审计人员通过（　　），不能查找被审计单位未入账的应付账款。
   A. 审查资产负债表日收到，但尚未处理的购货发票
   B. 审查所有应付账款函证的回函
   C. 审查资产负债表日后一段时间内的现金支票存根
   D. 审查资产负债表日已入库，但尚未收到发票的商品的有关记录

6. 对于盘盈的固定资产，审计人员应审查其是否（　　）。

    A. 已按重置完全价值入账   B. 已按资产评估价值入账

    C. 已按实际成本入账   D. 已按现值法计算的价值入账

7. 在查找已提前报废但尚未作出会计处理的固定资产时，最有可能实施的方法是（　　）。

    A. 以检查固定资产实物为起点，检查固定资产的明细账和投保情况

    B. 以检查固定资产明细账为起点，检查固定资产实物和投保情况

    C. 以分析折旧费用为起点，检查固定资产实物

    D. 以检查固定资产实物为起点，分析固定资产维修和保养费用

8. 对应付账款的函证最好采用（　　）。

    A. 积极式函证   B. 消极式函证   C. 传统函证   D. A 和 B 都行

9. 对应付账款的审计最主要的是（　　）。

    A. 防止企业高估应付账款   B. 防止企业重估应付账款

    C. 防止企业低估应付账款   D. 防止企业错估应付账款

10. 如果应付账款所属明细科目出现借方余额，审计人员应提请被审计单位在资产负债表的（　　）项目列示。

    A. 应付账款   B. 应收账款   C. 预付账款   D. 预收账款

11. 下列不属于与采购和付款业务不相容职务的是（　　）。

    A. 请购与审批   B. 询价与确定供应商

    C. 赊销批准与销售   D. 付款审批与执行

12. 下列审计程序中，不属于固定资产减少的审计程序的是（　　）。

    A. 审查出售固定资产的净收益

    B. 分析营业外支出账户

    C. 追查停产产品的专业设备的处理

    D. 审核固定资产的验收报告

13. 下列不属于固定资产内部控制制度的是（　　）。

    A. 区别资本性支出和收益性支出   B. 保险制度

    C. 处理制度   D. 定期盘点制度

14. 对采购与付款循环交易进行实质性程序时，审计人员从被审计单位验收单追查至采购明细账，从卖方发票追查至采购明细账，目的是为测试已发生的采购业务的（　　）。

    A. 存在   B. 完整性   C. 分类与可理解性   D. 计价和分摊

15. 为证实会计记录中所列的固定资产是否存在，了解其目前的使用状况，审计人员应当实施的程序是（　　）。

    A. 实地观察固定资产的状况

    B. 以固定资产明细账为起点，进行实地追查

    C. 检查固定资产的所有权归属

    D. 以固定资产实物为起点，追查至固定资产的明细账

16. 下列审计程序中，可以证实应付账款完整性认定的是（　　）。

A. 检查财务报表日后应付账款明细账的借方发生额，核实其是否已实际支付

B. 检查财务报表日后应付账款明细账的贷方发生额，核实其入账时间是否正确

C. 对大额的或重要的应付账款债权人进行函证

D. 检查应付账款明细账中是否有借方余额

17. 以下与付款业务相关的内部控制相违背的是（　　）。

A. 建立了退货管理制度，对退货条件、退货手续、货物出库、退货货款回收等作出明确规定

B. 定期与供应商核对应付账款、应付票据、预付账款等往来款项

C. 已到期的应付款项由主管会计结算与支付

D. 财会部门在付款业务时，对采购发票、结算凭证、验收证明等相关凭证的真实性、完整性、合法性及合规性进行了严格审核

18. 证实已记录应付账款存在的是（　　）。

A. 从应付账款明细账追查至购货合同、购货发票和入库单等凭证

B. 检查采购文件以确定是否使用预先编号的采购单

C. 抽取购货合同、购货发票和入库单等凭证，追查至应付账款明细账

D. 向供应商函证零余额的应付账款

19. 以下审计程序中，审计人员最有可能获取固定资产存在的审计证据的是（　　）。

A. 观察经营活动，并将固定资产本期余额与上期余额进行比较

B. 询问被审计单位的管理当局和生产部门

C. 以检查固定资产实物为起点，检查固定资产的明细账和相关凭证

D. 以检查固定资产明细账为起点，检查固定资产的实物和相关凭证

20. 审计人员向 A 公司生产负责人询问的以下事项中，最有可能获取审计证据的是（　　）。

A. 固定资产的抵押情况

B. 固定资产的报废或毁损情况

C. 固定资产的投保及其变动情况

D. 固定资产折旧的计提情况

21. 下列选项中，属于固定资产内部控制弱点的是（　　）。

A. 购买设备的付款支票未经会计主管签章

B. 设备通常在所估计使用寿命即将结束时才重置固定资产

C. 所有设备的购买均由使用设备部门自行办理

D. 出售设备时，将所得价值贷记其他业务收入

22. 在验证应付账款余额不存在漏报，审计人员获取的以下审计证据中，证明力最强的是（　　）。

A. 供应商开具的销售发票

B. 供应商提供的月对账单

C. 被审计单位编制的连续编号的验收报告

D. 被审计单位编制的连续编号的订货单

23. 在对 A 公司在建工程进行审计时，审计人员注意到以下四项在建工程未结转固定资产，其中处理正确的是（   ）。

A. 甲在建工程已经试运行，且已经能够生产合格产品，但产量尚未达到设计生产能力

B. 乙在建工程已经试运行，产量已经达到设计生产能力，但生产的产品中仅有少量合格产品

C. 丙在建工程不需试运行，其实体建造和安装工作全部完成，并已达到预计可使用状态，但尚未办理验收手续

D. 丁在建工程不需试运行，其实体建造和安装工作全部完成，并已达到预计可使用状态，但资产负债表日后尚发生少量的购建支出

24. 固定资产和在建工程审计工作底稿及其他相关审计工作底稿中有以下审计结论，其中错误的是（   ）。

A. 对某项在建厂房工程，建议将相关土地使用权一并转入该项在建工程核算

B. 对某项尚未办理竣工决算但已启用的在建工程，建议暂估转入固定资产并计提折旧

C. 对用流动资金借款建造的某项固定资产，建议冲销其已经资本化的借款费用

D. 对市场价格已经大幅下跌的某项固定资产，建议按资产评估价值低于账面价值的差额计提减值准备

25. 在建工程审计工作底稿中有以下审计结论，其中错误的是（   ）。

A. 在建工程明细账中列示的某项已完工在建工程余额为负数，建议 L 公司相应调减已入账固定资产价值

B. 某项未完工在建工程本年度未发生增减变动，应进一步检查其是否停建，并据以考虑是否需建议计提减值准备

C. 对在建工程明细账中列示的大修理工程余额，建议 L 公司予以调整

D. 对在建工程试车期间产生的试车收入，建议 L 公司冲减在建工程成本

26. 审计人员在证实被审计单位应付账款是否在资产负债表上充分披露时，不需要考虑（   ）。

A. 应付账款发生是否恰当

B. 预付账款明细账的期末贷方余额是否并入应付账款项目

C. 应付账款明细账的期末借方余额是否并入预付账款项目

D. 应付账款的分类是否恰当

27. 采购与付款业务循环中的借项通知单是反映由于退货或折让而减少向供应商付款金额的凭证，用于反映（   ）。

A. 应收账款的减少   B. 应收账款的增加

C. 应付账款的减少   D. 应付账款的增加

28. 下列有关固定资产业务循环的内部控制措施中，有效地预防性控制措施是（   ）。

A. 固定资产使用与报废审批部门相互独立

B. 固定资产购置预算经过使用部门经理审批后实施

C. 定期盘点固定资产

D. 内部审计人员对固定资产业务定期监督检查

29. 审计人员抽查被审计单位固定资产账卡设置情况，目的是为了判断（　　）。

A. 固定资产账实的相符性 　　　　　　B. 固定资产计价的正确性

C. 固定资产内部控制的执行情况 　　　D. 固定资产折旧提取的合理性

30. 审计人员在审计某企业应付账款时，发现应付某公司货款 400 万元，账龄两年以上，但通过查阅凭证，询问被审计单位有关人员，未能取得证据证实其存在性。审计人员下一步应当（　　）。

A. 作出账实不符结论 　　　　　　　　B. 向债权人进行询证

C. 核对会计报表 　　　　　　　　　　D. 直接调整账项

31. 为发现未列报或未入账的应付账款，除了审查决算日后货币资金支出凭证、应付账款账单、卖方对账单之外，还需检查的凭证是（　　）。

A. 决算日之前的领料单 　　　　　　　B. 决算日之前的验收单

C. 决算日之前的订购单 　　　　　　　D. 决算日之前的请购单

32. 某企业购入大型设备一台，支付设备价款 800 万元，增值税 136 万元，运杂费 20 万元，安装成本 30 万元，以上款项全部用银行存款支付。审计人员发现，该企业对此业务借记：固定资产 800 万元，应交税费 136 万元，制造费用 20 万元，管理费用 30 万元。该项业务的上述账务处理（　　）。

A. 正确

B. 错误，应借记固定资产 986 万元

C. 错误，应借记固定资产 936 万元、管理费用 50 万元

D. 错误，应借记固定资产 850 万元、应交税费——应交增值税 136 万元

33. 审计人员对实存于企业的固定资产，收集查阅了契约、产权证明书、财产税单等有关凭证文件，其目的是为了证明（　　）。

A. 固定资产的存在性 　　　　　　　　B. 固定资产的所有权

C. 固定资产折旧计算的准确性 　　　　D. 固定资产的完整性

二、多项选择题

1. 会计报表中的"管理费用：2 500 元"项目表达了管理当局对（　　）的认定或承诺。

A. 管理费用发生

B. 管理费用的正确余额是 2 500 元

C. 所有应报告的费用均已包括

D. 所有费用均为本企业的费用

2. 审计人员需要函证应付账款的情形包括（　　）。

A. 应付账款的重大错报风险较低

B. 应付账款的重大错报风险较高

C. 某应付账款账户金额较大

D. 某应付账款账户期末余额为零

3. 下列各项目属于固定资产内部控制的是 (　　)。

  A. 区别资本性支出和收益性支出　　　　B. 不相容职务的分离

  C. 定期盘点制度　　　　　　　　　　　D. 保险制度

4. 对采购与付款循环内部控制测试的程序包括 (　　)。

  A. 了解并描述内部控制　　　　　　　　B. 抽查部分采购业务

  C. 走访、观察业务经办与记录是否独立　D. 核对明细表

5. 在实施固定资产审计时，如果审计人员发现与以前年度相比，审计期间的折旧费用大幅度增加，则可能的原因有 (　　)。

  A. 固定资产折旧方法变更　　　　　　　B. 存在大量闲置的固定资产

  C. 新购置大量固定资产　　　　　　　　D. 折旧额的计算有误

6. 对偿还应付票据进行实质性审查时应注意 (　　)。

  A. 开出票据时是否在相关备查簿中登记

  B. 偿还的数额是否正确

  C. 是否在"应付票据备查簿"上及时注销到期已偿还的应付票据

  D. 会计处理是否正确

7. 审查折旧的计提和分配，应注意 (　　)。

  A. 计算复核本期折旧费用的计提是否正确

  B. 检查折旧费用的分配是否合理

  C. 注意固定资产增减变动时，有关折旧的会计处理是否符合规定

  D. 是否在资产负债表上披露

8. 采购与付款循环内部控制主要职责分工有 (　　)。

  A. 提出采购申请与批准采购申请相互独立

  B. 批准请购与采购部门相互独立

  C. 验收部门与财会部门相互独立

  D. 应付账款记账员不能接触现金、有价证券

9. 下列几项审计程序中，不属于预付账款实质性测试程序的有 (　　)。

  A. 审查预付账款是否依据合同规定进行

  B. 审查预付账款贷方发生额及余额

  C. 检查所有大额预付账款的支付是否均已经过批准

  D. 审查被审计单位是否定期核对预付账款总账与相关明细账

10. 审查是否存在高估固定资产数额时，可采取 (　　) 程序验证。

  A. 新增加的固定资产替换原有固定资产，原有固定资产是否未作会计记录

  B. 分析营业外收支账户

  C. 向固定资产管理部门查询本年有无未作会计记录的固定资产减少业务

  D. 复核固定资产保险单

11. 采购与付款循环涉及的主要凭证有（　　）。

    A. 买方发票　　　　B. 请购单　　　　C. 买方对账单　　　　D. 卖方对账单

12. 下面有关应付账款函证叙述正确的有（　　）。

    A. 因函证不能保证查出未记录的应付账款，所以对应付账款一般不需要函证

    B. 审计人员应对应付余额不大，甚至余额为零的债权人进行函证

    C. 函证一般采用消极式

    D. 如果存在未回函的重大项目，审计人员应采用必要的替代程序

13. 适当的职责分离有助于防止各种有意的或无意的错误，以下采购与付款业务不相容岗位包括（　　）。

    A. 询价与确定供应商　　　　　　　　B. 采购、验收与相关会计记录

    C. 付款审批与付款执行　　　　　　　D. 采购合同的订立与审批

14. 审计人员对被审计单位的采购业务进行年底截止测试的方法可采用（　　）。

    A. 实地观察

    B. 将验收单上的日期与采购明细账中的日期比较

    C. 将购货发票上的日期与采购明细账中的日期比较

    D. 了解年末存货盘亏调整和损失处理

15. 验证应付账款是真实存在的，可通过（　　）程序测试。

    A. 将应付账款清单加总

    B. 从应付账款清单追查卖方发票和卖方对账单

    C. 函证应付账款重点是大额、异常项目

    D. 对未列入本期的负债进行测试

16. 计算固定资产原值与本期产品产量的比率，并与以前年度相关指标进行比较，审计人员可能发现（　　）。

    A. 资本性支出和收益性支出区分的错误

    B. 闲置的固定资产

    C. 增加的固定资产尚未作会计处理

    D. 减少的固定资产尚未作会计处理

17. 审计人员在审计 A 公司 2007 年度财务报表时发现固定资产的以下项目，其中应通过"固定资产清理"科目核算的有（　　）。

    A. 盘亏的固定资产　　　　　　　　　B. 出售的固定资产

    C. 报废的固定资产　　　　　　　　　D. 损毁的固定资产

18. 审计人员在审计 A 公司 2007 年度财务报表时发现固定资产的以下项目，其中会引起固定资产账面价值发生变化的有（　　）。

    A. 计提固定资产减值准备　　　　　　B. 计提固定资产折旧

    C. 固定资产改扩建　　　　　　　　　D. 固定资产大修理

19. 为证实 Q 公司应付账款的发生和偿还记录是否完整，应实施适当的审计程序，以查找未入账的应付账款。以下各项审计程序中，可以实现上述审计目标的有（　　）。

A. 结合存货监盘，检查 Q 公司在资产负债表日是否存在有材料入库凭证但未收到购货发票的业务

B. 抽查 Q 公司本期应付账款明细账贷方发生额，核对相应的购货发票和验收单据，确认其入账时间是否正确

C. 检查 Q 公司资产负债表日后收到的购货发票，确认其入账时间是否正确

D. 检查 Q 公司资产负债表日后应付账款明细账借方发生额的相应凭证，确认其入账时间是否正确

20. 下列选项中，能够防止或发现采购及应付账款环节发生错误或舞弊的有（　　　）。

A. 所有订货单应经采购部门及有关部门批准，其副本应及时提交财会部门

B. 现购业务必须经财会部门批准后方可支付价款

C. 收到购货发票后，应立即送采购部门与订货单、验收单核对相符

D. 采用总价法记录现金折扣，并严格复核是否发生折扣损失

21. 在审计中，如果发现被审计单位因（　　　）等导致某应付账款明细账借方出现较大余额，审计人员应在审计工作底稿中编制建议调整的重分类分录，以便将这些借方余额在资产负债表中列为资产。

A. 重复付款　　　　B. 重复收款　　　　C. 付款后退货　　　　D. 预付货款

22. 对于被审计单位经营性租入的固定资产，审计人员不应专门审查的有（　　　）。

A. 固定资产的租赁合同、协议

B. "固定资产"账户的核算情况

C. 租入固定资产提取的折旧额是否正确

D. 租入固定资产有无变相馈赠情况

23. 审计人员对某公司采购与付款循环进行审计，该公司明细往来账户年末余额及本年度进货总额如下，请问审计人员应选择（　　　）公司进行函证。

A. 37 8000 元，589 700 元　　　　　　B. 0 元，37 656 700 元

C. 86 000 元，83 990 元　　　　　　　D. 13 677 800 元，2 637 540 元

24. 根据内部控制不相容职务分离的要求，下列职责应相互独立的有（　　　）。

A. 提出采购申请与批准采购申请　　　　B. 批准采购申请与采购

C. 采购与验收　　　　　　　　　　　　D. 验收与付款

25. 审查应付账款期末余额变动合理性时，审计人员可采用的分析性复核程序有（　　　）。

A. 将本期各主要应付账款账户余额与上期余额进行比较

B. 检查应收账款明细表上有无贷方余额

C. 计算本期获得的现金折扣占采购金额比率，并与前期比较

D. 计算并对比分析应付账款占当年流动负债的比率

26. 以应付账款明细账为总体进行抽样审查时，审计人员应审查应付账款所有项目的情形，包括（　　　）。

A. 应付账款账户数较少

B. 抽样结果表明误差很大，无法接受总体

C. 被审计单位内部控制健全有效

D. 各应付账款明细账余额超出了所确定的重要性水平

27. 在审查固定资产业务时发现被审计单位调增了一台设备的入账价值，对此审计人员认为比较合理的解释是（　　　）。

A. 该设备已提足折旧但仍在使用

B. 同类设备的市场价格上升

C. 该设备增加了改良装置

D. 该设备原暂估价值偏低，现按实际价值调整

28. 审计人员为核实企业列示于资产负债表上的固定资产价值的真实性和正确性，应审查的内容包括（　　　）。

A. 固定资产采购的审批手续　　　　　B. 固定资产的入账价值

C. 固定资产的增加与减少　　　　　　D. 固定资产的盘盈与盘亏

29. 审计人员运用分析性复核方法对固定资产折旧进行审查时，可以采用的方式有（　　　）。

A. 将本期计提折旧额与期末"固定资产减值准备"余额进行比较

B. 将应计提折旧的固定资产乘以本期的折旧率，分析折旧计提的总体合理性

C. 计算本期计提折旧额占固定资产原值的比例，并与上期比较

D. 将成本费用中的折旧费用明细记录与"累计折旧"账户贷方的本期折旧计提额比较

30. 被审计单位对下列各项固定资产计提了折旧，审计人员认为正确的有（　　　）。

A. 经营性租出固定资产　　　　　　　B. 融资租入固定资产

C. 季节性停用的机器设备　　　　　　D. 单独计价入账的土地

三、判断题

1. 应付账款应同应收账款一样必须实施函证，以验证其是否真实存在。（　　）

2. 即使某一应付账款明细账户年末余额为零，审计人员仍可以将其列为函证对象。（　　）

3. 应付票据明细表一般应列示票据种类、出票日期、面值、到期日、收款人名称、利息率、付息条件等内容。（　　）

4. 审计人员对固定资产进行实地观察时，可以以固定资产明细分类账为起点，重点观察本期新增的重要固定资产。（　　）

5. 请购单应由采购部门事先连续编号，以保证采购业务真实、完整。（　　）

6. 同函证应付账款一样，函证应付票据只能获得被审计单位资产负债列示数据是否准确的审计证据。（　　）

7. 应付账款通常不需函证，如函证，最好采用消极式函证。（　　）

8. 实施实地检查审计程序时，审计人员可以以固定资产明细分类账为起点，进行实地追查，以证实会计记录中所列固定资产确实存在，并了解其目前的使用状况；也可以以实地为起点，追查至固定资产明细分类账，以获取实际存在的固定资产均已入账的证据。（　　）

9. 审计人员在对固定资产进行实质性测试时，常常将固定资产的分类汇总表与累计折旧的分类汇总表合并编制。 （　　）

10. 由于多数舞弊企业在低估应付账款时，是以漏记赊销业务为主，所以函证无益于寻找未入账的应付账款。 （　　）

11. 主要会计政策、会计估计中披露：按《企业会计准则——固定资产》的规定，本年度调整了固定资产折旧的范围，由于无法确定其累计影响数，采用未来适用法进行会计处理。 （　　）

12. 审计人员在了解A公司采购与付款循环内部控制后，亲自对采购业务进行了检查，主要是对订货单、验收单和卖方发票连续编号的完整性测试，从而得出A公司能确保所记录的采购业务估价正确的审计结论。 （　　）

13. 如果审计人员计算的累计折旧与被审计单位计算的折旧总额相近，且固定资产及累计折旧的内部控制较为健全，则可适当减轻累计折旧和折旧费用的其他实质性工作量。 （　　）

14. 若被审计单位以往未经审计，审计人员应对固定资产期初余额进行较全面的审计。 （　　）

15. 对于因固定资产评估而调整累计折旧的，审计人员应取得有关资产评估报告和固定资产管理部门等的确认文件，来检查固定资产评估而调整累计折旧的会计处理的正确性。 （　　）

16. 在确定固定资产入账价值时，对于盘盈的固定资产，如果同类或类似固定资产不存在活跃的市场，被审计单位应按照市场价格减去该项固定资产价值损耗后的余额，作为入账价值。 （　　）

17. 为了防止企业低估负债，审计人员应检查被审计单位有无故意漏计应付账款的行为。比如审计人员可通过检查资产负债表日后应付账款贷方发生额来证实有无未入账的应付账款。 （　　）

18. 对于融资租入的固定资产应登入备查簿。 （　　）

19. 固定资产的折旧主要取决于企业的折旧政策，带有一定的主观随意性。 （　　）

20. 审计人员在审查应付账款时，应查实被审计单位所有在年度决算日以前收到的赊购发票均已计入当年度应付账款。 （　　）

21. 如果被审计单位为上市公司，则其财务报表附注是通常还应披露持有3%（含3%）以上股份的股东单位应付票据的内容。 （　　）

22. 预付账款如果期末余额不大，审计人员可以提请被审计单位冲抵流动资产项目，而并非只能列作流动负债。 （　　）

四、简答题

1. 购货业务的主要内部控制程序是什么？

2. 应付账款的函证和应收账款的函证有什么不同？

3. 审查固定资产的折旧时应该注意些什么？

4. 如何审查未入账的应付账款？

5. 累计折旧审查时需要注意的是哪些内容？

第四节　模拟训练

1. 资料： 审计人员对某公司 2008 年度会计报表进行审计时，发现 2008 年 8 月 5 日开出一张期限 4 个月、面值 50 000 元、年利率为 9% 的带息商业汇票，12 月 5 日票据到期，该公司因资金困难，未兑付，财务部门账务处理如下：

借：应付票据　　　　　　　　　　　　　　　　　　　　　50 000
　　财务费用　　　　　　　　　　　　　　　　　　　　　4 500
　　贷：应付账款　　　　　　　　　　　　　　　　　　　　　　54 500

要求： 根据上述资料，分析存在的问题，并作出审计调整分录。

2. 资料： 审计人员对某公司 2008 年会计报表进行审计，在审查资产负债表中的"应付账款"项目时，发现"应付账款"贷方余额为 380 万元，该公司 2008 年度进货 650 万元，赊购的比例高达 58%。审计人员认为这种情况不太合理，于是通过函证，进一步核对总账、明细账以及有关记账凭证和原始凭证，发现"应付账款"贷方余额应为 250 万元，有一笔应付账款是 2008 年 12 月 27 日收到乙公司的购货款 70 万元。该公司的账务处理如下：

借：银行存款　　　　　　　　　　　　　　　　　　　　　700 000
　　贷：应付账款——乙公司　　　　　　　　　　　　　　　　　700 000

还有一笔是 2008 年 12 月 29 日收到丙公司预付的购货款 60 万元。该公司的账务处理如下：

借：银行存款　　　　　　　　　　　　　　　　　　　　　600 000
　　贷：应付账款——丙公司　　　　　　　　　　　　　　　　　600 000

要求： 根据上述资料，分析这两笔业务的错误性质，审计人员应建议该公司如何进行账项调整。

3. 资料： 审计人员在审查某公司 2008 年固定资产和相关账户时，发现如下情况：2008 年 11 月，该公司购入一辆小轿车，买价 120 000 元，运杂费及相关税费 5 000 元，采购人员的差旅费 500 元。该公司财务人员将该车的运杂费及相关税费、采购人员的差旅费 5 500 元全部计入管理费用，考虑到年终将至，决定该车当年不计提折旧，从 2009 年 1 月起计提折旧。

要求： 根据上述资料，指出该公司在固定资产处理上存在的问题，并提出审计调整建议。

4. 资料： 审计人员对某公司 2008 年度的管理费用明细账进行审计时，发现下列情况：

（1）2008 年度企业经营租入设备 3 台，企业按月计提折旧，全年共计提折旧 8 000 元。

（2）职工宿舍全年水电费 12 000 元。

（3）广告费支出 65 000 元。

（4）车间办公费 24 000 元。

（5）利息支出 6 000 元。

要求：根据上述资料，指出存在的问题，并提出审计意见。

5. 资料：某会计师事务所审计 A 公司 2008 年度"固定资产"和"累计折旧"项目时发现以下情况：

（1）"未使用固定资产"中有固定资产——X 设备已于本年度 4 月份投入使用，该公司未按规定转入"使用固定资产"和计提折旧。

（2）对所有的空调机，按实际使用的时间（5 月至 10 月）计提折旧。

（3）对已提足折旧继续使用的 Y 设备，仍在计提折旧。

（4）6 月初购入轿车两辆，价值 30 万元，当月投入使用，当月开始计提折旧。

（5）该公司采用平均年限法计提折旧，但于本年度 7 月改为工作量法，这一改变已经董事会批准，未在财务报表附注中予以说明。

要求：指出上述各项中存在的问题，并提出改进建议。

6. 资料：李东对 B 公司的应付账款进行审计，其应付账款明细账资料如表 4 - 3 所示。

表 4 - 3 　　　　　　　　　　　**B 公司应付账款明细账**　　　　　　　　　　单位：元

债权单位	应付账款年末余额	本年度进货总额
A 公司	46 000	86 000
C 公司	—	288 000
X 公司	96 000	106 000
W 公司	266 600	389 900

要求：假定上述 4 家公司均为 B 公司的购货人，表 4 - 3 后两栏分别表示应收账款年末余额和 B 公司本年度的销货总额，李东应当选择哪两家公司进行函证？为什么？

7. 资料：诚信会计师事务所的审计人员于 2008 年 3 月对大华公司 2007 年度的会计报表进行审计，发现该年度发生以下交易和事项及其会计处理：

（1）大华公司会计政策规定，采用平均年限法计提固定资产折旧，每年年度终了对固定资产进行逐项检查，考虑是否计提固定资产减值准备。大华公司的办公大楼于 2006 年 1 月启用，原值 4 000 万元，预计使用年限为 20 年，预计净残值为 400 万元。2006 年 12 月 31 日经审计的该项固定资产的净值为 3 835 万元，该项固定资产的减值准备余额为 458 万元。由于自 2007 年 1 月起该项固定资产因故停用，该公司因此未计提其 2007 年度的折旧，但已按规定计提了该项固定资产 2007 年度的减值准备并作了相应的会计处理。

（2）大华公司 2007 年 12 月 31 日应付账款账户余额为贷方余额 800 万元，其明细组成如下：

应付账款——A 公司	500
应付账款——B 公司	350
应付账款——C 公司	-150
应付账款——D 公司	100
合计	800

（3）在建工程中有房屋建筑物 2 000 万元，2007 年 6 月已完工交付使用，但大华公司未结转固定资产（该公司房屋建筑物的残值率为 3%，使用年限为 30 年）。

要求：大华公司执行《企业会计准则》，假定不考虑大华公司会计报表层次的重要性水平，针对上述交易事项，审计人员应按年度分别提出何种审计处理建议？若应当建议作出审计调整的，请按年度直接列示全部相应的审计调整分录（包括重分类调整分录）。在编制审计调整分录时，不考虑调整分录对所得税和期末结转损益的影响。

8. 资料：对被审计单位固定资产采用分析性复核程序，具体内容见表 4-4。

表 4-4   分析性复核审计表

分析性复核	可能发生的错误
将折旧费除以总制造设备成本，所得比率同上年相比	
将累计折旧除以总制造设备成本，所得比率同上年相比	
将每月或全年的修理及维护、辅助生产费、小型工具费同上年的同类账户比较	
将总制造设备成本除以产品产量，再以此比率同以前年度比较	

要求：审计人员通过对常用的比率和趋势进行分析，可能发现的错误有哪些？

9. 资料：公信会计师事务所的审计人员 2006 年 3 月对华兴公司 2005 年度的会计报表进行审计时，发现资产负债表反映的预付账款项目为借方余额 600 万元，其明细组成列示如下：

预付账款——a 公司	400 万元
预付账款——b 公司	187 万元
预付账款——c 公司	5 万元
预付账款——d 公司	-2 万元
预付账款——e 公司	10 万元
合计	600 万元

其中对 c 公司中的 5 万元系 2004 年 2 月为采购该公司的产品所预付，事后获悉 c 公司

因转产已不能再提供该产品。

要求：假定不考虑华兴公司会计报表层次的重要性水平，请针对上述需要审计调整的交易事项编制调整分录。在编制审计调整分录时，不考虑所得税和期末结转损益的影响。

10. 资料：ABC 会计师事务所的 A 和 B 审计人员对 H 股份有限公司 2008 年度的会计报表进行审计，发现该年度发生以下交易和事项及其会计处理：

（1）2008 年 1 月 21 日，公司购买价格为 30 万元的生产部门用机器一台并入账，当月启用，但当年未计提折旧。公司采用平均年限法核算固定资产折旧，这类固定资产预计使用年限为 5 年，预计净残值率为 5%。

（2）2008 年 11 月 30 日，公司清理资产和负债时还发现，应付外单位款项 10 万元，因该单位已撤销而无法偿付，但 H 公司在 2008 年度未进行会计处理。

要求：假定不考虑 H 公司会计报表层次的重要性水平，会计报表尚未报出，针对上述交易事项，审计人员应分别提出何种审计处理建议？若应当建议作出审计调整的，请按年度直接列示全部相应的审计调整分录。在编制审计调整分录时，不考虑调整分录对所得税和期末结转损益的影响。

11. 资料：2008 年 4 月，某市审计局派出审计组对某股份有限公司 2002 年度财务收支进行了审计。审计组的外勤工作结束日为 5 月 10 日，并于 5 月 20 日向市审计局提交了审计报告。有关情况和资料如下：

（1）该公司 2007 年会计报表反映，2002 年末资产总额为 8 000 万元，注册资本 2 000 万元，股东权益总额为 2 500 万元，当年的税前利润总额为 300 万元，适用所得税税率 33%，该公司的会计报表无附注内容。

（2）2006 年末和 2007 年末的应收账款余额分别为 1 800 万元和 1 200 万元。公司的坏账核算方法一直采用备抵法。2006 年和 2007 年的坏账准备计提比例分别为 0.5% 和 0.3%。

（3）2007 年 4 月，该公司应收某客户的账款 150 万元，已被确认为坏账损失并予以注销，占 2007 年应收账款年末余额的 12.5%。

（4）2007 年末，该公司的存货余额为 1 200 万元。2006 年和 2007 年的存货计价方法分别为先进先出法和移动加权平均法。

（5）2007 年末，该公司的固定资产原值为 2 800 万元。2006 年和 2007 年的固定资产折旧计提方法分别采用直线法和年数总和法。

（6）2007 年 6 月，该公司在用的机床 1 台因管理不善提前报废，原值 320 万元，累计折旧 280 万元，发生清理费用 34 万元。该台机器的原值占 2007 年固定资产原值余额的 11.43%。

（7）2007 年末，该公司按利润总额 10% 计提法定盈余公积金 30 万元。该公司 2007 年度没有年初未分配利润、罚没和其他转入项目。

要求：

（1）审计人员认为，该公司在 2007 年度会计报表的附注中，应予以说明的会计政策和会计估计变更包括哪些？

（2）对该公司 2007 年会计政策变更，审计人员应重点审查的内容有什么？

（3）分析 2007 年末应收账款余额减少的情况，审计人员认为可能的原因是什么？

（4）对注销的某客户的 150 万元账款，审计人员应重点审查哪些内容？

（5）通过对该公司法定盈余公积提取合规性的审查，审计人员可以认定法定盈余公积金存在的问题有哪些？

存货与仓储循环审计

第一节 内容概述

一、存货与仓储循环业务的基本内容

存货与仓储循环和其他业务循环的关系十分密切，原材料经过采购与付款循环进入存货与仓储循环，存货与仓储循环又随着销售与收款循环中产成品的销售环节而结束。一般地，存货与仓储循环所涉及的主要业务活动包括生产计划和控制、发出原材料、生产产品、产品成本的计算及记录、产成品的保管等。存货与仓储循环所涉及的主要业务活动及相关会计资料如图 5-1 所示。

在会计报表中，存货与仓储循环所涉及的主要相关项目包括：存货、应付职工薪酬、营业成本等。其中存货又包括材料采购、在途物资、原材料、材料成本差异、库存商品、发出商品、商品进销差价、委托加工物资、委托代收商品、周转材料、生产成本、制造费用、存货跌价准备、委托代销商品等。

下面具体介绍存货与仓储循环中比较典型的重要项目——存货、应付职工薪酬、主营业务成本、实质性测试的方法。

（一）存货的实质性测试

存货是指企业在日常活动中持有的以备出售的产成品或商品、处在生产过程中的在产

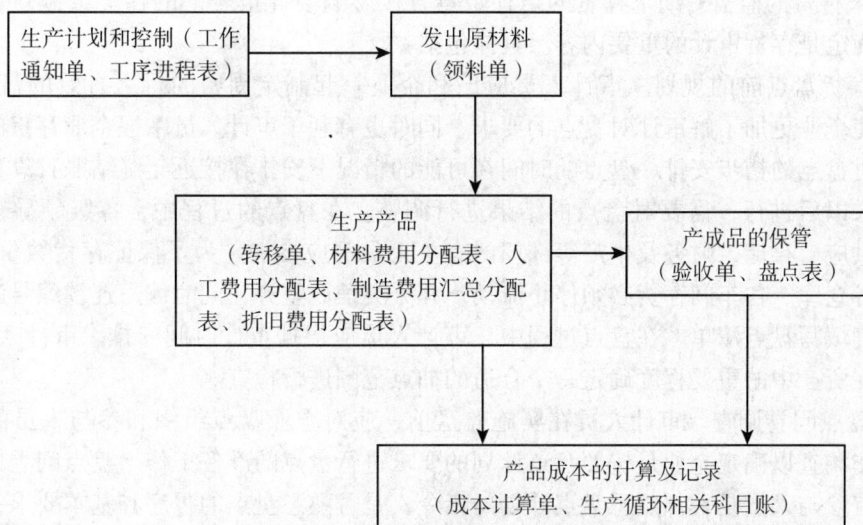

图 5 - 1 存货与仓储循环所涉及的主要业务活动及会计资料

品、在生产过程或提供劳务过程中耗用的材料和物料等。审计中的许多错报和重大问题都与存货有关，因此要求审计人员对存货项目的审计应当特别关注。它是反映企业流动资金运作情况的晴雨表，往往成为少数人用来调节利润、偷逃国家税费基金的调节器。因为它不仅在企业营运资本中占很大比重，而且又是流动性较差的流动资产。

1. 分析性复核。在存货项目中存在着大量比率和趋势，审计人员可以借助这些数据进行判断和分析，通过审查存货总体的合理性，以发现年度内存货项目的重大波动与异常变化，判断存货审计的重点，获取审计证据并帮助审计人员形成审计结论。主要的方法有：

（1）编制本期与上期的存货比较表，比较前后各期及本年度各月份存货余额及其构成表，评价期末余额及其构成的合理性；寻找重大增加变动项目，进行进一步审查。

（2）将存货余额与现有订单、近期销售以及销售预期比较，以评价存货滞销和跌价的可能性。

（3）按年份编制全年各月存货产销计划与执行情况对照表，对于重大波动及异常变化进行调查和分析。

（4）计算存货周转率，分析周转速度，进行年度间的纵向比较和同行业间的横向比较，审查存货计价是否前后一致，有无有意无意地减少存货准备，检查是否存在超额存货的可能性。

（5）计算和分析企业的毛利率与盈利水平及其变动情况，并与其同行业比较，推算企业的销售价格是否发生变动，产品结构是否变化，生产经营活动是否正常。

（6）对每月存货成本差异率进行比较，检查有无人为调节成本的现象。

（7）将存货跌价准备与本年度存货处理损失的金额比较，判断企业是否足额计提跌价损失准备。

2. 年末存货的监盘。期末存货的结存数量直接影响会计报表上的存货金额，对期末存货数量的确定是存货审计的重要内容。具体包括：

（1）存货盘点前的规划。审计人员应该和企业一起制定周密的行之有效的盘点计划，这样可以使企业更加了解审计对盘点的要求，同时也有利于审计人员掌握企业存货的基本情况和企业对盘点的初步安排。盘点的时间在可能的情况下安排在接近年终结账日，如果盘点在会计期末以后进行，需要对盘点的结果进行调整。在盘点的过程中，各级领导、有关人员，包括供应、存储、财务及生产等部门的有关人员都应参加。为了保证存货数量的准确，盘点时，各仓库、各车间存货必须停止流动，并分类摆放整齐，同时编写连续编号的盘点标签以及正确填写盘点清单。在盘点过程中，审计人员应根据审计时间安排、审计人员数量、企业存货在资产中的重要程度确定一个合适的抽点范围进行检查。

（2）盘点问卷调查。审计人员在实施监盘前，应对企业盘点组织和参与人员的准备工作进行工作调查以确定企业是按照盘点计划的要求进行盘点的准备工作。盘点问卷内容主要包括：所有参与人员是否都熟悉盘点计划与指令，是否熟悉盘点的程序和基本要求；所有存货是否都分类摆放，有无封存；盘点标签和盘点清单是否编制妥当，外单位存货是否分类摆放排除在盘点之外，废品与毁损物品是否分开摆放并分开列示；各种计数、计量器具是否符合国家标准并准备齐全。

（3）实地观察与抽查。盘点开始时审计人员应亲临现场，注意企业盘点现场以及盘点人员的操作程序和盘点过程，及时指出存在的问题和漏洞，并督促企业纠正，如认为盘点程序和过程有问题，导致盘点结果严重失真，应要求企业组织人员重新盘点。企业盘点之后，审计人员应根据观察的情况，在盘点标签尚未取下之前进行复点。抽取的样本一般不得低于存货总量的 10%。比较抽点结果和盘点单上的记录特别关注数量、编号、规格及品质的完好程度。抽点结束后，应将全部盘点标签或盘点清单按编号顺序汇总，并据以登记盘点表。审计人员注意盘点标签或盘点清单标号的连续性，避免有缺号重号现象。审计人员还应查询有无外单位存货存放在本单位以及本单位存货存放在其他地点，通过审阅合同与信函、向对方函证等方式对部分存货的所有权予以证实。

（4）编写盘点工作底稿。盘点结束后，审计人员应根据企业存货的盘点情况，将盘点程序、盘点中的重要问题及处理情况、盘点结果等予以记录，并连同企业的盘点计划或指令、盘点表、问卷调查资料以及所获得的其他资料一起整理形成审计工作底稿。

（5）监盘中需要特别关注的情况。①存货移动情况。特别关注存货的移动情况，防止遗漏或重复盘点。②存货的状况。存货的状况是被审计单位管理层对存货计价认定的一部分，除了对存货的状况特别关注外，还应当把所有毁损、陈旧、过时和残次存货的详细情况记录下来，进一步追查这些存货的处置情况以及测试存货跌价准备计提的准确性。③存货的截止。获取盘点日前后存货收发及移动的凭证，检查存货记录与会计记录期末截止是否正确。④对特殊类型存货的监盘。对某些特殊类型的存货通常或者没有标签，或者数量难以确定，或者质量难以确定，或者盘点人员无法对其移动实施必要的控制。在这些情况下，需要运用职业判断，根据实际情况，设计恰当的审计程序，对存货的数量和状况获取审计证据（见表 5 - 1）。

表 5 –1   监盘中需特别关注的情况

存货类型	盘点方法与潜在问题	可供实施的审计程序
木材、管子、钢条	通常无标签，但在盘点时会做上标记或标志，难以确定存货的数量和等级	检查标记或标识，利用专家或有经验的人员工作
堆积型存货（糖、煤等）	通常无标签也无标志；在估计存货数量时存在困难	运用工程测量、几何计算、勘探等方法，同时查阅详细的存货记录
使用磅秤测量的存货	在估计存货数量时存在困难	在监盘前和监盘过程中均适用磅秤，并留意磅秤的位置移动和重新调校程序；检查称量尺度的换算问题
散装物品（液体、气体、粮食等）	在盘点辨认时难以识别和确定；在估计存货数量时存在困难；在确定存货质量时存在困难	适用容器进行监盘或通过预先编好的清单列表加以确定；选择样品进行化验与分析，利用专家的工作
贵重金属、石器、艺术品和收藏品	在存货辨认和质量确定方面存在困难	选择样品进行化验与分析，利用专家的工作
生产纸浆用木材	在存货辨认和质量确定方面存在困难；可能无法对此类存货的移动实施控制	通过高空摄影以确定其存在性，对不同时点数量进行比较，并检查永续盘存记录

3. 存货质量审计。在存货监盘过程中，审计人员必须对存货的质量或其性能进行适当的审查，以确定存货的质量情况是否符合销售和适用的要求，其质量等级是否与会计账簿上记载的价值相匹配，是否存在陈旧、滞销或毁损现象。对于属于精密技术产品的存货，如珠宝、钻石价值等，审计人员应聘请专家协助鉴定。根据审查的结果，审计人员作出适当的记录，必要时还应对被审计单位的存货价值进行调整，以便合理地反映存货的价值。

4. 存货采购业务的审查。审查存货采购明细账或存货明细账，抽查有关会计凭证，审查采购业务的真实性、合法性和正确性；审查存货采购成本项目构成是否符合会计制度的规定，采购费用的分配是否合理，成本计算方法的选用是否正确；审查存货采购业务账务处理的真实性、合规性和正确性，重点注意存货采购费用的归集与分配是否真实、合规、正确，采购业务账簿记录是否正确，存货采购总账和明细账记录是否一致，期末余额是否相符，实行计划成本核算的企业，存货材料成本差异的计算和结转是否正确；审查存货验收入库的真实性和正确性，重点注意存货验收入库手续是否齐备，存货短缺或质量不符是否及时处理，应索赔的事项是否及时办理，抽查存货入库单与实物数量是否一致，抽查入库存货的质量与合同规定是否相符等。

5. 存货发出业务审计。审阅存货明细账，抽查有关会计凭证、审查存货发出的真实性、合法性和正确性。重点注意存货发出业务是否以计划、合同为依据，并经过领导的审批，存货发出业务的凭证和手续是否合规、齐全，存货发出的数量和金额是否合理正确；审查存货发出成本的合规性和正确性。重点注意存货发出成本的计价方法是否符合会计制度的规定，采用计划成本法和零售价法的企业，是否坚持一贯性原则，如有变动，原因是否合理，是否经过有关部门批准。

6. 存货计价测试。为了验证会计报表上存货项目余额的真实性，还必须对年末存货的计价进行测试，主要包括：第一，审查计价方法。存货计价方法多种多样，审计人员除应了解掌握企业的存货计价方法外，还应对计价方法的合理性与一致性予以关注，没有充分的理由不得随意更改计价方法。对已经变动计价方法的存货项目，应审查变动情况是否在会计报表上予以充分披露。第二，测试计价情况。审计人员在进行计价测试时，首先应对存货价格的组成内容予以审核，然后按照所了解的计价方法对所选择的存货样本进行计价测试，测试结果与企业账面记录对比，编制对比分析表，分析形成差异的原因。

7. 购销业务截止测试。正确完整的记录企业年末存货的前提是正确确定存货购入与售出的截止日期，购销业务年末截止测试就是要检查已经记录为企业所有，并包括在 12 月 31 日承诺或盘点范围的存货中，是否含有截止到该日尚未购入或已经售出的部分。在一般情况下，档案中的每张发票均附有验收报告与入库单（或出库单），因此，测试购销业务年末截止情况的主要方法是：

（1）检查存货盘点日前后的购货发票与验收报告与入库单（或销售发票与出库单）。如果 12 月底入账的发票附有 12 月 31 日之前日期的验收报告与入库单，则货物肯定入库，并包括在本年的实地盘点存货范围内；如果验收报告日期为 1 月份的日期，则货物不会列入年底实地盘存的存货汇总；反之，如果有验收报告与入库单而无购货发票，则需认真审核每一验收报告单上面是否加盖暂估入库印章，并以暂估价计入当年存货账内，待次年初以红字冲销。

（2）查阅验收部门的业务记录，凡是接近年底（包括次年年初）购入或销售的购物，均必须查明其相应的购货或销售发票是否在同期入账。对于未收到购货发票的入库存货，应查明是否将入库单分开存放并暂估入账；对已填制出库单而未发出的商品，应查明是否将其单独保管。

8. 存货跌价准备和跌价损失的审查。根据稳健性原则，对存货可能的跌价损失进行备抵。通过对存货跌价准备和跌价损失进行审查，查明存货跌价准备和跌价损失的真实性、转销的合理性、会计记录的完整性、期末跌价准备余额的准确性及反映的适当性。

（1）取得或编制存货跌价准备及跌价损失明细表。复核加计该明细表的正确性，并与报总账、明细账核对相符。

（2）存货跌价准备计提合理性的审查。根据被审计单位期末是否对存货进行系统分析，审查存货跌价准备计提的方法是否合理，各个期间采用的方法是否一致，计算及账务处理是否准确、跌价准备余额是否符合规定。

（3）销售价格的审查。抽查部分计提存货跌价准备的项目，检查其决算日前后销售价格是否低于存货原始成本。

（4）对存货跌价进行分析性复核。审查前后各期存货跌价损失有无异常变动，是否存在利用跌价损失人为调节成本费用的情况。

9. 确定存货的披露是否恰当。存货是资产负债表上流动资产项目下的一个重要项目，就工业企业而言，其金额是根据"材料采购"、"原材料"、"包装物"、"低值易耗品"、"材料成本差异"、"委托加工物资"、"存货跌价准备"等各科目的期末余额填制。审计人员应根据相关财务会计制度的要求，对资产负债表上存货的余额列示的合理性进行审计。此外，还应就会计报表附注中所披露的存货计价与产品成本计算方法及其变更情况、变更原因与变更结果等进行审计，以查明会计披露的恰当性。

（二）应付职工薪酬的实质性测试

1. 获取或编制应付职工薪酬明细表，复核加计正确，并与报表数、总账数和明细账合计数核对相符。

2. 对本期职工薪酬执行实质性分析程序：

（1）检查各月中职工薪酬的发生额是否存在异常波动，若有，应查明波动原因并作出记录。

（2）将本期职工薪酬总额与上期进行比较，要求被审计单位解释答复增减变动的原因。

（3）了解被审计单位本期平均职工人数，计算人均薪酬水平，与上期或同行业水平进行比较。

3. 检查本项目的核算内容是否包括工资、职工福利、社会保险费、住房公积金、工会经费、职工教育经费、解除职工劳动关系补偿、股份支付等明细账项目。外商投资企业按规定从净利润中提取的职工奖励及福利基金，也应在本项目中核算。

4. 检查职工薪酬的计提是否正确，分配方法是否合理，与上期是否一致，分配计入各项目的金额占本期全部职工薪酬的比例与上期比较是否有重大差异。将应付职工薪酬计提数与相关科目进行勾稽。

5. 检查应付职工薪酬的计量和确认，应当按照国家规定的标准计提，如医疗保险费、养老保险费、失业保险费、工伤保险费、生育保险费、住房公积金、工会经费以及职工教育经费等；国家没有规定计提基础和计提比例的，如职工福利费等，应按实列支。

6. 审阅应付职工薪酬明细账，抽查应付职工薪酬各明细项目的支付和使用情况，检查是否符合有关规定，是否履行审批程序。

7. 检查应付职工薪酬期末余额中是否存在拖欠性质的职工薪酬，了解拖欠的原因。

8. 确定应付职工薪酬的披露是否恰当。

（三）主营业务成本的实质性测试

1. 获取或编制主营业务成本汇总明细表，复核加计正确，并与报表数、总账数和明细账合计数核对相符。

2. 复核主营业务成本汇总明细表的正确性，与库存商品等科目的勾稽关系，编制生产成本及销售成本倒轧表，与总账核对相符（见表5-2）。

表 5 - 2　　　　　　　　　　　生产成本及主营业务成本倒轧表

项　目	未审数	调整或重分类金额借（贷）	审定数
原材料期初余额			
加：本期购进			
减：原材料期末余额			
其他发出额			
直接材料成本			
加：直接人工成本			
制造费用			
生产成本			
加：在产品期初余额			
减：在产品期末余额			
产品生产成本			
加：产成品期初余额			
减：产成品期末余额			
主营业务成本			

3. 检查主营业务成本的内容和计算方法是否符合有关规定，前后期是否一致，并作出记录。

4. 对主营业务成本执行实质性程序，检查本期内各个月间及前期同一产品的单位成本是否存在异常波动，是否存在调节成本的现象。

5. 抽取若干月份的主营业务成本结转明细清单，结合生产成本的审计，检查销售成本结转数额的正确性，比较计入主营业务成本的商品品种、规格、数量与计入主营业务收入的口径是否一致，是否符合配比原则。

6. 检查主营业务成本中重大调整事项的会计处理是否正确。

7. 在采用计划成本、定额成本、标准成本或售价核算存货的情况下，检查产品成本差异或商品进销差价的计算、分配和会计处理是否正确。

8. 确定主营业务成本的披露是否恰当。

二、存货与仓储业务一般存在的错误和弊端

1. 内部控制制度不健全。在材料采购、产品销售环节往往由同一个人完成采购销售、付款收款、入库出库等全过程，使采购销售工作无章可依，还会提供暗箱操作的温床，增加了营私舞弊的可能性。

2. 存货成本计价中的错报。包括：随意变更存货计价方法，造成会计指标前后各期口径不一致，人为调节生产和销售成本，调节当期利润；存货成本项目的不合理分摊；虚计在产品完工程度，调节完工产品成本等。

3. 存货分类中的错报。如以次等品冒充优等品；以廉价物品冒充贵重物品；以旧商品冒充好商品；混淆不同批号、不同产地、不同价格的物资等，由此形成存货期末价值失实。

4. 对货到票未到的材料，不暂估入账。我国财务制度规定，对于月末已收到的购入材料应暂估入账处理，到下月初用红字冲回。但有些单位对货到票未到的材料，月末不作财务处理，造成账实不符。

5. 流动资金占用额高。因库存量大，导致流动资金占用额高，有的企业存货储备要占到流动资金总额的 60% 以上，给企业流动资金周转带来很大的困难。

6. 非正常存货储备量挤占了正常的存货储备量。为控制流动资金占用额，在日常存货管理中尽量降低库存占用量，减少进货量，从而影响了正常生产经营所需的合理存货储备量。

7. 管理不到位。毁损待报废、超储积压存货储备在每年一次的清产核资中都要作为重点问题进行上报，但每年都是只上报，没有上级主管部门的批示，没有处理结果，致使毁损待报废、超储积压存货储备量像滚雪球一样越滚越大，没有从根本上解决问题。

第二节 案例分析

【案例一】 存货循环的内部控制

【案情简介】

某企业仓库保管员负责登记存货明细账，以便对仓库中的所有存货项目的验收、发、存进行永续记录。当收到验收部门送交的存货和验收单后，根据验收单登记存货领料单。平时，各车间或其他部门如果需要领取原材料，都可以填写领料单，仓库保管员根据领料发出原材料。公司辅助材料的用量很少，因此领取辅助材料时，没有要求使用领料单。各车间经常有辅助材料剩余（根据每天特定工作购买而未消耗掉，但其实还可再为其他工作所用的），这些材料由车间自行保管，无须通知仓库。如果仓库保管员有时间，偶尔也会对存货进行实地盘点。

【案例评析】

1. 存在的弱点和可能导致的弊端。

（1）存货的保管和记账职责未分离。将可能导致存货保管人员监守自盗，并通过篡改存货明细账来掩饰舞弊行为，存货可能被高估。

（2）仓库保管员收到存货时不填制入库通知单，而是以验收单作为记账依据。将可能导致一旦存货数量或质量上发生问题，无法明确是验收部门还是仓库保管人员的责任。

（3）领取原材料未进行审批控制，将可能导致原材料的领用失控，造成原材料的浪费或被贪污，以及生产成本的虚增。

（4）领取辅助材料时未使用领料单和进行审批控制、对剩余的辅助材料缺乏控制。将可能导致辅助材料的领用失控，造成辅助材料的浪费或被贪污，以及生产成本的虚增。

（5）未实行定期盘点制度。将可能导致存货出现账实不符现象，且不能及时发现，及计价不准确。

2. 存货循环内部控制的改进建议。

（1）建立永续盘存制，仓库保管人员设置存货台账，按存货的名称分别登记存货收、发、存的数量；财务部门设置存货明细账，按存货的名称分别登记存货收、发、存的数量、单价和金额。

（2）仓库保管员在收到验收部门送交的存货和验收单后，根据入库情况填制入库通知单，并据以登记存货实物收、发、存台账。入库通知单应事先连续编号，并由交接各方签字后留存。

（3）对原材料和辅助材料等各种存货的领用实行审批控制。即各车间根据生产计划编制领料单，经授权人员批准签字，仓库保管员经检查手续齐备后，办理领用。

（4）对剩余的辅助材料实施假退库控制。

（5）实行存货的定期盘存制。

【案例二】　　　　　　　　存货盘点审计

【案情简介】

ABC 会计师事务所的 A 和 B 注册会计师负责审计甲公司 2006 年度会计报表。2006 年 11 月，A 和 B 注册会计师对甲公司的内部控制进行了初步了解和测试。通过对甲公司内部控制的了解，A 和 B 注册会计师注意到下列情况：（1）甲公司主要生产和销售电视机。（2）甲公司生产的电视机全部发往各地办事处和境外销售分公司销售。办事处除自行销售外，还将一部分电视机寄销在各商场。各月初，办事处将上月的收、发、存的数量汇总后报甲公司财务部门和销售部门，财务部门作相应会计处理；甲公司生产的电视机约有 30% 出口，出口电视机先发往境外销售分公司，再分销到世界各地。境外销售分公司历年未经审计，2006 年度也计划不安排审计。（3）鉴于各年年末均处于电视机销售旺季，为保证各办事处和境外销售分公司货源，甲公司本部仓库在各年年末不保留产成品。

【案例评析】

通过对甲公司内部控制的测试，A 和 B 注册会计师注意到，除下列情况表明存货相关内部控制可能存在缺陷外，其他内部控制均健全、有效：

1. 甲公司在以前年度时未对存货实施盘点，但有完整的存货会计记录和仓库记录。

2. 甲公司发出电视机时未全部按顺序记录。

3. 甲公司每年 12 月 25 日后发出的存货在仓库的明细账上记录，但未在财务部门的会计账上反映。

4. 2006年12月27日，甲公司编制了存货盘点计划，并与A和B注册会计师讨论。存货盘点计划的部分内容如下：

（1）甲公司本部的存货由采购、生产、销售、仓库和财务等部门相关人员组成的盘点小组，在2006年12月31日进行盘点。办事处及境外存货的盘点分别由各办事处和境外销售分公司负责，在12月31日前后进行，盘点结束后分别将盘点资料报送财务部门和仓库部门。

（2）限于人力，在各商场寄销的电视机以办事处的账面记录为准，不进行盘点。

（3）由于年度前后是销售旺季，在2006年12月31日，生产34寸背投彩电的生产线不停产，仓库除对外发出34寸背投彩电之外，不再对外发出其他存货。

（4）各盘点单位按存货类别和相关明细记录填写盘点清单、摆放存货，并填写连续编号的盘点标签。

【案例三】　　　　　　　　　　存货综合审计

【案情简介】

T公司设立于2007年7月，从事海洋捕捞和海产品销售业务。ABC会计师事务所于2007年11月30日接受委托，承接了T公司2007年度会计报表审计业务。A审计人员接受ABC会计师事务所指派，负责审查业务。相关资料如下：

资料一：

2007年12月中旬，A审计人员在对T公司进行预审过程中，获知以下情况，并对存货监盘作出了相应的安排：

（1）T公司拥有12艘渔船，其中9艘为近海渔轮，3艘为远洋渔轮，由于远洋捕捞业务的季节性和特殊性，至2007年12月31日，3艘远洋渔轮仍将在外海作业，并将于2008年6月30日全部返港。

（2）T公司的1艘远洋渔轮捕捞的海产品委托F国的一家仓储公司代为存储，由于T公司在F国设立的经销处组织销售。该艘远洋渔轮将在2008年4月30日到F国最后一次卸货，并于6月30日空载返回至国内休息。

（3）T公司将于2007年12月31日分别对不同地点的存货数量采用不同的方法予以核实：对于国内冷库库存存货，由公司组织相关人员进行盘点，填写盘点表，由财务部门核对确认；对于9艘近海渔轮，要求于2007年12月31日返港，由公司组织人员采用磅秤测量的方法对其存货进行盘点并另库存放，由财务部门根据盘点表联系外海作业的3艘远洋渔轮，要求他们按照公司统一部署实施盘点，填写盘点表并传真回公司，经公司的生产部门审核后，由财务部门核对确认；对于存储于F国的海产品存货，要求其经销处组织盘点，并将存货盘点表传真回公司，由财务部门核对确认。

（4）A审计人员决定对国内冷库库存存货以及返港的9艘渔轮的存货实施监盘；对存储于F国的海产品存货委托F国G会计师事务所实施监盘。

（5）T公司向有关部门提交年度会计报表的截止时间为 2008 年 4 月 30 日，审计人员无法在该截止日前对远洋渔轮的存货实施监盘程序。T公司希望 A 审计人员理解公司存货存放位置的特殊性，要求通过检查公司生产计划与生产日志，存货收、发、存以及经财务部门核对确认的期末存货盘点表等，对远洋渔轮 2007 年 12 月 31 日的存货数量予以审计确认。

资料二：

为了测试销售存储于 F 国的海产品存货所形成的应收账款，A 审计人员根据 F 国经销处提供的主要客户清单，随即抽取了 5 家客户进行积极式函证。函证结果显示：1 封询证函无法投递而退回，1 封询证函未得到复函，其余 3 封均得到回函并核实无误。

资料三：

ABC 会计师事务所在 2008 年 4 月 28 日以"远洋渔轮存货的审计受到重大限制"为由出具了保留意见的审计报告，同时在审计报告意见段之后增加了如下强调事项段："此外，我们提醒会计报表使用人关注，如会计报表附注所述，截至 2007 年 12 月 31 日存储于 F 国的海产品存货，由 G 会计师事务所实施监盘并予以确认。我们对于上述存货的确认，主要以 G 会计师事务所的监盘结果为依据，可能存在对 T 公司会计报表中的相关信息产生重大影响的不确定事项。本段内容不影响已发表的审计意见。"

资料四：

（1）T公司在收到 ABC 会计师事务所对其 2007 年度会计报表出具的审计报告后，要求 A 审计人员在 2008 年 6 月 30 日对所有返港渔轮的存货进行监盘，重新对 2007 年度会计报表发表审计意见，并委托 ABC 会计师事务所对其 2008 年半年度会计报表进行审计。

（2）假定已有证据表明 2008 年 6 月 30 日存储于 F 国的海产品存货为零。A 审计人员在 2008 年 6 月 30 日指派助理人员对 T 公司所有存货实施监盘后认定，盘点结果与账面记录相符，但将盘点结果倒推之 2007 年 12 月 31 日的结果与 T 公司 2007 年 12 月 31 日存货账面价值进行核对，并在公司调整后对其 2007 年度会计报表重新出具无保留意见的审计报告。

（3）鉴于 2008 年 6 月 30 日存货盘点结果与账面记录相符，T 公司要求 A 审计人员对其 2008 年半年度会计报表出具无保留意见的审计报告。

【案例评析】

1. 针对"资料一（3）"，对于 T 公司使用磅秤测量方法进行的存货盘点，在监盘前和监盘过程中均应检验磅秤的精确度，并留意磅秤的位置移动与重新调校程序，将检查和重新称量程序相结合，检查重量单位的换算问题。

2. 针对"资料一（4）"，假定 ABC 会计师事务所于 2008 年初接受委托审计 T 公司 2007 年度会计报表，而 T 公司已于 2007 年 12 月 31 日对存货进行了盘点，为确认 2007 年 12 月 31 日 T 公司国内冷库库存存货以及返港的 9 艘近海渔轮存货的数量，A 审计人员应当评估存货内部控制的有效性，对存货进行抽盘，提请被审计单位另择日期重新盘点；测试在该期间发生的存货交易。

3. 针对"资料一（5）"，不应同意，由于资产负债表日重大比重的在途存货无法监盘，且不存在其他审计程序予以替代，难以获取充分、适当的审计证据。

4. 针对"资料二"，对于因无法投递而退回的信函应查明原因，对于地址错误的，找到正确的地址后再次发函，或实施替代程序，对于确实无真实地址的，应实施替代审计程序。对于没有得到回函的，审计人员应当考虑再次函证，或考虑实施替代审计程序。

5. 针对"资料三"，增加强调事项段不恰当，因为利用其他审计人员工作的事项不属于重大不确定事项。

6. 针对"资料四（2）"所述差异，A审计人员不能同意T公司的要求。因为差异形成的原因有多种可能，无论是何种原因都可能表明了公司的存货内部控制存在缺陷；且间隔期过长，审计人员难以查清差异原因。形成差异的可能原因包括：2008年1月1日至2008年6月30日之间的存货收发记录存在差异；2008年1月1日至2008年6月30日的存货实际收发存在差错；2007年年末的存货记录存在差错；2007年年末的存货实物存在差错。

7. 针对"资料四（3）"，在不考虑其他因素影响的前提下，A审计人员不能同意T公司的要求。因为存货是T公司会计报表的重要项目，存货的期初余额无法确认；2008年度上半年的主营业务成本难以确认。

【案例四】　　　　　　　　应付职工薪酬审计

【案情简介】

20×8年1月23日，审计人员在检查ABC公司20×7年10月份"应付职工薪酬"账户时，发现当年11月份工薪比10月份大幅度增加，审计人员怀疑其中有虚列工薪问题，决定进一步检查。于是，调阅了11月份应付职工薪酬的有关原始凭证，发现一张"工薪结算单"中列支了销售人员工薪50 000元，但未具体列明发放工薪人员名单，只附有销售部门负责人收据一张。询问销售部门负责人时，证实该笔工薪款用于按税法规定超支的业务招待费。ABC公司职工福利费的计提比例为14%。针对上述情况指出存在的问题及提出意见建议。

【案例评析】

1. 存在问题。

（1）该公司违反财经法规的规定，利用"应付职工薪酬"账户，掩盖超支的业务招待费，以偷漏所得税。

（2）因多计提工资50 000元，从而导致职工福利多计提7 000元（50 000×14%）。

2. 审计建议：审计人员应提请该公司调整会计处理，补交所得税，并作如下调整分录：

借：管理费用　　　　　　　　　　　　　　　　　　　　　　　　50 000

　　应付职工薪酬——职工福利　　　　　　　　　　　　　　　　7 000

　　贷：销售费用　　　　　　　　　　　　　　　　　　　　　　　　57 000

同时调整财务报表的其他项目。

【案例五】 库存商品审计

【案情简介】

A 公司的会计政策规定，入库产成品按实际生产成本入账，发出产成品按先进先出法核算。2007 年 12 月 31 日，A 公司甲产品期末结存数量为 1 200 件，期末余额为 5 210 万元。A 公司 2007 年度甲产品的相关明细资料如表 5－3 所示。假定期初余额和所有的数量，入库单均无误。

表 5－3　　　　　　　　**A 公司 2007 年甲产品的相关明细资料**　　　　　　　　单位：万元

日期	摘要	入库			出库			结存		
		数量（件）	单价	金额	数量（件）	单价	金额	数量（件）	单价	金额
1.1	期初余额							500		2 500
3.1	入库	400	5.1	2 040				900		4 540
4.1	销售				800	5.2	4 160	100		380
8.1	入库	1 600	4.6	7 360				1 700		7 740
10.3	销售				400	4.6	1 840	1 300		5 900
12.1	入库	700	4.5	3 150				2 000		9 050
12.31	销售				800	4.8	3 840	1 200		5 210
12.31	期末余额							1 200		5 210

【案例评析】

A 公司期末产成品余额为 5 450 万元，多计产品销售成本 240 万元，应予调整。

　　借：库存商品　　　　　　　　　　　　　　　　　　　　　　　2 400 000
　　　　贷：主营业务成本　　　　　　　　　　　　　　　　　　　　　　　2 400 000

【案例六】 存货跌价准备审计

【案情简介】

假定 A 公司 2008 年度仅生产销售乙和丙产品，年初、年末存货除产成品库存外，无其他存货，发出存货采用先进先出法核算。A 公司存货跌价准备年初、年末账户余额均为 1 300 万元，2008 年度未作存货跌价准备的转销和转回。乙和丙产品的详细资料如下：

（1）乙产品年初库存为 1 000 件，单位成本为 2 万元，单位产品可变现净值为 1.5 万元，本年生产乙产品 2 000 件，单位成本为 1.8 万元，本年销售 1 500 件，乙产品年末单位可变现净值为 1.7 万元。

（2）丙产品年初库存为 800 件，单位成本为 5 万元，单位产品可变现净值为 4 万元，本年生产丙产品 2 000 件，单位成本为 4.5 万元，本年销售 300 件，丙产品年末单位可变现净值为 5.5 万元。

【案例评析】

乙存货的期初库存已经售出，相应的跌价准备应将期初的转销 500 万元，期末可变现净值低于账面成本，所以提取 150 万元；丙存货期末可变现净值高于成本，期初的 800 万元准备应当转回。

【案例七】 存货与收入审计

【案情简介】

A 公司 2006 年度的财务报表由 ABC 会计师事务所进行审计，并发表了无保留意见的审计报告。之后会计师事务所与 A 公司签订了 2007 年度财务报表的审计约定书。在 2007 年财务报表审计的计划阶段，审计人员估计财务报表层次的重要性水平为 400 万元，其中存货项目的重要性水平为 80 万元，2008 年 1 月 18 日审计人员检查 A 公司 2007 年度生产成本等项目前，经控制测试认为该公司与成本项目有关的内部控制可以高度信赖。A 公司 2006 年度和 2007 年度资料如表 5 - 4 所示 。

表 5 - 4 　　　　　　　　A 公司 2006 年度和 2007 年度资料

单位：万元

年份	年末存货余额	主营业务成本	主营业务收入	存货周转率	毛利率（%）
2006	7 993	31 892	39 977	3.99	20
2007	8 111	31 967	40 480	3.94	21

假设：市场情况平稳，A 公司的经营状况平稳，并且审计人员通过对成本项目的实质性测试程序已经合理确认主营业务成本的数额。

【案例评析】

主营业务收入项目可能存在的问题有：

（1）主营业务成本经过实质性测试已经确定为真实，2006 年存货周转率 $= \dfrac{31\ 892}{7\ 993} = 3.99$ 次，由于 2006 年发表的无保留意见，2007 存货周转率参照 3.99 次，2007 年存货余额 $= \dfrac{31\ 967}{3.99} = 8\ 011$ 万元，8 111 - 8 011 = 100 万元，超出重要性水平 80 万元，需要进行充分的调查。

（2）同理，2006 年毛利率 $= 1 - \dfrac{31\ 892}{39\ 977} \times 100\% = 20.22\%$ ，2007 年主营业务收入 $=$ $\dfrac{31\ 967}{1 - 20.22\%} = 40\ 069$ 万元，$40\ 480 - 40\ 069 = 411$ 万元，所以根据以前审计的情况，2007 年 A 公司有高估存货和高估主营业务收入的情况，需要进一步审计。

【案例八】 存货监盘审计

【案情简介】

ABC 会计师事务所接受委托，对常年客户甲公司 2007 年度财务报表进行审计，甲公司是玻璃制造企业，存货主要是玻璃、煤炭和烧碱。其中少量玻璃存放在外地公用仓库，另有乙公司部分水泥存放在甲公司的仓库。甲公司拟于 2007 年 12 月 29 日至 2007 年 12 月 31 日盘点存货，以下是 ABC 会计师事务所编写的存货监盘计划的部分内容。

存货监盘计划

一、存货监盘的目标
　　检查甲公司存货数量是否真实完整。
二、存货监盘的范围
　　2007 年 12 月 31 日库存的所有存货，包括玻璃、烧碱和煤炭。
三、监盘的时间
　　存货的检查和观察时间为 2007 年 12 月 31 日。
四、存货监盘的主要程序
　　1. 与管理层讨论监盘的计划。
　　2. 观察甲公司盘点人员是否按存货监盘计划盘点。
　　3. 检查相关的凭证，以证实盘点截止日前所有确认为销售但尚未装运出库的存货均已纳入盘点范围。
　　4. 对于存放在外地公用仓库的玻璃，主要实施检查货运文件、出库记录等替代程序。
　　……

【案例评析】

1. 存货监盘计划中目标、范围和时间的错误。

（1）存货监盘的目标错误：缺少范围，缺少存货的所有权。存货监盘的目的在于：甲公司记录的所有存货是否存在（存在性），是否包括了所有的存货（完整性），并全部属于甲公司的财产（权利与义务）。

（2）存货监盘的范围错误：监盘的对象仅包括"库存"存货，没有包括存放在公用仓库的存货（玻璃）；而水泥不是本公司的存货，不属于监盘的对象。

（3）存货监盘的时间错误：观察和检查的时候应该和甲公司的盘点时间一致：2007 年

12 月 29 日至 2007 年 12 月 31 日。

2. 存货监盘计划中的程序不恰当及修改意见。

(1)"程序 1"不恰当，改为：复核或与管理层讨论监盘的计划。

(2)"程序 2"不恰当，改为：观察甲公司事先制定的存货盘点计划是否得到了贯彻执行以及盘点人员是否准确无误地记录了盘点存货的数量和状况。

(3)"程序 3"不恰当，改为：检查相关的凭证以证实截止日前所有已确认为销售但尚未装运出库的存货均未纳入盘点范围（并且未包括在截止日的存货账面余额中）。

(4)"程序 4"不恰当，改为：对于存放在外地公用仓库的玻璃，应当向该公用仓库发函询证，以获得该仓库的书面确认文件，证实存货的真实性。

此外，该监盘计划没有列明监盘人员的分工以及将要检查的存货范围。

第三节 基本训练

一、单项选择题

1. 一般来说（   ）与存货有关，而与其他任何审计循环无关。
   A. 采购材料与储存材料　　　　　B. 购置设备和维护设备
   C. 销售商品　　　　　　　　　　D. 生产产品和储存完工产品

2. 如果某公司成本费用预算和成本支出的审批工作与（   ）工作分离，不属于公司成本费用的内部控制存在重大缺陷。
   A. 成本费用预算编制　　　　　　B. 成本费用支出的执行
   C. 成本费用支出的会计记录　　　D. 成本费用支出的稽核

3. 下列各项中不属于存货监盘计划内容的是（   ）。
   A. 存货监盘的目标范围和时间安排
   B. 存货监盘的要点及注意事项
   C. 参加存货盘点人员的分工
   D. 检查存货的范围

4. 对存货进行定期盘点是管理层的责任，盘点计划应由（   ）负责编制。
   A. 会计师事务所和被审计单位共同　　B. 参与审计的审计人员
   C. 被审计单位管理层　　　　　　　　D. 被审计单位主管部门

5. 下列项目不属于存货实质性测试程序的是（   ）。
   A. 成本费用的控制测试　　　　　B. 存货的计价测试
   C. 存货的分析复核程序　　　　　D. 存货的截止测试

6. 下列程序中，（   ）是存货审计最重要、最具有决定性的程序。
   A. 观察　　　　　B. 函证　　　　　C. 监盘　　　　　D. 直接盘点

7. 审计人员对（   ）的核实，与存货的"权利与义务"认定关系最为密切。

A. 代其他公司保管或来料加工的材料

B. 残次破损的存货

C. 未作账务处理而置于其他单位的存货

D. 抵押的存货

8. 在存货监盘中实施现场观察时，审计人员应当（　　　）。

A. 确定应纳入盘点范围的存货是否已适当整理和排列

B. 跟随存货盘点人员观察盘点计划的执行情况

C. 确定所有权不属于被审计单位的存货是否被纳入盘点范围

D. 查明存货应纳入而实际未纳入盘点范围的原因

9. 存货计价测试中，一般不考虑的是（　　　）。

A. 存货计价方法的合规合理性 　　　　B. 样本的选择是否具有代表性

C. 存货是否抵押担保 　　　　　　　　D. 存货跌价准备计提是否正确

10. 永续盘存的记录应由（　　　）负责。

A. 会计部门 　　　B. 存储部门 　　　C. 验收部门 　　　D. 采购部门

11. 下列各项中，属于生产成本审计实质性测试程序的是（　　　）。

A. 对成本项目进行分析性复核

B. 审查有关凭证是否经过适当审批

C. 审查有关记账凭证是否附有顺序编号的原始凭证

D. 询问和观察存货的盘点及接触、审批程序

12. 被审计单位在分配材料成本差异时，有意少摊借方额，如果相关产品当期完工且销售，这一做法必然导致当期的（　　　）。

A. 利润虚减 　　　B. 资产虚减 　　　C. 存货虚增 　　　D. 负债虚增

13. 某企业 2004 年 3 月 20 日产成品 A 的实际盘存数量为 220 件，2004 年 1 月 1 日起至 2004 年 3 月 20 日盘点时止，产成品 A 的完工数量为 400 件，销售发出数量为 300 件，可以确认该企业 2003 年 12 月 31 日产成品 A 的实际数量为（　　　）件。

A. 220 　　　　　B. 320 　　　　　C. 120 　　　　　D. 520

14. 在采用分析性复核方法审查存货总体合理性时，审计人员常采用的指标是（　　　）。

A. 毛利率 　　　B. 存货周转率 　　　C. 成本周转率 　　　D. 产品成本差异率

15. 审计人员对被审计单位进行存货监盘可以达到的审计目标是（　　　）。

A. 证实存货计价的合理性 　　　　　　B. 证实存货账务处理的正确性

C. 证实存货采购成本的正确性 　　　　D. 证实存货的存在性

16. 存货与仓储循环过程形成的文件按业务顺序依次为（　　　）。

A. 材料分配表、领料单、盘点表、成本计算单

B. 生产通知单、领料单、产量记录、费用分配表、成本计算单

C. 存货明细账、生产通知单、费用分配表、领料单

D. 生产计划、费用分配表、工时记录、成本计算单

17. 审查材料采购成本构成时，应检查其构成项目是否正确，以下项目中应计入材料采购成本的是（　　　）。

    A. 入库前整理费用　　　　　　　　　　B. 材料保管费用

    C. 招待费　　　　　　　　　　　　　　D. 加班费

18. 被审计单位将以下开支计入生产成本，错误的是（　　　）。

    A. 生产工人工资　　　　　　　　　　　B. 生产车间领用的材料

    C. 存货盘亏损失　　　　　　　　　　　D. 季节性停工损失

19. C 企业制造费用期末记录余额为零，经审计人员审核，发现期末累计贷方余额为 260 万元，被审计单位这一处理会导致（　　　）。

    A. 生产成本虚减　　B. 生产成本虚增　　C. 负债虚增　　　　　D. 利润虚增

20. 在下列制造费用的审计调整建议中，正确的是（　　　）。

    A. 闲置生产设备计提的折旧费用，由制造费用调整至管理费用

    B. 发生的生产设备大修理费用，由制造费用调整至管理费用

    C. 根据车间管理人员工资计提的工会经费，由制造费用调整至管理费用

    D. 生产用固定资产大修理费用期间的停工损失，由制造费用调整至管理费用

21. 通过分析存货周转率最有可能证实的认定是（　　　）。

    A. 存在或发生　　　B. 权利和义务　　　C. 表达和披露　　　D. 估价和分摊

22. 2007 年 12 月 31 日购货，收到实物入库，而购货发票却在次年的 1 月 5 日才收到，并记入次年 1 月份账内，被审计单位可能（　　　）。

    A. 高估销售成本　　B. 低估负债　　　C. 虚增当年的收入　　D. 虚减当年的利润

23. 公司的会计记录显示，2007 年 12 月某类存货销售激增，导致该类存货库存数量下降为零。对该类存货采取的以下措施中，难以发现可能存在虚假销售的是（　　　）。

    A. 计算该类存货 2007 年 12 月的毛利率，并与以前月份的毛利率进行比较

    B. 进行销货截止测试

    C. 仍将该类存货列入监盘范围

    D. 选择 2007 年 12 月大额销售客户寄发询证函

24. 如果将与存货相关的内部控制评估为高风险，审计人员可能（　　　）。

    A. 增加测试与存货相关的内部控制的范围

    B. 要求公司在期末实施存货盘点

    C. 实施存货监盘程序

    D. 检查购货凭证，以确定期末存货余额

25. 甲企业接受其他单位以固定资产进行的一项投资，该项固定资产原值 600 万元，已提折旧 120 万元，经双方协商确认的价值为 400 万元，甲企业以 480 万元作为固定资产入账价值。对此，审计人员应作出的判断是（　　　）。

    A. 甲企业该固定资产计价正确

    B. 甲企业该固定资产计价错误，该项目固定资产入账价值应为 400 万元

    C. 甲企业该固定资产计价错误，该项目固定资产入账价值应为 600 万元

D. 甲企业该固定资产计价错误，该项目固定资产入账价值应为280万元

二、多项选择题

1. 在存货与仓储循环中，生产单位的主要职责是（　　）。
   A. 生产产品　　　　B. 计划生产　　　　C. 记录生产消耗　　　D. 保管存货

2. 存货与仓储循环的内部控制包括（　　）。
   A. 存货内部控制　　　　　　　　　　B. 存货实物盘点控制
   C. 成本费用内部控制　　　　　　　　D. 工薪内部控制

3. 在存货监盘过程中，检查程序的目的包括（　　）。
   A. 判断被审计单位的盘点计划是否得到适当的执行
   B. 评价被审计单位的盘点计划是否合理
   C. 证实被审计单位存货的所有权
   D. 证实被审计单位存货实物总额

4. 下列属于直接人工成本实质性测试程序内容的是（　　）。
   A. 审核直接人工会计处理的正确性
   B. 检查直接人工成本计算与分配的正确性
   C. 检查直接人工成本范围的合规性
   D. 对直接人工成本进行分析程序

5. 无法对存货进行监盘时，可以执行的替代程序是（　　）。
   A. 检查进货交易凭证或生产记录以及其他相关的资料
   B. 检查资产负债表日后销售交易凭证
   C. 向顾客或供应商函证
   D. 直接盘点存货

6. 审计人员既无法实施监盘又没有可以实施的替代程序时，应出具的审计报告类型是（　　）。
   A. 保留意见　　　　B. 无保留意见　　　　C. 无法表示意见　　　　D. 否定意见

7. 存货监盘取得有关存货数量的证据，直接影响存货（　　）认定。
   A. 计价　　　　B. 完整性　　　　C. 权利与义务　　　　D. 存在

8. 审计人员对制造费用进行实质性测试程序时，应（　　）。
   A. 抽查制造费用中的重大数额项目或例外项目是否合理
   B. 审阅制造费用明细账，检查核算内容和范围是否合理
   C. 检查制造费用的分配是否合理
   D. 核对制造费用明细账总账

9. 下列属于主营业务成本实质性程序的是（　　）。
   A. 检查主营业务成本的内容和计算方法是否符合规定，前后是否一致
   B. 分析和比较本年和上年主营业务成本的数额
   C. 抽查主营业务成本结转的正确性

D. 检查主营业务成本会计处理正确性

10. 影响存货重大错报风险的因素有 (   )。
    A. 存货的数量和种类   B. 成本归集的难易程度
    C. 陈旧过时的速度   D. 遭受失窃的难易程度

11. 下列属于存货控制措施的是 (   )。
    A. 限制非授权人员接近存货   B. 请购单必须经过适当的授权批准
    C. 定期盘点   D. 生产计划的制订与审批相互独立

12. 下列各项审计程序中,属于对存货与仓储业务循环内部控制测试的有 (   )。
    A. 实地观察仓库验收原材料的情况
    B. 抽查领料凭证上反映的手续是否齐全
    C. 编制存货跌价准备明细表,并与报表、总账和明细账核对
    D. 计算毛利率并分析本期与上期有无明显变化

13. 在对工薪进行审计时,审计人员发现被审计单位把在建工程人员的工资、福利部门人员的工资计入产品成本,审计人员可以据此认定 (   )。
    A. 工资总额不真实   B. 生产成本不真实
    C. 利润总额不真实   D. 多计提职工福利费

14. 被审计单位对以下工资费用的分配,经审计认为正确的有 (   )。
    A. 医务室医生的工资记入"管理费用"
    B. 车间主任的工资记入"生产成本"
    C. 办公室主任的工资记入"制造费用"
    D. 营销人员的工资记入"营业费用"

15. 对企业福利费进行实质性测试时,应该重点关注的内容有 (   )。
    A. 计提职工福利费依据的工资总额是否正确
    B. 计提职工福利费的比例是否正确
    C. 计提福利费的账务处理是否正确
    D. 应付福利费账簿是否经过定期检查、复核

16. 运用分析性复核方法检查应付职工薪酬总体合理性的主要内容和方法有 (   )。
    A. 分析销售与生产关系
    B. 分析比较近期各年度工资变动情况
    C. 分析比较本年各个月份工资变动情况
    D. 将本年度产品生产成本中人工费与前期比较

17. 被审计单位将以下费用支出计入产品成本,其中确认错误的是 (   )。
    A. 生产人员工资   B. 福利人员工资
    C. 管理人员工资   D. 营销人员工资

18. 确定直接材料成本的金额准确性,适用的审计程序可能包括 (   )。
    A. 抽查材料领用单,查明是否已经适当授权批准
    B. 抽查产品成本计算单,检查相关计算是否正确

C. 分析比较同一产品前后年度的直接材料成本，查明是否存在重大波动

D. 检查直接材料成本在会计报表中的披露是否恰当

19. 对于企业存入或寄销在外地的存货，应采取（　　　）方法测试。

    A. 向寄存寄销单位发询函

    B. 审查寄存寄销单位存货盘点记录

    C. 亲自前往存放地观察盘点

    D. 委托存放当地的会计师事务所负责监盘

20. 对 2007 年度的存货实施截止测试程序可能查明（　　　）。

    A. 少计 2007 年度的存货和应付账款

    B. 多计 2007 年度的存货和应付账款

    C. 虚增 2007 年度的利润

    D. 虚减 2007 年度的利润

21. 审计人员评价内部控制时，认为被审计单位以下部门或职务应相互独立的有（　　　）。

    A. 存储部门与材料使用部门   B. 生产计划制订与审批

    C. 保管与会计记录   D. 成本计算与复核

22. 审计人员在审查某股份有限公司存货时，发现有部分库存材料实际成本高于市场价格，被审计单位未按有关制度计提"存货跌价准备"，与此相应的审计处理为（　　　）。

    A. 提请被审计单位按有关制度计提"存货跌价准备"

    B. 审查被审计单位"存货跌价准备"损失时的真实性

    C. 审查被审计单位转销"存货跌价准备"的合理性

    D. 将计提情况和账务调整事项记录于审计工作底稿

23. 审计人员对某企业产品成本进行审计时发现该企业在产品成本中列支了如下内容，其中符合相关规定的有（　　　）。

    A. 给希望小学捐款 50 000 元   B. 向供货单位支付合同违约金 8 000 元

    C. 结转制造费用 95 000 元   D. 结转的辅助生产费用 70 000 元

24. 在对被审计单位的库存材料进行监盘时审计人员应当（　　　）。

    A. 参与制定盘点计划   B. 到现场监督盘点工作的进行

    C. 自始至终亲自参与盘点   D. 登记材料盘点记录

25. 下列关于监盘的说法中，正确的是（　　　）。

    A. 监盘是指审计人员亲自盘点被审计单位的各种实物资产

    B. 监盘的目的是确定被审计单位以实物形态存在的资产是否真实存在

    C. 监盘不能验证资产的完整性

    D. 监盘可以证实报表中资产的披露和分类是否正确

三、判断题

1. 为了提高工作效率，成本费用的审批、执行和记录最好由一人担任。   （　　　）

2. 对于企业存放于其他单位的存货，可直接对其他单位进行函证。   （　　　）

3. 尽管实施了存货的监盘，获取有关存货的数量和状况的充分适当的审计证据是审计人员的职责，但这并不能取代被审计单位管理层定期盘点存货、合理确定数量和状况的责任。（　　）

4. 存货的监盘是一种双重目的测试，即审计人员通过观察和检查可以确定被审计单位的存货盘点控制能否合理确定存货的数量和状况，通过检查存货的数量和状况可以获取账面金额是否存在错报的直接审计证据。（　　）

5. 存货监盘程序是观察程序和检查程序结合运用的一项复合程序。（　　）

6. 比较本期实际损失发生数与前期存货跌价准备的余额，可以评价本期存货跌价准备提取的合理性。（　　）

7. 在抽查存货盘点结果时，审计人员可以从存货实物中选取项目追查至存货盘点记录，以测试盘点记录的正确性。（　　）

8. 存货保管、使用和记录人员可以参与盘点。（　　）

9. 存货监盘只能对期末存货的数量和状况予以确认，为验证报表中存货余额的正确性，还必须对存货的计价进行审计。（　　）

10. 计算人均薪酬水平并与上期或同行业水平比较，可以判断被审计单位工薪费用总体的合理性。（　　）

11. 存货截止错误只会影响存货和应付账款，不影响当期利润。（　　）

12. 审计人员的监盘责任应当包括现场监督和进行适当的抽查两部分。（　　）

13. 在成本上升的情况下，从原来的加权平均法改用先进先出法会虚减当期利润。（　　）

14. 审计人员进行监盘时，至少要抽查不少于存货总量10%的存货。（　　）

15. 存货正确截止的关键在于存货纳入盘点范围的时间与存货引起借贷双方会计科目的入账时间都处于同一会计期间。（　　）

16. 由于不存在满意的替代程序来观察和计量期末存货，所以审计人员必须对被审计单位的存货进行监盘。（　　）

四、简答题

1. 存货审计中常用的分析性复核有哪几种？

2. 存货监盘的程序主要有哪些内容？

3. 存货计价测试时应注意哪些问题？

4. 应付职工薪酬审计的要点是什么？

5. 如何编制生产成本和营业成本倒轧表？

第四节　模拟训练

1. 资料：2008年1月30日审计人员在审计A公司2007年度财务报表时，检查该公司2007年12月份应交增值税有关资料时发现一张可疑的记账凭证，该凭证摘要栏记录为"购

甲材料" 其会计分录为:

借: 原材料——甲　　　　　　　　　　　　　　　　　　 1 010 300

　　 应交税费——应交增值税 (进项税额)　　　　　　　　 170 700

　　 管理费用——装卸费　　　　　　　　　　　　　　　　 2 000

　　 贷: 银行存款　　　　　　　　　　　　　　　　　　　　 1 183 000

经审查, 该记账凭证所附的 5 张原始凭证分别是: (1) 购货发票一张, 注明货款 1 000 000 元, 增值税 170 000 元; (2) 运费发票一张, 金额为 100 000 元; (3) 装卸费金额 为 2 000 元; (4) 采购人员差旅费报销单一张, 金额为 1 000 元; (5) 支票存根数张, 金额 合计为 1 183 000 元。经了解, 该公司采用实际成本法核算材料, 发出材料成本采用个别计 价法确定, 12 月尚未领用该材料。

要求: 分析存在的问题, 指出处理意见, 并编制审计调整分录。

2. **资料**: A 会计师事务所接受 X 股份有限公司 2008 年度会计报表的审计委托。B 审计 人员作为审计项目的成员, 负责对公司的存货进行监盘, 为此, 在盘点开始前, B 审计人员 亲临盘点现场, 进行观察并进行适当的抽点。

要求: B 审计人员在进行观察时, 发现下列问题应如何处理:

(1) 由于 X 公司寄存的 F 材料与公司自身的 F 材料无区别, 故未单独摆放。

(2) X 公司对废品与毁损品不进行盘点, 以财务和仓储部门的账面记录为准。

(3) 运输部门有一批产品 D, 没有悬挂盘点单, 称该产品已经出售给 H 公司。

3. **资料**: 2005 年 5 月, 某审计组对甲公司 2004 年度的财务收支进行审计, 审计组在审 计准备阶段进行的有关工作如下:

(1) 审计组在对甲公司会计报表进行分析后, 就重要性水平的确定问题进行了讨论。 审计人员甲认为: 在审计准备阶段不需要确定重要性水平。审计人员乙认为: 本次审计的整 个会计报表层次重要性水平应确定两个, 即资产负债表的重要性水平为 300 万元, 利润表的 重要性水平为 200 万元。审计人员丙认为: 应选择资产负债表和利润表的重要性水平较低者 作为整个会计报表层次的重要性水平。审计人员丁认为: 在整个会计报表层次的重要性水平 确定之后, 还应将之分配到各个账户或各类交易中。

(2) 在确定审计重点时, 审计组的四位审计人员意见不统一。审计人员甲认为: 确定 审计重点时应征求被审计单位意见。审计人员乙认为: 重要性水平是确定重点的唯一依据, 此次审计时重点应该是资产负债表中超过 300 万元和利润表中超过 200 万元的项目, 其他低 于重要性水平的项目就不再检查。审计人员丙认为: 确定审计重点除考虑重要性之外, 还要 考虑报表项目的性质等因素。审计人员丁认为: 确定审计重点应考虑以前年度审计发现的 问题。

(3) 该审计组去年对甲公司 2003 年度财务收支进行过审计。甲公司 2004 年度转变了经 营战略, 调整了产品结构, 经营目标和方针都发生很大变化, 相应的内部控制并未完全建立 或调整到位, 因此, 审计组评估甲公司的重大错报风险为高水平。

(4) 由于时间紧、人员少, 而甲公司产品成本总额大且核算非常复杂, 因此审计组未将甲公司产品成本核算列入此次审计范围。

要求：

（1）对四位审计人员关于重要性水平的争论应如何评价？

（2）对四位审计人员关于审计重点的争论应如何评价？

（3）对于审计组将甲公司的重大错报风险评估为高水平的做法，该如何评价？

（4）对于审计组未将甲公司产品成本核算纳入此次审计范围的做法，该如何评价？

（5）审计组如何对该公司审计风险进行评估？评估结果如何？

4. 资料：2005 年 4 月，某省审计厅派出审计组，对某公司 2004 年度财务收支情况进行了审计，有关该公司生产与存货循环的资料和审计情况如下：

（1）审计人员对该业务循环的内部控制进行了较为详细的调查了解和测试后，认为该公司的内部控制较为健全有效。

（2）该公司实行永续盘存制，每个月末对存货进行盘点。审计人员抽查该公司的存货盘点记录未发现问题。

（3）该公司主要生产一种产品，2004 年该产品销售单价和数量与 2003 年基本持平，生产工艺和原材料价格未发生明显变化，但 2004 年毛利率比 2003 年增长了 20%。

（4）审计人员在运用分析性复核方法检查产成品存货总体合理性时，发现 2004 年产成品存货周转率为 4.0，而 2003 年产成品存货周转率为 4.5。

（5）该公司将一批原材料用于某项在建工程，并按其购进成本 10 万元，借记在建工程 10 万元，贷记原材料 10 万元。该公司适用增值税税率 17%。

（6）审计人员在审查该公司资产负债表日前后的原材料验收单时发现，该公司 2004 年 12 月 28 日验收入库的一批原材料未进行账务处理，原因是该公司年底以前未收到购货发票，也未支付货款。

要求：

（1）审计人员在该公司存货与仓储循环内部控制进行测试的过程中，可以采取哪些措施？

（2）审计人员在抽查该公司的存货盘点记录时，应重点关注哪些事项？

（3）什么原因导致了该公司毛利率大幅度增长？

（4）该公司 2004 年产成品存货周转率比 2003 年降低的原因可能有哪些？

（5）该公司将原材料用于某在建工程的账务处理会导致增值税处理的哪些错误？

（6）该公司因购货发票未到而没有对验收入库的原材料进行账务处理，将对财务造成什么样的影响？

第六章

筹资与投资循环审计

【知识目标】了解筹资与投资循环的特点和内容；了解筹资循环所涉及的主要业务活动和会计报表的相关项目；了解筹资和投资循环审计的基本特点。

【技能目标】使学生掌握长期借款、实收资本以及财务费用实质性测试中的重要程序；掌握交易性金融资产、长期股权以及投资收益实质性测试中的重要程序。

第一节　内容概述

一、筹资业务的基本内容

筹资活动是企业为满足生存和发展的需要，通过改变企业资本及债务的规模和结构而筹集资金的活动。筹资活动主要由借款交易和股东交易组成，而每一笔筹资交易又由取得和偿还资金两个环节组成。

筹资业务必须在有关法律的规定下进行。筹资活动的结果是获得债权人或股东的资金。债权人和股东既然向被投资企业提供了资金，他们的权利和利益理当受到法律的保护。为了防止筹资人过度的或不恰当的筹措资金，任何公司在发行股票前，必须向政府管理机构呈交公司章程及其他相关文件，经政府机构审批后才允许发行。而公司债券的发行通常只限于资信状况良好的公司，应有一定财务实力予以保证，因此同样受到政府有关机构的严格审批和监督。如果是其他类型的筹资行为，可能需要向有关银行、信托公司或其他贷款人提供一定的担保。

鉴于筹资业务的这一特点，企业应运用内部控制制度将筹资业务控制在法律所允许的范围之内。由此，筹资活动的合法性是筹资审计的一项重要内容。图6-1列示了筹资循环所涉及的主要业务活动及会计资料。

在资产负债表和利润表中，筹资循环所涉及的主要项目包括：实收资本、资本公积、盈余公积、未分配利润、长期借款、短期借款、其他长期负债、应付债券、应付股利、财务费

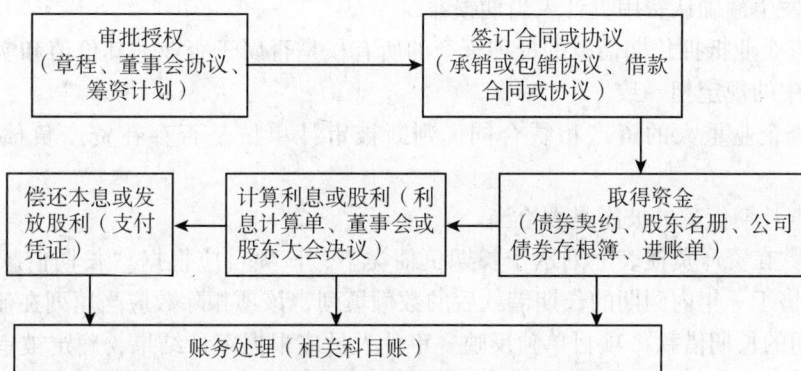

図6-1 筹资循环所涉及的主要业务活动及会计资料

用等。

筹资循环中，各项目的审计要点因具体项目的特点不同而有较大差别。下面具体介绍筹资循环中比较典型的重要项目——长期借款、实收资本以及财务费用的实质性测试的方法。

（一）长期借款的实质性测试

1. 获取或编制长期借款明细表，复核其加计数是否正确，并与明细账和总账核对相符。

2. 了解金融机构对被审计单位的授信情况以及被审计单位的信用等级评估情况，了解被审计单位获得短期借款和长期借款的抵押和担保情况，评估被审计单位的信誉和融资能力。

3. 对年度增加的长期借款，应检查借款合同和授权批准，了解借款数额、借款条件、借款日期、还款期限、借款利率，并与相关会计记录相核对。

4. 检查长期借款的使用是否符合借款合同的规定，重点检查长期借款使用的合理性。

5. 向银行或其他债权人函证重大的长期借款。

6. 对年度内减少的长期借款，审计人员应检查相关记录和原始凭证，核实还款数额。

7. 检查年末有无到期未偿还的借款，逾期借款是否办理了延期手续，分析计算逾期借款的金额、比率和期限，判断被审计单位的资信程度和偿债能力。

8. 计算短期借款、长期借款在各个月份的平均余额，选取适用的利率匡算利息支出总额，并与财务费用的相关记录核对，判断被审计单位是否高估或低估利息支出，必要时进行适当调整。

9. 检查非记账本位币折合记账本位币时采用的折算汇率，折算差额是否按规定进行会计处理。

10. 检查借款费用的会计处理是否正确。借款费用，指企业因借款而发生的利息及其他相关成本，包括折价或溢价的摊销、辅助费用以及因外币借款而发生的汇兑差额。按照《企业会计准则——借款费用》的规定，企业发生的借款费用，可直接归属于符合资本化条件的资产的购建或生产的，应当予以资本化，计入相关资产成本；其他借款费用，应当在发生时根据其发生额确认费用，计入当期损益。

11. 检查企业抵押长期借款的抵押资产的所有权是否属于企业，其价值和实际状况是否与抵押契约中的规定相一致。

12. 检查企业重大的资产租赁合同，判断被审计单位是否存在资产负债表外融资的现象。

13. 检查长期借款的披露是否恰当。

长期借款在资产负债表上列示于长期负债类下，该项目应根据"长期借款"科目的期末余额扣减将于一年内到期的长期借款后的数额填列，该项扣除数应当填列在流动负债下的"一年内到期的长期借款"项目单独反映。审计人员应根据审计结果，确定被审计单位长期借款在资产负债表上的列示是否充分，并注意长期借款的抵押和担保是否已在财务报表附注中作了充分的说明。

（二）实收资本的实质性测试

1. 获取或编制实收资本（股本）增减变动情况明细表，复核加计正确，与报表数、总账数和明细账合计数核对相符。

2. 查阅公司章程、股东大会、董事会会议记录中有关实收资本（股本）的规定。收集与实收资本（股本）变动有关的董事会会议纪要、合同、协议、公司章程及营业执照，公司设立批文、验资报告等法律性文件，并更新永久性档案。

3. 检查实收资本（股本）增减变动的原因，查阅其是否与董事会纪要、补充合同、协议及其他有关法律性文件的规定一致，逐笔追查至原始凭证，检查其会计处理是否正确。注意有无抽资的情况，如有，应取证核实，作恰当处理。对首次接受委托的客户，除取得验资报告外，还应检查并复印记账凭证及进账单。

4. 对于以资本公积、盈余公积和未分配利润转增资本的，应取得股东（大）会等资料，并审核是否符合国家有关规定。

5. 以权益结算的股份支付，取得相关资料，检查是否符合相关规定。

6. 根据证券登记公司提供的股东名录，检查被审计单位及其子公司、合营企业与联营企业是否有违反规定的持股情况。

7. 以非记账本位币出资的，检查其折算汇率是否符合规定。

8. 检查认股权证及其有关交易，确定委托人及认股人是否遵守认股合约或认股权证中的有关规定。

9. 确定实收资本（股本）的披露是否恰当。

（三）财务费用的实质性测试

1. 获取或编制财务费用明细表，复核加计正确，与报表数、总账数及明细账合计数核对是否相符。

2. 将本期、上期财务费用各明细项目作比较分析，必要时比较本期各月份财务费用，如有重大波动和异常情况应追查原因，扩大审计范围或增加测试量。

3. 检查利息支出明细账，确认利息收支的真实性及正确性，检查各项借款期末应计利息有无预计入账。注意检查现金折扣的会计处理是否正确。

4. 检查汇兑损失明细账，检查汇兑损益计算方法是否正确，核对所用汇率是否正确，前后期是否一致。

5. 检查"财务费用——其他"明细账，注意检查大额金融机构手续费的真实性与正确性。

6. 审阅下期期初的财务费用明细账，检查财务费用各项目有无跨期入账的现象，对于重大跨期项目，应作必要调整。

7. 检查从其他企业或非银行金融机构取得的利息收入是否按规定计缴营业税。

8. 检查财务费用的披露是否恰当。

二、投资业务的基本内容

投资是指企业为通过分配来增加财富或为谋求其他利益，而将资产让渡给其他单位所获得的另一项资产。按资产对象的变现能力和投资目的，投资可分为短期投资和长期投资。

投资可分为权益性投资和债权性投资。图6-2列示了投资循环所涉及的主要业务活动及会计资料。

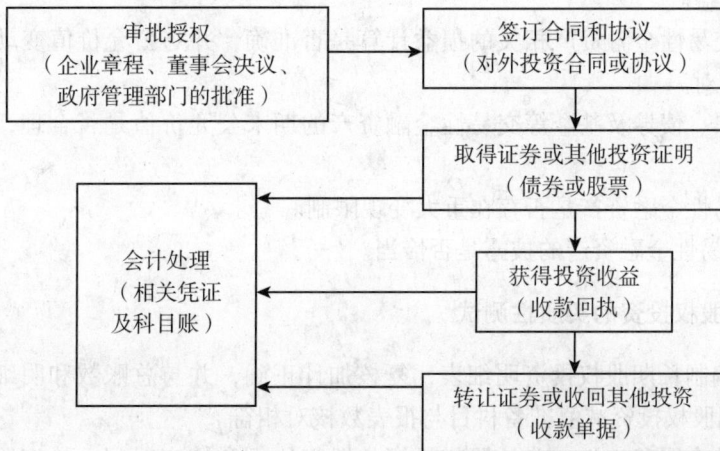

图6-2 投资循环所涉及的主要业务活动及会计资料

在资产负债表和利润表中，投资循环所涉及的主要项目包括：短期投资、长期股权投资、长期债权投资、其他长期投资、应收利息、应收股利、投资收益等。

投资循环中，各项目的审计要点因具体项目的特点不同而有较大差别。下面具体介绍投资循环中比较典型的重要项目——交易性金融资产、长期股权投资以及投资收益实质性测试的方法。

（一） 交易性金融资产的实质性测试

1. 获取或编制交易性金融资产明细表，复核加计正确，并与报表数、总账数和明细账合计数核对相符。

2. 对期末结存的相关交易性金融资产，向被审计单位核实其持有目的，检查本科目核算范围是否恰当。

3. 获取股票、债券及基金等交易流水单及被审计单位证券投资部门的交易记录，与明细账核对，检查会计记录是否完整、会计处理是否正确。

4. 监盘库存交易性金融资产，并与相关账户余额进行核对，如有差异应查明原因，并作出记录或进行适当调整。

5. 向相关金融机构发函询证交易性金融资产期末数量以及是否存在变现限制（与存出投资款一并函证），并记录函证过程。取得回函时应检查相关签章是否符合要求。

6. 抽取交易性金融资产增减变动的相关凭证。检查其原始凭证是否完整合法，化零为整处理是否正确：

（1）抽取交易性金融资产增加的记账凭证，注意其原始凭证是否完整合法，成本、交易费用和利息或股利的会计处理是否符合规定。

（2）抽取交易性金融资产减少的记账凭证，检查其原始凭证是否完整合法，会计处理是否正确；注意出售交易性金融资产时其成本结转是否正确，原计入的公允价值变动损益有无调整至投资收益。

7. 复核与交易性金融资产相关的损益计算是否准确，并与公允价值变动损益及投资收益等有关数据核对。

8. 复核股票、债券及基金等交易性金融资产的期末公允价值是否合理，相关会计处理是否正确。

9. 关注交易性金融资产是否存在重大变现限制。

10. 确定交易性金融资产的披露是否恰当。

（二） 长期股权投资的实质性测试

1. 获取或编制长期股权投资明细表，复核加计正确，并与总账数和明细账合计数核对相符；结合长期股权投资减值准备科目与报表数核对相符。

2. 根据有关合同和文件，确认股权投资的股权比例和持有时间，检查股权投资核算方法是否正确。

3. 对于重大的投资，向被投资单位函证被审计单位的投资额、持股比例及被投资单位发放股利等情况。

4. 对于应采用权益法核算的长期股权投资，获取被投资单位已经审计人员审计的年度财务报表，如果未经审计人员审计，则应考虑对被投资单位的财务报表实施适当的审计或审阅程序：

（1）复核投资收益时，应以取得投资时被投资单位各项可辨认资产等的公允价值为基础，对被投资单位的净利润进行调整后加以确认；被投资单位采用的会计政策及会计期间与被审计单位不一致的，应当按照被审计单位的会计政策及会计期间对被投资单位的财务报表进行调整，据以确认投资损益。

（2）将重新计算的投资收益与被审计单位所计算的投资收益相核对，如有重大差异，则查明原因，并做适当调整。

（3）检查被审计单位按权益法核算长期股权投资，在确认应分担被投资单位发生的净亏损时，应首先冲减长期股权投资的账面价值，其次冲减其他实质上构成对被投资单位净投资的长期股权投资账面价值（如长期应收款等）；审计时，应检查被审计单位会计处理是否正确。

（4）检查除净损益以外被投资单位所有者权益的其他变动，是否调整计入所有者权益。

5. 对于采用成本法核算的长期股权投资，检查股利分配的原始凭证及分配决议等资料，确定会计处理是否正确；对被审计单位实施控制而采用成本法核算的长期股权投资，比照权益编制变动明细表，以备合并报表使用。

6. 对于成本法和权益法相互转换的，检查其投资成本的确定是否正确。

7. 确定长期股权投资的增减变动的记录是否完整：

（1）检查本期增加的长期股权投资，追查至原始凭证及相关的文件或决议及被投资单位验资报告或财务资料等，确认长期股权投资是否符合投资合同、协议的规定，并已确实投资，会计处理是否正确。

（2）检查本期减少的长期股权投资，追查至原始凭证，确认长期股权投资的收回有合理的理由及批准手续，并已确定收回投资，会计处理是否正确。

8. 期末对长期股权投资进行逐项检查，以确定长期股权投资是否已经发生减值：

（1）核对长期股权投资减值准备本期与以前年度计提方法是否一致，如有差异，查明政策调整的原因，并确定政策改变本期损益的影响，提请被审计单位做适当披露。

（2）对长期股权投资逐项检查。根据被审计单位经营政策、法律环境的变化，市场需求的变化、行业的变化、盈利能力等各种情形予以判断，逐项检查是否存在减值迹象。确有出现导致长期股权投资可收回金额低于账面价值的，将可回收金额低于账面价值的差额作为长期股权投资减值准备予以计提。并与被审计单位已计提数相核对，如有差异，查明原因。

（3）将本期减值准备计提金额与利润表资产减值损失中的相应数字核对无误。

（4）长期股权投资减值准备按单项资产计提，计提依据充分，得到适当批准。减值损失一经确认，在以后会计期间不得转回。

9. 结合银行借款等的检查，了解长期股权投资是否存在质押、担保情况。如有，则应详细记录，并提请被审计单位进行充分披露。

10. 确定长期股权投资在资产负债表上的披露是否恰当。与被审计单位人员讨论确定是否存在被投资单位由于所在国家和地区及其他方面的影响，其向被审计单位以外的单位转移资金的能力受到限制的情况。如存在，应详细记录受限制情况，并提请被审计单位充分披露。

（三）投资收益的实质性测试

1. 获取或编制投资收益分类明细表，复核加计正确，并与总账数和明细账合计数核对相符，与报表核对相符。

2. 与以前年度投资收益比较，结合投资本期的变动情况，分析本期投资收益是否存在异常现象。如有，应查明原因，并作出适当的调整。

3. 与长期股权投资、交易性金融资产、交易性金融负债、可供出售金融资产、持有至到期投资等相关项目的审核结合，验证确定投资收益的记录是否正确，确定投资收益被计入正确的会计期间。

4. 确定投资收益的披露是否恰当。检查投资协议等文件，确定国外的投资收益汇回是否存在重大限制，若存在重大限制，应说明原因，并作出恰当披露。

三、筹资业务中一般存在的错误和弊端

1. 取得的借款或债券筹资不按借款合同、协议规定的用途使用。例如，将用于技术改造的长期借款用于对外投资。

2. 用资产抵押所取得的筹资不予以特别披露，视同为信用方式取得的借款，给信息使用者以误导。

3. 通过展期将应由长期借款解决的资金变通为短期借款。

4. 筹资利息不按期及时计提，或者不按合同或协议的规定正确计算利息。

5. 将本应予以资本化的借款利息计入财务费用或是将应计入财务费用的长期借款利息予以资本化。

6. 未经批准发行债券，或在申请、发行债券过程中操作不规范。

7. 债券发行费用的处理不正确或故意混淆资本性支出和收益性支出的界限。

8. 债券溢价、折价发行和摊销不合规，会计处理不正确。

9. 投入资本入账价值不正确，出资缴纳期限或出资方式或出资比例等不合规。

10. 资本金增减变动不合规。如资本金变动不具备规定的条件和手续，随意抽逃资本金等。

11. 将本应列入资本公积的内容不列入，或将不应列入资本公积的内容列入。

12. 盈余公积的形成不合规。如将部分营业外收入、投资收益列入盈余公积。

13. 盈余公积的使用不合规。盈余公积的使用应具备一定的手续和条件，一些被审计单位存在审批手续不全、违反国家规定的条件及挪作他用的情况，如将公益金用于发放福利性补贴或奖金，用于弥补超支的福利费等。

14. 未分配利润形成不合规，以及利润分配的程序不当等

四、投资业务中一般存在的错误和弊端

1. 投资计价中的错弊。如在进行短期投资时，将应计入投资成本的部分支出，手续费、佣金等不计入短期投资成本，而计入当期费用，由此减少当期利润。

2. 隐瞒投资收益。进行短期投资时不入账，形成账外资产；获得投资收益不入账，或者以"其他应付款"等科目入账，以此达到调节利润的目的。

3. 违规投资。如进行国家相关法律法规禁止的投资行为，或者未经被审计单位最高管理当局批准进行投资。

4. 长期投资、短期投资划转中存在的问题。

5. 利用长期股权投资成本法和权益法的变换调节利润。

第二节 案例分析

【案例一】 银行借款审计——R 火柴厂银行借款审计

【案情简介】

R 火柴厂是一家专营 R 牌火柴的企业，自 1971 年成立以来，经营一向很红火，近几年由于受科技新产品的冲击，效益逐年下滑。现有职工 1 687 人，资产总额 87 654 464.27 元，负债总额 79 456 867.13 元，近两年连续亏损，职工已有一年未领到工资。由于领导不思进取，引起职工的极大不满。

2008 年的春节将要来临了，正当辛苦一年的人们准备与家人一起欢度这一传统的节日之时，审计机关收到一封举报信，反映 R 火柴厂厂长秦某，忽视生产、骗取银行借款，并将其以投资的名义非法炒买股票或据为己有。这封举报信得到了有关领导的高度重视，经过初步的调查分析，认为可以立案予以审查。于是，选派了精干人员组成 4 人的审计小组，进驻 R 火柴厂。

【案例评析】

1. 进点前的准备工作。

（1）由审计组组长、小组成员集体学习与该行业有关的法律、法规，提高思想认识，明确本次任务的重要性。

（2）拟定审计计划。了解 R 火柴厂基本情况，拟定审计计划，计划确定外勤工作时间为 20 天，业务上以审查银行借款为重点。

2. 进驻 R 火柴厂。审计组一行 4 人，在成立的次日即开赴 R 火柴厂，早晨 8 点 30 分准时到达厂总部，向该厂厂长秦某出示了审计通知书。然后，召开了由各部门负责人参加的进点工作会议，重申了本次审计的基本要求，要求各部门负责人将本次会议的精神传达下去，以利于审计工作的顺利开展。

3. 从银行借款入手，深入审查。

（1）审阅"短期借款"和"长期借款"明细账，以及相关资料，查得 2007 年 8 月 16 日，R 火柴厂由本市兰昌公司担保从某工商行贷得生产周转借款 500 万元。

（2）审阅借款合同，借款计划、借款担保等各项资料，证实手续合法；500 万元借款用于采购白杨木供生产火柴梗，属于生产周转借款的范围，借款理由合理。

（3）审阅"材料采购"明细账，结果表明在借款内并没有采购白杨木料的记录，初步可以认定该厂存在挪用该笔借款的可能性，应进一步审查 500 万元借款的用途及去向。

（4）审阅"银行存款"日记账，发现这样两笔业务：

① 2007 年 8 月 20 日支付给西康公司投资款 200 万元；

② 2007 年 8 月 24 日支付给振东公司投资款 300 万元。

经进一步审查 R 火柴厂与西康公司、振东公司签订的投资协议，发现合同中各项条款很不具体，且一直未有相关投资收益入账。

（5）向西康公司、振东公司发出询证函，证实投资的真实性。两家公司回函证明并未与 R 火柴厂签订相关的投资协议，也未收到所谓的投资款。这足以说明银行存款日记账中两笔投资的不真实性。那么，这 500 万元的借款实际流向何处呢？在银行的协助下，查清了两家收款方均为本市的证券交易营业部。至此，该笔借款的实际用途和去向已基本查清。

（6）在充分审查的基础上，审计人员面询了该厂的财务主管，要求就该笔借款的使用情况予以说明，在大量证据面前，财务主管讲述了这笔借款的具体使用情况。

最初从银行借入该笔借款的确是打算用于采购白杨木，以供生产所需。在该笔借款没有作为采购资金启用以前，秦厂长提议："现在股市很红火，可以利用这笔暂时闲置的资金，入市买入股票，等到买材料时再提回来也不迟。"当时尽管有人提出异议，但秦厂长的态度很坚决。这样，就在两家证券营业部以个人名义开了两个户头，为了逃避各方检查，将这笔资金以向西康公司和振东公司投资的名义入账，草拟了两份投资协议。但事与愿违，两笔资金入市不久，所购股票即被深度套牢，损失十分惨重。

（7）审查证券交易部的这两个户头，发现截至审计日止两户的市值只有 2 265 430.35 万元。后经查实，该企业先后从两个户头中提出 90 万元，其中 50 万元用于偿还该项到期的银行借款（其余大部分本息均未偿付），另外 40 万元秦厂长个人取出（经证实已被秦个人挥霍）。其余的 1 834 569.65 元在股票交易中损失掉。

4. 根据上述问题，提出审计意见。R 火柴厂将生产周转借款，非法用于炒股，且造成巨额损失，厂长秦某个人也有依法挥霍问题，针对上述问题，审计人员认为 R 火柴厂应立即纠正这种违规、违法行为，建议有关部门应对该厂厂长秦某及相关责任人员予以相应处罚，以严肃法纪。

5. 问题探讨。本案例中该笔借款的违法使用，使企业蒙受了巨额损失，那么，为了杜绝类似现象的再次发生，应采取哪些监督、约束措施呢？一是企业自身应建立有效的约束机制，严格按用途使用，不能搞一言堂。二是金融部门应强化借款使用的监督力度。不仅要考虑借款的安全，而且应关注借款的效益性，真正体现国家有关政策性导向作用。三是审计部门、政府审计机关，应加大对此类业务的审计力度。四是司法机关及政府主管部门应加大对此类违法、违纪问题的打击力度。

【案例二】　　　　　　　　　　投资业务审计

【案情简介】

2008 年 5 月，某省审计厅派出审计组，对甲股份有限公司（以下简称甲公司）2007 年度财务收支情况实施审计。审计人员按照审计实施方案，对甲公司的内部控制进行了解和测试，并根据控制风险的评价结果，对相关账户余额及交易种类实施了实质性测试，有关资料和审计情况如下：

1. 在对筹资与投资循环实施审计时，审计人员记录了甲公司与筹资和投资活动有关的内部控制：

（1）甲公司专门设立债务管理部，分析和控制债务风险；

（2）为明确责任，甲公司指定由投资管理部的业务骨干张某负责保管股票、债券等实物资产，并由其根据授权具体执行对外投资事项；

（3）因盈余公积增减变动的业务量少，盈余公积的核算和复核工作由会计王某一人承担；

（4）盈余公积的使用由投资管理部投资经理授权批准，由财会部门具体办理；

（5）财务部门内部对资金的收付和记录安排不同的人员完成。

2. 审计人员对甲公司对外业务实施了内部控制测试。

3. 2007 年 4 月 1 日，甲公司以 500 万元购入乙企业普通股，且持股比例为 30%，准备长期持有，并对乙企业有重大影响。截至 2007 年 3 月 31 日，乙企业所有者权益为 1 200 万元，甲公司按 10 年摊销股权投资差额。审计人员发现，由于会计人员交接，甲公司未按规定摊销股权投资差额。

4. 通过抽查会计凭证，审计人员发现，2007 年 7 月 16 日第 78 号记账凭证的摘要是"接受丙公司赠款 5 万元"，会计人员的处理是：

借：银行存款　　　　　　　　　　　　　　　　　50 000

　　贷：营业外收入　　　　　　　　　　　　　　　　　　50 000

5. 在对甲公司负债项目进行审计时，审计人员注意到，2005 年 1 月甲公司为构建某产品生产线而折价发行 5 年期面值 500 万元的公司债券，甲公司按 450 万元价格出售。2007 年发生应计利息 30 万元、摊销债券折价 4 万元，全部计入财务费用。

【案例评析】

1. 甲公司在筹资和投资活动有关的内部控制中，存在缺陷：由投资管理部业务骨干张某负责保管股票等实物资产，并由其根据授权具体执行对外投资事项；盈余公积的使用由投资管理部投资经理批准，由财会部门具体办理。

2. 可以通过审查投资项目是否有投资申请报告、审查投资项目是否有对接受投资单位的信用调查报告和索取并审阅公司内部的证券盘点报告，检查证券实物控制的有效性等审计程序测试甲公司对外投资业务的内部控制。

3. "资料3"所述情况，使得甲公司5年来多计税前利润10.5万元，多交了企业所得税。

4. "资料4"所述情况造成低估资本公积，多计当年利润。

5. 针对"资料5"所述情况，可以通过以下途径来审查与产品生产线有关的债券利息和折价摊销：向管理当局了解该生产线的情况并审阅有关资料，确定该生产线是否已竣工交付使用；取得有关应付债券的利息和折价等账户的资料，审查利息费用、折价摊销的计算是否正确。

【案例三】 长期借款审计

【案情简介】

审计人员在审计 ABC 公司×年度的会计报表时，注意到资产负债表中的"长期借款"项目中列示金额为 850 万元，资产负债表附注中相关资料的列示如表 6-1 所示。

表 6-1 资产负债表附注中的相关资料

贷款银行	金额（万元）	借款期限	年利率（%）	借款条件
甲银行第二分理处	300	（×-2）年8月至（×+2）年7月	6	抵押借款
乙银行第一分理处	450	（×-3）年9月至（×+1）年8月	5	抵押借款
丙银行某办事处	100	×年1月至（×+2）年1月	4	抵押借款
合　计	850			

【案例评析】

审计人员应实施的审计程序如下：

1. 索要书面资料。索要所有借款合同的复印件，并以合同所载明的借款单位、借款额、借款利率、借款期限、借入日期及借款条件，分别进行审阅并编制长期借款明细表，将合计数与明细账和总账及报表的披露情况相核对。

2. 审查这三笔长期借款的使用是否符合借款合同的规定。

3. 对各笔长期借款项目所计入的利息按照合同规定的利率和实际借入的日期、天数计算并确认其正确性，审查其会计处理的正确性。

4. 审查作为长期借款抵押的资产的所有权是否属于 ABC 公司，其价值和现实状况是否与抵押合同中的规定一致。

5. 确认第二项借款 450 万元未转到资产负债表中的"一年内到期的长期负债"项目，建议 ABC 公司进行调整。

6. 审查被审计年度内向丙银行某办事处借入的 100 万元的借款合同条款和授权批准情况。

7. 审查 ABC 公司是否存在资产负债表外融资的情况。

8. 将所获得的资料和相关信息列示于工作底稿，根据被审计单位是否接受审计人员建议的情况及未调整事项的重要程度，确定对审计意见的影响。

第三节　基本训练

一、单项选择题

1. 被审计单位筹资与投资循环的特征之一就是审计年度内筹资与投资循环的交易数量较少，而每笔交易的金额通常较大，审计人员在对这一环节进行审计时，可以采用（　　）。
   A. 抽样审计　　　　　　　　　　　B. 详细审计
   C. 大量控制测试　　　　　　　　　D. 较低的重大错报评估水平

2. 在投资与筹资循环中，审计人员一般都要索取被审计单位合同、协议，这是为了证实投资与筹资业务的（　　）认定。
   A. 存在　　　　　　　　　　　　　B. 权利与义务
   C. 分类　　　　　　　　　　　　　D. 分类和可理解性

3. 审计人员审计长期借款业务时，为确定"长期借款"账户余额的真实性，可以进行函证。函证的对象应当是（　　）。
   A. 公司的律师　　　　　　　　　　B. 金融监管机关
   C. 银行或其他有关债权人　　　　　D. 公司的主要股东

4. 审计人员在审查被审计单位托管证券是否真实存在时，首先应采取（　　）。
   A. 向代管机关函证　　　　　　　　B. 亲往代管机构盘点
   C. 检查公司股票债券存根簿　　　　D. 同代管机构逐笔核对记录

5. 下列程序中，不属于借款活动相关的内部控制程序的是（　　）。
   A. 索取借款的授权批准文件，检查批准的权限是否恰当，手续是否齐全
   B. 观察借款业务的职责分工，并将职责分工的有关情况记录于审计工作底稿中
   C. 计算短期借款、长期借款在各个月份的平均余额，选取适用的利率匡算利息支出总额，并与财务费用等项目的相关记录核对
   D. 抽取借款明细账的部分会计记录，按原始凭证到明细账再到总账的顺序核对有关会计处理过程，以判断其是否合规

6. 公司于 2007 年 11 月 5 日从证券市场上购入 B 公司发行在外的股票 200 万股作为可供出售金融资产，每股支持价款 5 元，另支付相关费用 20 万元，2007 年 12 月 31 日的公允价值为 1 050 万元，审计人员在审计后应确认这部分股票在 2007 年 12 月 31 日的公允价值变动损益为（　　）万元。
   A. 0　　　　　　B. 收益 50　　　　　　C. 收益 30　　　　　　D. 损失 50

7. 审计人员审查无形资产的增减及计价时，不应专门审查的是（　　）。

　　A. 每项无形资产增减的授权批准文件

　　B. 不同来源的无形资产的计价方法

　　C. 无形资产转让损益是否计入营业外收支

　　D. 无形资产在资产负债表上的披露

8. 审计人员对其他应收款进行审计时，对发出询证函未能收回及未发出的样本，应采用替代程序，特别注意是否存在抽逃资金与隐藏费用的现象，这与其他应收款的（　　）认定无关。

　　A. 准确性和计价　　　　　　　　B. 权利和义务

　　C. 完整性　　　　　　　　　　　D. 分类和可理解性

9. 审计人员在确定被审计单位收到外币出资，根据有关制度规定，采用（　　）折合为记账本位币。

　　A. 合同约定的汇率　　　　　　　B. 收到出资时的市场汇率

　　C. 出资当月 1 日的市场汇率　　　D. 出资当月月末的市场汇率

10. 对未入账的长期借款进行审查，无效的审计程序是（　　）。

　　A. 向被审计单位索取债务说明书，了解举债业务

　　B. 对利息费用实施分析性复核

　　C. 编制长期借款明细表并与总账核对

　　D. 查阅企业管理部门的会议记录、文件资料，了解与举债相关的信息

11. 审计人员关注的下列现象中，（　　）应在筹资与投资循环中进行审计。

　　A. 分配给关联方的利润多于其应得利润　　B. 以不正常的低价向顾客开账单

　　C. 支付不当的货款　　　　　　　D. 为虚列的购货业务付款

12. 审计人员为了证实对外投资的存在性与所有权，应实施的审计程序是（　　）。

　　A. 查阅长期投资和短期投资明细账

　　B. 查阅投资收益的入账凭证

　　C. 查阅对外投资的实物证明，如股权登记证、债券或出资证明

　　D. 查阅关于对外投资决策的会议记录

13. 审计人员对资本公积进行实质性测试，其测试内容不应包括（　　）。

　　A. 审查资本溢价或股本溢价　　　B. 审查资本折算差额

　　C. 审查弥补亏损的处理　　　　　D. 股权投资准备

14. 审查股本账户的期末余额，首先是确定资产负债表流通在外的股票数量，假定对被审计单位的股票发行记录已经进行了必要的审计，为了证实这部分股票的真实性，审计人员应当（　　）。

　　A. 查阅股票发行过程有关记录　　B. 查阅股东登记簿中有关记录

　　C. 向有关证券交易所或金融机构函证　　D. 查阅被审计单位董事会记录

15. 审查对外投资时，应测试其内部控制环节，以下符合对外投资的内部控制要求的做法是（　　）。

A. 长期投资一般由财会部门出纳员负责，并履行监督控制职责

B. 无形资产对外投资作价，主要由负责投资审批的企业领导负责

C. 实物投资的资产价值评估、作价与投资审批工作分离

D. 股票与债券由投资记账人员负责

16. 审查盈余公积时应注意，盈余公积用于转增资本或分配股利后，其余额不得低于（   ）。

A. 注册资本的 25%　　　　　　　　　B. 注册资本的 50%

C. 盈余公积的 25%　　　　　　　　　D. 税后利润的 25%

17. 审查企业长期借款，发现其中一部分将在一年内到期，审计人员应提请被审计单位将一年内到期长期借款在报表中列示为（   ）。

A. 或有负债　　　　B. 长期负债　　　　C. 流动负债　　　　D. 流动资产

18. 审计人员确定长期投资是否在资产负债表上恰当披露时，不正确的是（   ）。

A. 检查资产负债表上长期投资项目的数额与审定数是否相符

B. 检查长期投资超过其净资产的 50% 时，是否已在附注中恰当披露

C. 盘点股票、债券数量，并审查其账实是否相符

D. 检查 1 年内到期的长期投资项目的数额与审定数是否相符

二、多项选择题

1. 某客户的财务负责人担任证券的会计记录工作，财务负责人不宜再（   ）。

A. 参与证券买卖　　　　　　　　　　B. 参与证券保管

C. 参与证券的定期盘点　　　　　　　D. 兼任证券买卖的负责人

2. 审计人员应重点调查的与长期投资相关的内部控制制度有（   ）。

A. 职工分工制度　　　　　　　　　　B. 资产保管制度

C. 记名登记制度　　　　　　　　　　D. 定期盘点制度

3. 审计人员对长期借款进行实质性测试时，一般应获取的审计证据包括（   ）。

A. 长期借款明细表

B. 长期借款的合同和授权批准文件

C. 相关抵押资产的所有权证明文件

D. 重大长期借款的函证回函和逾期长期借款的展期协议

4. 为审查被审计单位是否存在未入账的长期负债业务，审计人员可选用（   ）进行测试。

A. 函证银行存款余额的同时函证银行借款业务

B. 分析财务费用，确定有无付款利息源自未入账的长期负债

C. 向被审计单位索取债务声明书

D. 审查一年内到期的长期负债是否列示在流动负债项目下

5. 审计被审计单位长期借款时，审计人员可采用（   ）测试程序。

A. 向银行函证长期借款

B. 了解被审计单位获得借款的抵押和担保情况

C. 检查年末有无逾期借款

D. 调查长期投资的相关内部控制

6. 审计人员审查被审计单位的有价证券是否存在，实施的测试程序有（　　）。

A. 向被审计单位证券保管机构发函询证

B. 审查结账日前后一段时间内的现金收支

C. 查阅被审计单位管理当局有关证券买卖的会议记录或决议

D. 审查有价证券的取得是否按实际成本入账

7. 某公司长期股权投资采用权益法进行核算，在审查长期股权投资收益项目时，审计人员应重点查实（　　）。

A. 该公司采用权益法核算长期投资是否经过批准

B. 该公司所获得的投资收益比例与其在被投资企业投资比例相同

C. 股权投资差额摊销时，冲减投资收益

D. 实际收到投资收益时，冲减长期股权投资

8. 在实地盘核被审计单位股票、债券投资等金融资产时，审计人员应实施的审计步骤包括（　　）。

A. 盘点库存证券，并填制盘点清单

B. 调查股票、债券投资的相关内部控制

C. 将盘点清单同股票、债券投资明细账核对

D. 将盘点的情况形成记录，并列入审计工作底稿

9. 审计人员获取或编制被审计单位其他应收款明细表，复核加计正确并与报表数，总账数和明细账合计数核对是否相符，并检查分析（　　）。

A. 其他应收款的账龄分析是否正确

B. 有贷方余额的项目，查明原因，必要时做重分类调整

C. 结合应收账款明细余额，查验是否有双方同时挂账的项目，核算内容是否重复，必要时作出适当调整

D. 标明应收关联方的款项，并注明合并报表时应予抵销的数字

10. 在对股票的发行、回购等交易活动进行审计时，审计人员应当审查的原始凭证包括（　　）。

A. 发行股票的登记簿、募股清单　　　　B. 向外界回购的股票清单

C. 银行存款收付款凭证　　　　　　　　D. 银行存款对账簿

11. 筹资与投资循环中内部控制的职责分工包括（　　）。

A. 筹资、投资决策与执行相互独立

B. 筹资、投资业务执行与记录相互独立

C. 筹资、投资业务执行与内部监督相互独立

D. 财会部门内部对资金收付、记录、复核相互独立

12. 对盈余公积进行实质性审查的程序包括（　　）。

A. 编制或取得盈余公积明细表，与利润分配表核对

B. 查阅公司章程及盈余公积处理有关规定

C. 将核对无误的盈余公积与盈余公积账户、报表核对

D. 将盈余公积明细账与会计凭证核对

13. 审计人员对被审计单位短期借款进行审查时，应根据（   ）确定实质性测试的审计程序。

 A. 年末短期借款余额的大小   B. 年末短期借款占负债总额的比重

 C. 以前年度发现问题的多少   D. 相关内容控制的强弱

14. 审计人员在审查"长期借款"账户时，可审查的相关账户有（   ）。

 A. 银行存款   B. 在建工程

 C. 财务费用   D. 固定资产

15. 下列审计程序中，可以用于审查长期借款入账完整性的有（   ）。

 A. 向债权人询证负债金额

 B. 查阅被审计单位管理部门的会议记录和文件资料

 C. 审阅账簿记录并与原始凭证核对

 D. 分析利息费用账户，验证利息支出的合理性

16. 短期借款入账完整性审查的手续包括（   ）。

 A. 分析财务计划   B. 审查借款合同、查明借款期限等

 C. 向债权人询证   D. 分析利息费用账户

17. 如果被审计单位投资的证券是委托专门机构代为保管的，为证实其是否确实存在审计人员可以采取的程序有（   ）。

 A. 编制对外投资明细表

 B. 检查长期投资明细表

 C. 向代保管机构发函询证

 D. 会同被审计单位人员到代保管机构清查盘点

18. 审计人员在审查确定长期投资在资产负债表上是否恰当披露时，应查实的内容有（   ）。

 A. 资产负债表"长期投资"项目的数字是否与审定数相符

 B. 资产负债表"一年内到期的长期债券投资"项目的数字是否列在"流动资产"类下

 C. 若长期投资超过净资产的50%，是否已在会计报表附注中披露

 D. 是否已披露股票、债券在资产负债表日市价与成本的显著差异

19. 审计人员对长期借款进行实质性测试时，一般应获取的审计证据包括（   ）。

 A. 长期借款明细表

 B. 长期借款合同和授权批准文件

 C. 相关抵押资产的所有权证明文件

 D. 重大长期借款的函证回函和逾期长期借款的展期协议

20. 长期投资审查程序包括（   ）。

 A. 盘点有价证券   B. 利息收入未冲减当期利息支出

  C. 审核投资计价准确性   D. 审查长期投资是否达到预期投资目标

21. 对财务费用审查，应特别注意下列可能发生的错误和弊端中的（ ）。

  A. 未按期计提借款利息

  B. 利息收入未冲减当期利息支出

  C. 混淆收益性支出与资本性支出的界限

  D. 随意调整汇兑损益

22. 对应付债券审查的要点包括（ ）。

  A. 审查债券溢价或折价的摊销   B. 审查发行收入记录的完整性

  C. 验证应付债券期末余额的存在性 D. 审查发行债券的合法性

三、判断题

  1. 对于企业的长期投资，审计人员应对照有关投资方面的文件和凭证，分析企业的投资业务管理报告的具体内容，并对照投资凭据或文件，从而判断企业长期投资业务的管理情况，属于投资内部控制测试程序。 （ ）

  2. 对有价证券在资产负债日后进行盘点，审计人员应根据盘点结果和资产负债表日至外勤审计工作完成日之间证券增减变动业务，倒推计算资产负债日的有价证券余额。

  （ ）

  3. 为确定"应付债券"账户期末余额的合法性，审计人员应直接向债权人及债券的承销人或包销人进行函证。 （ ）

  4. 对利息支出，审计人员对借款的利息支出应当运用控制测试以减少实质性测试的工作量。 （ ）

  5. 短期借款相对于长期借款来说，金额通常较小，期限较短，且通常无须抵押，对会计报表的影响也不如长期借款，因此一般无须审查其抵押担保情况。 （ ）

  6. 根据资产负债表的平衡原理，所有者权益在数量上等于企业的全部资产减去全部负债后的余额，如果审计人员能够对企业资产和负债进行充分的审计，对所有者权益进行单独审计就没有必要了。 （ ）

  7. 审查交易性金融资产时，审计人员应审查其公允价值变动是否记入"投资收益"科目。 （ ）

  8. 审计人员审查公开发行股票公司已发行的股票数量是否真实、是否已收到股款时，应向主要股东函证。 （ ）

  9. 审计人员在审计过程中发现的应当调整以前年度损益的会计事项，应提请客户直接调整所审计年度会计报表的本年利润项目。 （ ）

  10. 审计人员应检查公司长期股权投资采用权益法进行核算时，初始投资成本低于投资时应享有被投资单位可辨认净资产公允价值份额的差额，是否计入资本公积。 （ ）

  11. 甲公司于 2007 年 12 月 26 日，购入乙公司 30% 的股票，甲公司对乙公司的影响力在重大影响以下，且乙公司 25% 的股票在活跃市场中没有报价、公允价值不能可靠计量，甲公司采用成本法核算长期股权投资。 （ ）

12. 如果被投资单位采用的会计政策及会计期间与被审计单位不一致，审计人员应当建议按照被审计单位的会计政策及会计期间对被投资单位的财务报表进行调整，据以确认投资收益。   （   ）

13. 为确定长期借款账户期末余额的真实性，审计人员可以向债权人进行函证。（   ）

14. 审计人员审查企业应付债券业务时，必须进行内部控制的控制测试。   （   ）

15. 企业的长期投资资产，应定期由办理投资人员进行盘点。   （   ）

16. 出售交易性金融资产结转成本时，原计入公允价值变动损益的需要调整至投资收益。   （   ）

四、简答题

1. 筹资与投资循环审计大量采用详查法，原因何在？
2. 简述对资产和负债的审计不能代替对所有者权益审计的原因。
3. 对于长期投资与短期投资在分类上的相互划转，审计人员应注意审查哪些问题？
4. 简述长短期借款实质性测试的一般程序。
5. 审查长期股权投资时应该注意哪些问题？
6. 说明实收资本的审计目标和主要审计程序。
7. 确定投资是否已在报表上列示应注意哪些问题？

第四节　模拟训练

1. 资料：2008 年 5 月 13 日，审计人员对 A 企业进行审计时发现，该企业于 2007 年 10 月从上海机床厂购进需安装机床一台，买价 560 000 元，共发生运杂费 3 000 元、安装费 2 000 元，固定资产于当月运达企业，当月安装完成投入使用。企业固定资产账簿记录固定资产增加 560 000 元。该企业按双倍余额递减法对机床计提固定资产折旧，A 企业预计机床使用年限 10 年，预计净残值 5%，A 企业于投入使用的当月开始计提折旧。

要求：

（1）判断 A 企业对上述业务的处理是否正确？为什么？

（2）A 企业的处理会对其 2007 年的利润产生什么影响？金额有多大？

（3）A 企业应如何调整账目，才能使固定资产的会计处理正确无误？

2. 资料：审计人员在审查某公司 9 月份的"资本公积"总账时，发现有借方余额为 63 000 元，随即查阅"实收资本"明细账，看是否转增资本业务，但没有发现贷方记录。审计人员进一步审查该企业的入账会计分录：

借：资本公积   63 000

　　贷：银行存款   63 000

经过证实确认所附的原始凭证为职工医药费用报销单据和支票存根。

要求：指出该业务的问题所在并进行相应的调整。

3. 资料：某会计师事务所的审计人员正在对 A 公司进行 2007 年度会计报表审计。在执行余额测试的过程中，审计人员发现了以下情况：

（1）甲公司拆借给 A 公司 1 000 万元，双方签订了借款协议，协议约定借款期限为 5 年，A 公司每年需支付给甲公司 10% 的利息，到期后一次还本。甲公司是非金融机构，但 A 公司的财务经理认为该笔交易的实质是为了获取利息收入的债权投资，因而将该笔交易计入"长期债权投资"。

（2）在检查"长期待摊费用"项目时，审计人员发现 A 公司在 2004 年度为销售部门支付装饰装潢支出 160 万元，原定摊销期限为 8 年，截至 2007 年年末已摊销 60 万元，余额尚有 100 万元。A 公司根据经营需要，于 2007 年底又重新装修，发生费用 140 万元，摊销期定为 6 年，累计未摊销余额为 240 万元。

（3）A 公司租赁了乙公司的写字楼，租期 10 年，每月租金为 1 000 元，合同规定每满一年交纳一次。由于该写字楼在第一年处于闲置状态，乙公司免收了 A 公司第一年的租金，A 公司因而当年未记房租费。

（4）在检查 A 公司"其他应收款"项目，发现其中列有黄某欠款 160 000 元。审计人员审验了原始凭证并询问有关人员，知道了该欠款是黄某（A 公司采购员）为公司采购某物资的借款（公司开出支票）。

要求：请分别针对上述各种情况，分析其对会计报表的反映造成的影响及审计人员应采取的进一步的审计措施。

4. 资料：审计人员对甲企业接受投资的固定资产进行检查时，发现检查期有关固定资产的一笔记录为：

借：固定资产——房屋	8 200 000
贷：应付票据——抵押票据	4 200 000
长期股权投资——普通股	4 000 000

审计人员检查相关凭证发现，甲企业以转让其所持有普通股 4 万股（每股面值 100 元），以及给乙企业及承担乙企业建造房屋用的抵押贷款 4 200 000 元为条件获得厂房。但审计人员对房屋成本 8 200 000 元心存疑虑。

要求：

（1）审计人员应采取哪些审计程序验证固定资产的真实价值？

（2）经过验证，审计人员发现房屋的价格被高估了 1 100 000 元，甲企业应如何进行账务调整？

5. 资料：ABC 公司 2008 年度会计报表净利润为 1 800 万元，注册会计师审计 ABC 公司 2008 年度会计报表时，发现：

（1）2007 年 2 月以后，ABC 公司长期占用被投资单位 N 公司的资金，2008 年 5 月，ABC 公司根据占用资金数额冲减了长期股权投资——N 公司的账面价值。

（2）E 公司系 ABC 公司于 2008 年 1 月 1 日在国外投资设立的联营公司，其 2008 年度会计报表反映的净利润为 3 600 元。ABC 公司占 E 公司 45% 的股权比例，对其财务和经营政策具有重大影响，故在2008年度会计报表中采用权益法确认了该项投资收益1 620万元。E公司2008年度会计报表未经任何审计。

（3）ABC公司拥有K公司一项长期股权投资，账面价值500万元，持股比例30%。2008年12月31日，ABC公司与Y公司签署投资转让协议，拟以450万元的价格转让该项长期股权投资，已收到价款300万元，但尚未办理产权过户手续。ABC公司以该项长期股权投资正在转让为由，不再计提减值准备。

（4）ABC公司2006年初获得某高速公路20年收益权，于2008年12月31日以2 000万元的价格转让自2009年1月1日起未来10年的收益权。ABC公司于当日开具发票并收到全部转让价款，并据此确认投资收益2 000万元。

（5）ABC公司于2007年9月1日和H公司签订并实施了金额为5 000万元、期限为3个月的委托理财协议，该协议规定H公司负责股票投资运作，ABC公司可随时核查。2007年12月31日，ABC公司对上述委托理财协议办理了展期手续，并于同日收到H公司汇来的标明用途为投资收益的3 000万元款项，ABC公司据此确认投资收益3 000万元。

（6）ABC公司对I公司长期股权投资（无市价）为5 000万元，I公司在2008年8月已经进入清算程序。在编制2008年度会计报表时，ABC公司对该项长期股权投资计提了1 000万元的减值准备。

要求：

（1）针对"事项（1）"，注册会计师应当提出什么意见？

（2）针对"事项（2）"，注册会计师应当考虑发表什么意见类型？为什么？

（3）针对"事项（3）"，注册会计师下一步应当采取什么措施？

（4）针对"事项（4）"，判断ABC公司已经确认的投资收益能否确认，若尚不能确认，请列出调整分录。

（5）针对"事项（5）"，判断ABC公司已经确认的投资收益能否确认，若尚不能确认，请指出应进一步实施哪些审计程序？

（6）针对"事项（6）"，请回答ABC公司所计提的该项长期投资减值准备应实施哪些审计程序。

（7）假定注册会计师在确认ABC公司所计提的长期投资减值准备，并出具无保留意见的审计报告后，发现审计报告日前I公司已经清算完毕，其债务偿还率为60%。请说明注册会计师应采取哪些措施？

会计报表审计

第一节　内容概述

企业会计报表审计，是指审计人员依法接受委托，按照审计准则的要求，对被审计单位的会计报表实施必要的审计，获取充分、适当的审计证据，并对会计报表发表审计意见。

一、会计报表审计的基本内容

（一）企业年度会计报表审计

企业年度会计报表审计，是对反映企业年度财务状况、经营成果以及现金流量的各种会计报表的公允性和合法性所进行的审计。这种审计，多采用逆查法，从会计报表审计入手，针对表内某些重点项目，对有关会计账目和会计凭证作进一步的审查，并对审查结果作出评价。

（二）企业中期会计报表审计

企业中期会计报表，是指以短于一个完整的会计年度的报告期间为基础编制的会计报表，可以是月度、季度或半年度的会计报表。中期会计报表审计，是根据证券监管部门的规定，主要对股份有限公司中的上市公司和发行债券的企业所编制的中期会计报表进行的审计。中期会计报表须经审计后，才具有法律效力。

（三）企业清算会计报表审计

企业清算会计报表，是企业因合同期满按期宣告解散，或因严重亏损等原因致使企业不能继续经营而提前宣告解散，以及依法被人民法院宣告破产时，所编制的自年初至解散日的会计报表和清算结束日的资产负债表及清算期的损益表等清算会计报表。按照我国现行法规的规定，企业清算会计报表应委托民间审计人员进行审计，并根据审计结果出具审计报告。经民间审计人员审计的企业清算会计报表，才能作为企业清算和分配其剩余财产的合法依据。

二、企业会计报表中一般存在的错误和弊端

企业会计报表中一般存在的错误和弊端有：

1. 会计报表内所列项目填写不齐全，有漏填或错行、错格情况。

2. 会计报表所列项目数据同总分类账账户余额、明细账账户余额不相符。

3. 由于对经济业务的会计记录不完整、不准确而导致的会计报表所列项目数据的不真实、不正确。

4. 隐瞒企业的实际情况，以篡改凭证、账目直至报表等手段，有意作不实报告，如将销售收入直接对冲生产成本、通过应付账款转出产成品或产成品长期挂账。

5. 企业有关人员利用虚报冒领或其他不正当手段谋取私利，如通过注销应收账款掩饰其贪污行为，应收票据不入账以贪污利息等行为。

6. 在财务收支中有违反国家法律、行政法规和财经制度规定的行为而导致会计报表不真实、不合法，如虚构应收账款以虚增利润，成本费用不按规定范围列支，将资本性支出、各种罚款、捐赠支出挤占成本费用，隐瞒收入或虚增成本费用以逃避纳税。

7. 采取的财务措施，违反协议、合同、章程的规定，有损于利害关系人利益，如不考虑企业的财务状况而盲目借款，又挪作他用，不能按时归还本息。

8. 在经济业务的会计处理和反映中，违反财务会计制度的规定和一般惯例，如随意变动存货发出的计价方法，人为多摊、少摊费用以及随意计提费用以调节利润，或者是长期股权投资不按规定的投资比例来选用对应的核算方法。

第二节 资产负债表审计

一、资产负债表审计的内容

企业会计报表的审计，是对反映企业财务状况和经营成果以及现金流量的会计报表的公允性与合法性进行的审计。

对资产负债表的审计，可先对资产负债表外观形式和编制技术进行审计，然后对表内项目作内容的公允性、合法性审计。

（一）资产负债表外观形式和编制技术审计

对资产负债表外观形式和编制技术进行审计，主要利用核对法，对编制技术的正确性进

行审计；同时利用审阅法，审计表内各项目有无不正常情况或疑点，以确定进一步审计的重点。

1. 根据"资产 = 负债 + 所有者权益"恒等式，核对资产负债表资产方和负债方及所有者权益方的总计金额是否正确，双方总额是否相等。

2. 根据编报要求，查明资产负债表内项目填写是否齐全，有无漏填或错行、错格。

3. 根据表与表之间的钩稽关系，核对资产负债表中未分配利润数与所有者权益变动表中的年末未分配利润数是否一致。

4. 核对资产负债表中各项反映的数据与账簿记载的数据是否相符，以确定会计报表的编制是否正确无误。同时，以总账的本期发生额及其所属明细分类账的本期发生额及余额之和相核对，审查总账与明细账之间的记录是否相符，登记有无差错。

5. 对资产负债表中的重点项目，应查明其有无异常或可疑之处，比如，发现某些项目的比重偏大或偏小，或与前期相比发生较大变化，或与会计制度规定不符，或与企业的生产经营活动不相符等情况。这时，应把这些项目作为进一步审计的重点。

（二）资产负债表项目的真实性、合法性审计

资产负债表项目的真实性、合法性审计，通常是在外观形式和编制技术审计的基础上，着重对重点的某些资产、负债、所有者权益项目作进一步的审计。资产负债表内主要项目的审计可概括如下：

1. 流动资产的审计。

（1）货币资金的审计。货币资金是指企业在生产经营过程中处于货币状态的那部分资产，包括库存现金、各种存款和在途资金。

库存现金的审查内容和方法是：清点库存现金，追溯计算至会计报表日的数额是否与资产负债表所列数额相符；抽查大额现金收支所依据的原始凭证，检查会计报表日以后的大额现金收支原始凭证和账簿记录，确认库存现金收支业务及核算的合法性和正确性。

银行存款的检查内容和方法是：审阅抽查银行存款日记账的收付记录，对一收一付金额相同的事项，要深入查明情况，以便确认有无出租、出借银行账户的情况；对其他货币资金，应主要查明包括的项目内容、数据及业务处理的合法性。

（2）短期投资的审计。主要通过盘点有价证券核对其有效性和所有权，检查有价证券的入账基础以及购入或售出的有关凭证，检查有价证券可变现情况以及有无长期投资性的有价证券，并作记录或作其他调整。

（3）应收票据的审计。审计时主要通过盘点库存应收票据，并核对有效性和所有权；核对票据内容与账簿记录，对于逾期未兑现的应收票据，应查明原因并作出记录，或作其他调整；核对已贴现的应收票据，检查贴现额与利息额的计算是否正确，会计处理方法是否适当；审阅应收票据的账簿记录和"应收票据备查簿"，看其是否按规定记录。

（4）应收账款和其他应收款的审计。对应收账款和其他应收款的审计，主要包括：核对账簿记录，检查大额应收账款和其他应收款的凭证，对有必要确认的应收账款和其他应收款向债务人函证，查明一年以上未收到款项的原因，查明坏账准备金的计提方法、计提比例

是否适当，坏账处理是否符合规定等。

（5）预付账款的审计。预付账款的审查主要包括：核对有关凭证和账簿记录，核实预付账款的正确性；查实企业"预付账款"出现贷方余额时，是否将其在应付款项下反映；检查预付账款是否依据协议、合同办理，对大额预付账款，需要时应向收款方证实。

（6）存货的审计。对期初存货的审查，看期初存货余额与上期期末存货余额是否一致；对采购计价项目及内容的审查，要查明"材料采购"或"在途物资"成本计价是否符合规定；该项账户期末余额反映的在途材料、在途商品是否有相应的原始凭证为依据；抽查凭证内容与账目记录是否相符。对存货发出和计价的审查，要查明存货发出成本计算采用的方法是否符合会计制度规定，能否坚持一贯性原则；材料、商品及其他物资领用或售出有无违反规定的行为。对期末存货的审查，要将期末存货计入与盘存单、表核对是否相符；通过抽查盘点核实各种存货的盘盈、盘亏、毁损变质并查明原因。

2. 长期投资的审计。对长期投资主要审查如下内容：

（1）查阅投资协议、合同，检查有关投资内容的凭证记录。

（2）检查投资入账基础，查明投资收益或亏损是否已入账。

（3）查阅被投资单位经过审查的会计报表，查明其收益分配或亏损负担额是否与投资比例相等。

（4）分析被投资单位经营状况，研究投资效果或风险程度。

3. 固定资产的审计。对固定资产主要审查如下内容：

（1）实地观察被审计单位责任人员盘点固定资产情况，核对固定资产清单与账簿记录。

（2）询问固定资产保险情况及安全措施。

（3）检查入账基础及有关凭证、手续。

（4）检查使用的折旧方法，查明是否前后一致，复核本期计提折旧的数额及有关凭证和账簿记录。

（5）检查修理费用的支付和摊提及其账务处理。

（6）检查盘盈、盘亏、出售或毁损报废的审批手续和账务处理。

（7）检查在建工程或改良工程的合同、进度、付款条件以及对工程价款和其他费用的支付及账务处理等。

4. 无形资产的审计。主要审查无形资产入账基础，查明所包括的项目是否符合规定，是否按取得时的实际成本计价，其摊销方法、摊销期限的确定及账务处理是否符合规定。

5. 流动负债和长期负债的审计。流动负债审计主要是对短期借款、应付票据、应付账款、预收账款和其他应付费用等项目的审计。长期负债审计是对长期借款、应付债券、长期应付款和其他长期负债等项目的审计。

6. 所有者权益的审计。所有者权益审计主要是对"实收资本"、"资本公积"、"盈余公积"、"未分配利润"等项目的审计。

二、资产负债表审计案例

【案例一】　　　　合理对比分析　抓住疑点深查

【案情简介】

审计人员于2008年2月对某工业企业2007年度会计报表进行审计时,按照审计方案的要求,在实质性测试程序中,采用了逆查法对该企业的资产负债表进行了审计。该企业2007年度资产负债表如表7－1所示。

表7－1　　　　　　　　　　　资产负债表

编制单位:××企业　　　　　　　　2007年12月31日　　　　　　　　单位:元

资　产	年初余额	期末余额	负债和所有者权益	年初余额	期末余额
流动资产:			流动负债:		
货币资金	1 406 300	820 745	短期借款	1 300 000	50 000
交易性金融资产	15 000		交易性金融负债		
应收票据	246 000	46 000	应付票据	200 000	100 000
应收账款	299 100	598 200	应付账款	953 800	833 800
预付款项	200 000	200 000	预收款项		
应收利息			应付职工薪酬	110 000	180 000
应收股利			应交税费	30 000	205 344
其他应收款	5 000	5 000	应付利息	6 600	6 600
存货	2 580 000	2 574 700	应付股利		
流动资产合计	4 751 400	4 244 645	其他应付款	51 000	170 000
非流动资产:			流动负债合计	2 651 400	1 545 744
可供出售金融资产			非流动负债:		
持有至到期投资			长期借款	600 000	1 160 000
长期应收款			应付债券		
长期股权投资	250 000	250 000	长期应付款		
投资性房地产			专项应付款		
固定资产	1 100 000	2 231 000	预计负债		
在建工程	1 500 000	728 000	递延所得税负债		

资　　产	年初余额	期末余额	负债和所有者权益	年初余额	期末余额
工程物资			其他非流动负债		
固定资产清理			非流动负债合计	600 000	1 160 000
生产性生物资产			负债合计	3 251 400	2 705 744
油气资产			所有者权益：		
无形资产	600 000	540 000	实收资本(或股本)	5 000 000	5 000 000
开发支出			资本公积		
商誉			减：库存股		
长期待摊费用	200 000	100 000	盈余公积	150 000	185 685
递延所得税资产			未分配利润		202 216
其他非流动资产			所有者权益合计	5 150 000	5 387 901
非流动资产合计	3 650 000	3 849 000			
资产总计	8 401 400	8 093 645	负债和所有者权益总计	8 401 400	8 093 645

审计人员按照资产负债表的平衡关系和会计制度的填报要求，对资产负债表有关数据的来源、计算是否正确进行了复核和审查，并对表内一些互相联系的项目进行了分析，发现下列疑点：

1. "预付款项"项目期初与期末数相同，怀疑可能有少摊费用、长期挂账等行为；

2. 将"应付账款"项目与相应的总账和明细账核对，发现应付账款明细账中有一笔为借方余额，金额为 120 000 元；

3. "其他应付款"项目期末数余额较大；

4. 固定资产项目中"累计折旧"项目期末数 170 000 元，期初数为 400 000 元，差异数为 –230 000 元，而"固定资产"原值项目期末期初的变动差异数为 +901 000 元，这显然是一种不正常的现象。

针对上述疑点，审计人员采取了不同的方法予以查证。对于"预付款项"项目，通过审查发现其中 100 000 元是待摊的保险费用，进一步追查到上一年的明细账，发现：2007 年年初的 100 000 元待摊费用为 2006 年 9 月支出的保险期一年的预付财产保险费，原金额 150 000 元，2006 年已摊销 4 个月，已摊销金额 50 000 元。

对于"应付账款"中的一笔明细账户的借方余额，询问了有关会计人员并追查了相关凭证；

对于"其他应付款"项目，查阅了明细账，有一明细账户名为"其他应付款——运费",发生额均是 90 000 元,在审查相关凭证后,证实是企业货运汽车挣来的一笔运费收入。

【案例评析】

经过一系列审查,审计人员查明该企业 2007 年度没有摊销应由当年负担的财产保险费 100 000 元,由此虚增当年利润 100 000 元;查明"应付账款"一笔明细账户的借方余额是向某供货单位支付的一笔预付款,应列入"预付账款"项目,查明该企业在"其他应付款"账户隐瞒了一笔其他业务收入,金额为 90 000 元,据会计主管和企业经理解释是想把这笔钱用来给职工搞福利;查明该企业上年度减少的固定资产是在 12 月份,而当年增加的大批固定资产也是在 12 月份,由此巧合造成当年计提的折旧减少,并不存在其他弊端。

审计人员在审计工作底稿中记录了上述问题,并编制了提请被审计单位调整的会计分录,同时调整了资产负债表和利润表。

1. 待摊的保险费,应作如下调整:

借:利润分配——未分配利润   100 000
    贷:预付账款——待摊保险费   100 000
借:应交税费——应交所得税   33 000
    贷:利润分配——未分配利润   33 000

同时,作出减少盈余公积的账项调整。

2. 对"应付账款"项目中分类不当的问题,建议资产负债表作如下调整:

借:预付账款   120 000
    贷:应付账款   120 000

3. "其他应付款"项目中隐瞒运费收入的问题,作如下调整:

借:其他应付款   90 000
    贷:利润分配——未分配利润   90 000
借:利润分配——未分配利润   31 509
    贷:应交税费——应交营业税   2 700
            ——应交所得税   28 809

同时,作出补提"盈余公积"的账项调整。调整后的资产负债表略。

【案例二】   日兴公司资产负债表审计

【案情简介】

日兴股份公司为满足对外发行债券的需要,委托公证会计师事务所的注册会计师刘丽、李强对本公司的财务报表进行审计,具体见表 7-2。日兴公司是公证会计师事务所的老客户,企业的内控制度也比较健全、有效。

表 7 – 2 　　　　　　　　　　　　资产负债表

编制单位：日兴公司　　　　　　　　　2007 年 12 月 31 日　　　　　　　　　单位：元

资　　　产	年初余额	期末余额	负债和所有者权益	年初余额	期末余额
流动资产：			流动负债：		
货币资金	1 406 300	820 745	短期借款	1 300 000	50 000
交易性金融资产	15 000		交易性金融负债		
应收票据	346 000	46 000	应付票据	200 000	100 000
应收账款	299 100	598 200	应付账款	953 800	953 800
预付款项	100 000	100 000	预收款项		
应收利息			应付职工薪酬	110 000	110 000
应收股利			应交税费	30 000	205 344
其他应收款	5 000	5 000	应付利息	6 600	6 600
存货	2 580 000	2 574 700	应付股利		
流动资产合计	4 751 400	4 144 645	其他应付款	51 000	170 000
非流动资产：			流动负债合计	2 651 400	1 595 744
可供出售金融资产			非流动负债：		
持有至到期投资			长期借款	600 000	1 110 000
长期应收款			应付债券		
长期股权投资	250 000	250 000	长期应付款		
投资性房地产			专项应付款		
固定资产	1 100 000	2 231 000	预计负债		
在建工程	1 500 000	728 000	递延所得税负债		
工程物资			其他非流动负债		
固定资产清理			非流动负债合计	600 000	1 110 000
生产性生物资产			负债合计	3 251 400	2 705 744
油气资产			所有者权益：		
无形资产	600 000	540 000	实收资本（或股本）	5 000 000	5 000 000
开发支出			资本公积		
商誉			减：库存股		
长期待摊费用	200 000	200 000	盈余公积	150 000	185 685
递延所得税资产			未分配利润		202 216
其他非流动资产			所有者权益合计	5 150 000	5 387 901
非流动资产合计	3 650 000	3 949 000			
资产总计	8 401 400	8 093 645	负债和所有者权益总计	8 401 400	8 093 645

【案例评析】

1. 分析要点。

（1）分析资产负债表整体结构的合理性，即是否符合现行会计准则和会计制度的规定，报表项目填列是否齐全。

（2）分析资产负债表主要项目填报的合规性。资产负债表中项目的分析，除考虑各项目的自身特性外，还应充分运用分析性复核的方法，审查有关项目期末数与年初数差异变动是否异常。

（3）对于资产负债表中的疑点项目，进一步追踪审查相关账簿、凭证，以取得相关的审计证据。

2. 案例分析。

（1）通过对日兴股份公司资产负债表的审阅，可以看出该公司所编报的资产负债表，其结构符合现行会计准则和会计制度的规定，各项填列齐全。

（2）重要性项目的分析。

① "应收账款" 项目。应收账款明细账期末数为 600 000 元，坏账准备为 1 800 元；应收账款明细账年初数为 300 000 元，坏账准备为 900 元，"应收账款" 账面余额差异数为 + 300 000 元。应进一步审阅应收账款明细账和预收账款明细账，并采用函询的方法证实其真实性，有无通过虚构该项目以虚增利润的现象。另外，还应审查日兴公司销售策略的合理性，有无盲目赊销现象。

② "预付账款" 项目。预付账款期末数为 100 000 元，年初数为 100 000 元，差异数为 0。应进一步审阅预付账款明细账和应付账款明细账，并采用函询的方法证实其真实性，尤其应注意年初至期末是否一直未发生增减变动的合理性，是否与对方单位存在纠纷，还是人为的虚挂。

③ "其他应收款" 项目。其他应收款期末数为 5 000 元，年初数为 5 000 元，差异数为 0。尽管该项目的数额较少，但是由于差异数为 0，则应重点审查其他应收款明细账（尤其是备用金业务），以证实是否存在长期挂账现象。

④ "存货" 项目。存货期末数为 2 574 700 元，年初数为 2 580 000 元，差异数为 − 5 300 元。尽管存货期末较年初的资金占用额减少 5 300 元，但是总体数额还是非常高的，因此，应进一步审查产成品、材料等项目，审查其储备数额的合理性，是否存在着超储积压现象。

⑤ "长期股权投资" 项目。长期股权投资期末数为 250 000 元，年初数为 250 000 元，差异数为 0。对于该项目的审查，主要应从核算方法入手，审查各投资项目是否对被投资单位构成控制或重大影响，若存在控制或重大影响，应采用权益法核算，反之，则应采用成本法核算。只有遵循这一审查思路，运用复算、审阅等方法，才能证实期末数的合规性。

⑥ "固定资产" 项目。固定资产明细账期末数为 2 401 000 元，年初数为 1 500 000 元，差异数为 + 901 000 元。对于 901 000 元的增加额，应重点审阅固定资产明细账，以证实增减变动的真实性、合规性、合法性及合理性，是否存在违规、违法购建固定资产，以及存在盲目购建现象。

⑦ "累计折旧" 项目。累计折旧明细账期末数为 170 000 元，年初数为 400 000 元，差

异数为 -230 000 元。累计折旧是固定资产的抵减项目，二者是相互依辅的。但是，该公司"固定资产"项目的变动差异数为 +901 000 元，而"累计折旧"项目的变动差异数为 -230 000 元，这显然是一种不正常的现象。因此，应重点从如下几方面加以审查：一方面，审查本年度运用折旧方法的合规性，是否是上年一些固定资产采用了加速折旧法，而本年度采用了平均速度法。另一方面，审查折旧基数和折旧率运用的合规性。固定资产的折旧基数为固定资产期初账面原值，所以，若日兴公司所增加的固定资产在本年 12 月份，上年减少的固定资产在 12 月份，那么，该类业务是形成上述结果的正常因素。此外，若日兴公司采用分类折旧率或综合折旧率，其变动也会对累计折旧造成影响。

⑧"长期待摊费用"项目。长期待摊费用期末数为 200 000 元，年初数为 200 000 元，差异数为 0。该项目的审查思路应从其明细账入手，证实其是否遵循了权责发生制原则，是否存在为虚增利润而长期挂账现象。

⑨"应付账款"项目。应付账款期末数为 953 800 元，年初数为 953 800 元，差异数为 0。应付账款项目差异数为 0，这是一种不正常的现象，对此应进一步追踪审查应付账款明细账和预付账款明细账，重点业务须向债权人函询，以确认应付账款的真实性，有无长期挂账，隐瞒负债等现象。

⑩"应付职工薪酬"项目。应付职工薪酬期末数为 110 000 元，年初数为 110 000 元，差异数为 0。应付职工薪酬期末数与年初数的差异为 0，显然是一种不正常的现象，对此应进一步审查应付职工薪酬明细账以及工资结算单，以证实工资核算的合规性，有无长期拖欠工资的现象。

⑪"应交税费"项目。应交税费期末数为 205 344 元，年初数为 30 000 元，差异数为 175 344 元。对于应交税金项目的审查，应重点放在明细账上，尤其是增值税、消费税、所得税等税种的审查，查证企业欠税的原因，有无长期欠税的现象。

⑫"长期借款"项目。长期借款期末数为 1 110 000 元，年初数为 600 000 元，差异数为 +510 000 元。对于该项目应以其明细账为重点，从如下几个方面加以审查：一方面，审查借款的合规性。例如，基建借款的条件一般为：投资项目用地和设备已有妥善规划、生产所需资源已经落实、产品的工艺经论证已经过关等。另一方面，审查借款的合理性。查证企业取得借款前是否进行了充分的可行性，是否存在盲目借款，挪作他用的现象。

此外，应查明借款本息偿还的及时性，有无长期拖欠借款本息的现象。

3. 问题探讨。资产负债表是静态反映企业财务状况的重要报表，通过此表可计算出资产负债率、流动比率、速动比率等债权人极为关心的财务指标。鉴于此，某些个别企业为粉饰自身的偿债能力，常常在相关项目上做手脚。故有必要深入研究资产负债表审计方法和正确性，应从一些重要项目入手，综合运用分析性复核、核对、审阅、查询、盘点等审计方法，深入追踪审查账簿、会计凭证，揭下其伪装，以反映其真实面目。

三、模 拟 训 练

1. **资料**：注册会计师王磊、李凯接受委托，于 2008 年 2 月 1 日至 15 日对杰瑞股份有限公司 2007 年度的资产负债表进行审计时发现下列疑点（杰瑞公司 2007 年度资产负债表见表 7-3）：

表 7 - 3 资产负债表

编制单位：杰瑞公司　　　　　　　　　　2007 年 12 月 31 日　　　　　　　　　　单位：元

资　产	年初余额	期末余额	负债和所有者权益	年初余额	期末余额
流动资产：	略		流动负债：	略	
货币资金		490 000	短期借款		200 000
交易性金融资产		10 000	交易性金融负债		
应收票据		30 000	应付票据		150 000
应收账款		362 000	应付账款		425 000
预付款项		85 000	预收款项		24 000
应收利息		10 000	应付职工薪酬		160 000
应收股利		40 000	应交税费		50 000
其他应收款		10 000	应付利息		
存货		640 000	应付股利		100 000
流动资产合计		1 677 000	其他应付款		20 000
非流动资产：			流动负债合计		1 129 000
可供出售金融资产			非流动负债：		
持有至到期投资		100 000	长期借款		1 000 000
长期应收款			应付债券		
长期股权投资		300 000	长期应付款		
投资性房地产			专项应付款		
固定资产		1 750 000	预计负债		
在建工程		100 000	递延所得税负债		
工程物资			其他非流动负债		
固定资产清理			非流动负债合计		1 000 000
生产性生物资产			负债合计		2 129 000
油气资产			所有者权益：		
无形资产		100 000	实收资本（或股本）		1 773 000
开发支出			资本公积		35 000
商誉			减：库存股		
长期待摊费用		10 000	盈余公积		56 750
递延所得税资产			未分配利润		43 250
其他非流动资产			所有者权益合计		1 908 000
非流动资产合计		2 360 000			
资产总计		4 037 000	负债和所有者权益总计		4 037 000

（1）在审查应收账款明细账时发现这样一笔业务：2007 年 12 月 25 日销售给甲公司一批 A 产品，售价 80 000 元，增值税额 13 600 元，具体会计处理为：

借：应收账款——甲公司　　　　　　　　　　　　　　　　　93 600

　　贷：应交税费——应交增值税（销项税额）　　　　　　　　13 600

　　　　主营业务收入　　　　　　　　　　　　　　　　　　　80 000

审阅记账凭证所附的发票，其日期为 2008 年 1 月 10 日，经向甲公司查询，证实交货日期为 2008 年 1 月 10 日。而杰瑞公司财务主管认为，甲公司与杰瑞公司的签订合同日期为 2007 年 12 月 25 日，且不久就向甲公司发出了 A 产品，所以，在 2007 年 12 月 25 日入账了。

（2）在审查"长期股权投资"项目的明细账时发现这样一笔投资业务的相关会计处理：杰瑞公司当年初购入乙公司发行的普通股股票 10 万股，占乙公司表决权股本的 15%。当年年末乙公司实现净利润 600 000 元，杰瑞公司就此所作的会计处理为：

借：长期股权投资——损益调整　　　　　　　　　　　　　　90 000

　　贷：投资收益——股票投资收益　　　　　　　　　　　　　90 000

（3）在审查"应付账款"项目时，发现其总账余额为 425 000 元。其中应付账款明细账贷方余额合计为 500 000 元，应付账款明细账借方余额合计为 75 000 元。此外，预付账款明细账借方余额为 10 000 元。

（4）在审查"其他应付款"项目时，发现其中的 5 000 元为预提的费用。但在审查短期借款业务时，发现这样一笔业务：2002 年 10 月 1 日向银行借入 200 000 元，款项用于生产周转，期限 6 个月，年利率 6%，到期一次还本付息，2007 年各期杰瑞公司未作任何会计处理。

要求：

（1）分析上述疑点，指出是否存在问题。

（2）若存在问题，请编制调整会计分录。

（3）重编资产负债表。

2. 资料：X 公司系股份有限公司，注册会计师 A 和 B 于 2008 年 3 月 20 日完成了对 X 公司 2007 年度会计报表的外勤审计工作。在审查资产负债表时，A 和 B 注册会计师发现该公司存在以下情况：

（1）X 公司系采用备抵法核算坏账，坏账准备按期末应收账款余额的 5% 计提。2007 年年末未经审计的资产负债表反映的"应收账款"项目为借方余额 21 000 万元，"其他应收款"项目为借方余额 1 692 万元，"应付账款"项目为贷方余额 8 080 万元，"预收账款"项目为贷方余额 1 350 万元，"坏账准备"项目为贷方余额 1 260 万元。其中，"应付账款"项目和"预收账款"项目的明细账组成如表 7-4 所示。

表 7-4

应付账款和预收账款明细账

明细账户	金额	明细账户	金额
应付账款——a 公司	6 000	预收账款——f 公司	2 100
应付账款——b 公司	-1 500	预收账款——g 公司	1 000
应付账款——c 公司	2 080	预收账款——h 公司	-2 000
应付账款——d 公司	1 000	预收账款——i 公司	190
应付账款——e 公司	500	预收账款——j 公司	60
合　计	8 080	合　计	1 350

（2）2007 年 10 月 31 日，X 公司清查盘点库存原材料时，发现短缺 300 万元，作了借记"待处理财产损益——待处理流动资产损益"科目 300 万元，贷记"原材料"科目 300 万元的会计处理。经查清短缺原因：其中属于非常损失部分为 250 万元，属于一般经营损失部分为 45 万元，属于原材料仓库管理员王某过失而应由其赔偿的部分为 5 万元。X 公司于当年 12 月 5 日将查清的原因上报并经批准。但当年未作任何结转处理。

（3）X 公司于 2007 年 1 月 1 日按面值购入 3 年期、年利率 3%、到期还本付息的国库券 500 万元，按规定对该笔投资业务作了相应的会计处理。但至 2007 年 12 月 31 日对该笔投资当年的收益未予以确认。

（4）2007 年 1 月，X 公司购买了管理部门用轿车 2 辆并入账，当月启用，但当年未计提折旧。公司采用平均年限法核算固定资产折旧，该类固定资产预计使用年限为 5 年，预计净残值率为 5%。

要求：针对审计发现的上述四种情况，A 和 B 注册会计师分别应提出何种审计处理建议？若需提出调整建议，请编制调整会计分录（包括报表重分类调整分录）。假定编制审计调整分录时，不考虑流转税、费以及损益结转的影响，但应考虑所得税和净利润的影响。

第三节　利润表审计

一、利润表审计的内容

利润表审计，是对表内各项目本年实际数的公允性与合法性进行审计。利润表审计与资产负债表审计一样，也分为外观形式和编制技术审计以及表内项目的公允性、合法性审计。

（一）利润表外观形式和编制技术审计

利润表外观形式和编制技术的审计，主要是利用核对法，对编表的正确性进行审计。

1. 根据有关计算公式审计表内项目的填列是否完备，有无漏列、错填之处，核对其计算是否正确。有关的计算公式如下：

营业利润＝营业收入－营业成本－营业税金及附加－销售费用－管理费用－财务费用
          －资产减值损失＋公允价值变动收益＋投资收益

利润总额＝营业利润＋营业外收入－营业外支出

净利润＝利润总额－所得税费用

2. 根据利润表与其附表的勾稽关系核对表与表相关项目的金额是否相符。主要有以利润表所列营业收入、营业成本及营业税金及附加的本年实际数，与其附表主营业务收支明细表中相关项目的金额相核对；以利润表所列净利润，与其附表利润分配表中所列净利润相核对，通过表与表相关项目的核对，审查利润表的编制是否正确。

3. 以利润表各项目的本年实际数与其相关的总账账户及明细账的全年发生额相核对，对编表的正确性作进一步审计。由于企业在年度决算时，有关损益类账户和营业外收支账户的全年发生额，已全部结转记入"本年利润"账户，因而核对时，可先以表列各项目的本年实际数与转入"本年利润"账户借贷方的相关数相核对。如以表列主营业务收入本年实际数，与"本年利润"账户贷方所列主营业务收入数相核对；以表列主营业务成本本年实际数，与"本年利润"账户借方所列主营业务成本数相核对等。然后，再审查与"本年利润"账户相对应的各账户的转账金额是否正确。通过账列与表列数字的核对，以审查利润表的编制是否正确。

（二）利润表项目的公允性、合法性审计

对利润表作外观形式和编制技术的审计后，即应进一步对企业全年利润的公允性和合法性进行审计，利润表内主要项目的审计概括如下：

1. 营业收入的审查。

（1）主营业务收入的审查。主营业务收入是指企业销售产品，包括产成品、自制半成品、工业性劳务等所发生的收入。审查内容包括：

① 查阅产品销售收入和营业收入的内部管理制度，根据检查结果抽查收入凭证和记录，确定销售收入核算的范围和内容是否符合规定。

② 确定销售收入是否根据实现原则确认以及收入数额的可靠性。检查是否正确区分采用托收承付、支票、汇兑、商业汇票等结算方式的不同情况，检查其确认销售收入实现的时间是否正确，查明采用分期收款销售商品时，是否以合同约定的日期确认和计量销售收入。

③ 查明对应实现销售收入的业务所进行的账户处理是否正确。有无将销售收入直接冲减生产成本，有无通过应付账款转出产成品或长期挂账不予处理的情况等。

④ 查明企业已发生的销售退回、销售折扣和销售折让的财务处理是否正确，即折扣和折让是否按规定作为主营业务收入的抵减项目处理。

⑤ 检查非属当期和应属当期收入的账务处理是否正确，与上期销售收入比较，分析变

动原因。

（2）其他业务收入的审计。主要检查其他业务收入所包括的内容范围是否符合规定；代销业务合同及代销清算凭证和记录反映的代销业务收入的真实性；有无出售多余材料或外购商品不入账而直接作为职工福利等情况。

2. 成本和费用的审计。利润表中成本和费用项目包括：主营业务成本、营业税金及附加、营业费用、管理费用和财务费用。审查内容包括：

（1）企业对成本核算和费用划分的会计处理程序和方法是否正确。

（2）企业成本计算的基本程序是否正确；成本计算方法一经确定，有无任意变动的情况等。

（3）检查成本计算和"生产成本"账户及其他有关账户记录，确定其计算是否正确，成本分摊方法是否正确。

（4）查明企业对费用的处理是否符合规定。

（5）查明成本费用列支范围是否符合规定，有无将对外投资支出、各项罚款、捐赠支出等列入成本费用。

3. 利润的审计。利润表中，利润总额包括营业利润、营业外收入和营业外支出以及以前年度损益调整等项目。利润审计的主要内容包括：

（1）确定投资收益核算内容及会计账务处理的正确性。核实各类投资的数额，并按不同的投资方式检查企业投资核算的合法性。

（2）审查营业外收入和营业外支出的数额和性质，分析发生的原因，核对有关的凭证和账簿记录，确定其数额和会计处理的正确性。着重审查企业是否严格区分营业收入和非营业收入的界限、营业外支出和成本费用的界限；是否将营业外收入和营业外支出分别进行核算，有无以营业外支出直接冲减营业外收入的情况等。

（3）"所得税费用"项目的审计。审查企业是否按所得税法的规定将税前会计利润调整为应纳税所得，有无隐瞒纳税的情况存在；在采用资产负债表债务法核算所得税时，相关项目的数据计算是否正确。

在对利润表项目审计的同时，对利润表是否遵循会计原则，报表体现的比率是否可信、有效，利润附表是否合规定等也要进行审查。

二、利润表审计案例

【案例一】　　　　　人为调减费用、虚增利润

【案情简介】

某会计师事务所接受委托，委派注册会计师王某和赵某对宏远股份有限公司 2007 年度的利润表进行了审计，该公司利润表如表 7-5 所示。

表 7 -5　　　　　　　　　　　　　**利润表**

编制单位：宏远股份有限公司　　　　　　　2007 年　　　　　　　　　单位：元

项　　目	上年金额	本年累计
一、营业收入	6 487 000	6 643 000
减：营业成本	4 837 000	3 283 000
营业税金及附加	780 000	790 000
销售费用	200 000	210 000
管理费用	200 000	220 000
财务费用	600 000	420 000
资产减值损失		
加：公允价值变动收益（损失以"－"号填列）		
投资收益（损失以"－"号填列）		
其中：对联营企业和合营企业的投资收益		
二、营业利润（亏损以"－"号填列）	－ 130 000	1 720 000
加：营业外收入	20 000	30 000
减：营业外支出	120 000	115 000
其中：非流动资产处置损失		
三、利润总额（亏损总额以"－"号填列）	－ 230 000	1 635 000
减：所得税费用	0	539 550
四、净利润（净亏损以"－"号填列）	－ 230 000	1 095 450
五、每股收益		
（一）基本每股收益		
（二）稀释每股收益		

　　审计过程中，两名注册会计师发现该公司 2007 年度的盈利较上年有大幅度上升。如此大的上升幅度引起了两人的怀疑。经进一步分析发现，该公司当年的主营业务收入较上年仅增长了 2.4%，而主营业务成本较上年低了近 32%，财务费用较上年低了 30%。由此可见，造成盈利增长的主要因素不是收入的增加，而是主营业务成本和财务费用的大幅度减少。于是，两人对主营业务成本和财务费用两项目作了进一步的审查。

　　针对主营业务成本大幅度降低的疑点，王某和赵某调阅了该公司 2006 年和 2007 年的主导产品成本明细账、相关成本核算资料，发现该公司主导产品成本的计算历年均采用品种法，其中期末在产品和完工产品成本的分配，采用的是约当产量比例法。2006 年和 2007 年主导产品在成本项目、费用消耗等方面均无多大差异，但在产成品完工程度的确定上存在较大差异，2006 年在产品完工程度 30%，2007 年在产品完工程度则为 95%。为此，两人采用了分析性复核方法进行了重新验算，发现 2007 年主导产品在产品的完工程度不是 95%，仍是 30%。

针对财务费用大幅度降低的疑点，王某和赵某调阅了财务费用、长期借款和应付债券明细账及相关凭证，比较分析了本期、上期财务费用的各明细项目，逐笔检查了长期借款和应付债券的借还款业务以及应付利息的会计处理，发现该公司 2007 年度没有大笔的偿还长期负债的业务。

【案例评析】

经过上述审计过程，王某和赵某计算出该公司 2007 年主导产品的完工程度若按 30% 计算，那么主营业务成本应为 5 013 000 元，利润总额应调减 1 730 000 元。另外该公司曾于 2006 年 1 月 1 日按面值发行了 3 年期公司债券 400 万元，年利率为 5%，到期一次还本付息。该公司于 2006 年按规定计提了债券利息 20 万元，计入了财务费用，但 2007 年没有计提债券利息，致使财务费用少计了 20 万元。

总之，该公司利用上述两种方法人为调减成本和费用，虚增利润，是为了达到掩盖亏损的目的。

针对审计中发现的上述问题，注册会计师王某和赵某建议宏远股份有限公司编制调整会计分录，并修改了利润表中相关项目的数据。调整会计分录如下（假设不考虑年末损益类账户结账的影响，以便于与利润表相关项目的对应）：

1. 补记成本。

借：主营业务成本　　　　　　　　　　　　　　　　　　　1 730 000
　　贷：库存商品　　　　　　　　　　　　　　　　　　　　　　　1 730 000

2. 债券利息。

借：财务费用　　　　　　　　　　　　　　　　　　　　　　200 000
　　贷：应付债券——应计利息　　　　　　　　　　　　　　　　　　200 000

3. 减多交所得税。

借：应交税费——应交所得税　　　　　　　　　　　　　　　539 550
　　贷：所得税费用　　　　　　　　　　　　　　　　　　　　　　539 550

调整后的利润表如表 7 - 6 所示。

表 7 - 6　　　　　　　　　　　利润表（调整后）

编制单位：宏远股份有限公司　　　　　　　2007 年　　　　　　　　　　单位：元

项　　目	上年金额	本年累计
一、营业收入	6 487 000	6 643 000
减：营业成本	4 837 000	5 013 000
营业税金及附加	780 000	790 000
销售费用	200 000	210 000
管理费用	200 000	220 000
财务费用	600 000	620 000
资产减值损失		
加：公允价值变动收益（损失以"-"号填列）		
投资收益（损失以"-"号填列）		
其中：对联营企业和合营企业的投资收益		
二、营业利润（亏损以"-"号填列）	-130 000	-210 000
加：营业外收入	20 000	30 000
减：营业外支出	120 000	115 000
其中：非流动资产处置损失		
三、利润总额（亏损总额以"-"号填列）	-230 000	-295 000
减：所得税费用	0	0
四、净利润（净亏损以"-"号填列）	-230 000	-295 000
五、每股收益		
（一）基本每股收益		
（二）稀释每股收益		

【案例二】　　　　　　　隐瞒收入，逃避纳税

【案情简介】

审计人员于 2008 年 3 月 1 日至 10 日对 FM 公司 2007 年度的利润表进行了审计，FM 公司 2007 年度利润表如表 7 - 7 所示。

表 7 –7 利润表

编制单位：FM 公司 2007 年 单位：元

项　　目	上年金额	本年累计
一、营业收入	1 330 000	1 012 000
减：营业成本	900 000	650 000
营业税金及附加	0	0
销售费用	32 000	62 000
管理费用	80 000	120 000
财务费用	20 000	45 000
资产减值损失		
加：公允价值变动收益（损失以"–"号填列）		
投资收益（损失以"–"号填列）	86 500	15 500
其中：对联营企业和合营企业的投资收益		
二、营业利润（亏损以"–"号填列）	384 500	150 500
加：营业外收入	22 000	23 000
减：营业外支出	35 500	50 000
其中：非流动资产处置损失		
三、利润总额（亏损总额以"–"号填列）	371 000	123 500
减：所得税费用	122 430	40 755
四、净利润（净亏损以"–"号填列）	248 570	82 745
五、每股收益		
（一）基本每股收益		
（二）稀释每股收益		

审计工作一开始，审计人员就发现 FM 公司 2007 年度的利润比上年大幅度减少，下降比例竟高达 67%，于是针对利润减少情况作了详细审查。

审计人员在对与利润表各项相关的总账、明细账进行审查核对时，发现如下两处疑点：(1) 该公司 2007 年度发生了大量的退货业务，已用红字冲销了当年的收入、成本。(2) 该公司 2007 年度的投资收益与上年相比数额很小，上年共收到两家联营单位分来的利润86 500 元，而本年只收到其中一家分来的利润 15 500 元。

针对有大量退货业务的疑点，审计人员仔细查阅了该公司 2007 年 2 至 12 月份的全部退货凭证（共 10 张）。发现该公司开具红字发票，对与浙江某商厦、陕西某公司、河南某公司等五家客户发生的 40 000 件 A 产品销售业务，以客户要求退货为由办理了退货手续，并冲销了相应的销售收入和销售成本。该公司的会计处理如下：

1. 冲销销售收入的汇总分录。

借：应收账款 585 000

    贷：主营业务收入 500 000

        应交税费——应交增值税（销项税额） 85 000

2. 销售成本的汇总分录。

借：主营业务成本 360 000

    贷：库存商品 360 000

经审核，上述业务既无购货方退货单，也无本公司退货入库单，更无任何合同或协议，而且至退货之日，该公司还尚未发货。

针对投资收益减少的疑点，审计人员审阅了联营合同及会计凭证，又到联营单位作了查询。查明有一家联营单位当年确实没有分派利润，而另一家联营单位则分派给 FM 公司 70 000 元的利润，其中一笔 15 500 元以银行转账方式付讫，其数额与企业的投资收益明细账记录数额正好相符，其余以现金支票方式分多笔支付，但该公司现金日记账并无收入记录。

【案例评析】

经过上述审计过程，审计人员认为该公司 2007 年度有 5 笔退货业务纯属人为捏造的虚假业务，目的是冲减收入和成本，直至冲减利润；而收到的联营单位开来的现金支票，则转记入了"其他应付款"账户，目的也是为了调减利润，以逃避缴纳企业所得税。

针对审计中发现的上述问题，审计人员建议 FM 公司编制调整会计分录，补缴所欠税款，并调整利润表相关项目的数据。有关调整会计分录如下（假设不考虑年末损益类账户结账的影响，以便于与利润表相关项目的对应）：

1. 恢复销售收入。

借：应收账款 585 000

    贷：主营业务收入 500 000

        应交税费——应交增值税（销项税额） 85 000

2. 恢复销售成本。

借：主营业务成本 360 000

    贷：库存商品 360 000

3. 补记投资收益。

借：其他应付款 54 500

    贷：投资收益 54 500

4. 补交所得税。

借：所得税费用 64 185

    贷：应交税费——应交所得税 64 185

调整后的利润表如表 7 - 8 所示。

表 7 - 8   **利润表（调整后）**

编制单位：FM 公司   2007 年   单位：元

项　　目	上年金额	本年累计
一、营业收入	1 330 000	1 512 000
减：营业成本	900 000	1 010 000
营业税金及附加	0	0
销售费用	32 000	62 000
管理费用	80 000	120 000
财务费用	20 000	45 000
资产减值损失		
加：公允价值变动收益（损失以 "－" 号填列）		
投资收益（损失以 "－" 号填列）	86 500	70 000
其中：对联营企业和合营企业的投资收益		
二、营业利润（亏损以 "－" 号填列）	384 500	345 000
加：营业外收入	22 000	23 000
减：营业外支出	35 500	50 000
其中：非流动资产处置损失		
三、利润总额（亏损总额以 "－" 号填列）	371 000	318 000
减：所得税费用	122 430	104 940
四、净利润（净亏损以 "－" 号填列）	248 570	213 060
五、每股收益		
（一）基本每股收益		
（二）稀释每股收益		

三、模拟训练

1. 资料：注册会计师孙某和陈某接受委托，于 2008 年 4 月 1 日至 15 日对翔宇股份有限公司 2007 年度的利润表进行审计时发现下列疑点（翔宇公司 2007 年度利润表见表 7 - 9）：

表 7 –9 利润表

编制单位：翔宇公司 　　　　　　　　　　　　　　2007 年 　　　　　　　　　　　　　　　　单位：元

项　目	上年金额	本年累计
一、营业收入		1 450 000
减：营业成本		800 000
营业税金及附加		2 000
销售费用		341 500
管理费用		20 000
财务费用		79 500
资产减值损失		
加：公允价值变动收益（损失以"－"号填列）		
投资收益（损失以"－"号填列）		131 500
其中：对联营企业和合营企业的投资收益		
二、营业利润（亏损以"－"号填列）		338 500
加：营业外收入		50 000
减：营业外支出		254 300
其中：非流动资产处置损失		
三、利润总额（亏损总额以"－"号填列）		134 200
减：所得税费用		44 286
四、净利润（净亏损以"－"号填列）		89 914
五、每股收益		
（一）基本每股收益		
（二）稀释每股收益		

（1）"主营业务成本"项目。"主营业务成本"项目数额为 800 000 元，且账表相符。但在审阅主营业务成本明细账时，发现这样一笔业务的相关处理：

2007 年 12 月 10 日，曾经于当年 10 月 7 日销售给 A 公司，退回的甲产品已验收入库。翔宇公司在 2007 年 12 月 10 日就此业务只作了这样的会计处理（该批甲产品的生产成本为 35 000 元）：

借：库存商品——甲产品　　　　　　　　　　　　　　　　　　35 000
　　贷：主营业务成本　　　　　　　　　　　　　　　　　　　　　35 000

（2）"其他业务利润"项目。在审查其他业务收入明细账时发现一笔业务的相关处理：

翔宇公司于 2007 年 7 月 1 日将一台不需用车床租给 B 公司，租赁合同规定，该车床租赁期一年，租出保证金 30 000 元，每月末 B 公司向翔宇公司支付租金 2 000 元。B 公司于

2007年7月1日已将押金以支票形式付给了翔宇公司，但每月租金因资金紧张而尚未支付。翔宇公司就此业务只是在2007年7月1日收到押金时作了如下会计处理：

借：银行存款　　　　　　　　　　　　　　　　　30 000
　　贷：其他业务收入　　　　　　　　　　　　　　　　　30 000

（3）"管理费用"项目。在审阅管理费用明细账时发现下列疑点：

① 2007年12月15日生产车间一台车床因生产事故提前报废，该公司将提前报废的净损失45 000元，作为补提折旧记入"管理费用"账户。

② 2007年10月29日支付2008年度财产保险费12 000元，全部记入了"管理费用"账户。

（4）"营业外支出"项目。在审阅营业外支出明细账时发现下列疑点：

① 产品研制开发损失40 000元，记入了"营业外支出"账户。

② 产成品因管理不善造成的损失32 000元，记入了"营业外支出"账户。

③ 公司违反税法规定，支付的罚款18 000元记入了"营业外支出"账户，计算所得税时未作出任何调整。

要求：

（1）请叙述疑点是否存在问题？若存在问题，分析对相关项目的影响。

（2）重新编制利润表。

2. 资料：红峰股份有限公司为满足对外发行股份的需要，委托金正会计师事务所的注册会计师周健、刘强对其年度会计报表进行了审计。两名注册会计师在审计过程中发现了诸多问题，尤其是在审查利润表时，两人发现红峰公司当年的利润与上年相比增加很多，而且导致利润增加的主要元素不仅是主营业务利润，还有其他业务利润和投资收益项目。于是两人进一步对这三个项目进行了审查，发现了下列疑点（红峰公司当年利润表见表7－10）：

（1）在审查主营业务成本明细账及相关凭证时，发现会计凭证上没有销售成本结转明细，在审查产成品账时，发现当年12月末，"产成品"账户余额为3 800 000元，审查产成品实物时，却发现实际库存产成品2 300 000元，少结转已销产品成本1 500 000元。

（2）在审查其他业务收入明细账时，发现了多笔租赁业务收入，但在继续追踪查阅会计凭证时，发现都没有租赁业务的原始凭证，而且对应账户均为"其他应收款——应收租金"账户，继续对其他应收款进行函证，最终证实有12笔业务、金额总计620 000元系人为虚挂，以虚增利润。

（3）在审查投资收益明细账时，发现红峰公司当初增加了一笔对甲公司的长期股权投资，投资比例15%。当年末甲公司实现的税后净利为3 800 000元，红峰公司在年末作了如下账务处理：

借：长期股权投资——损益调整　　　　　　　　　　570 000
　　贷：投资收益　　　　　　　　　　　　　　　　　570 000

而且经查询证实甲公司当年并未向投资者分配利润。

表 7 – 10　　　　　　　　　　　**利润表**

编制单位：红峰公司　　　　　　　　　××年　　　　　　　　　　　单位：元

项　　目	上年金额	本年累计
一、营业收入	13 200 000	13 400 000
减：营业成本	8 000 000	6 000 000
营业税金及附加	270 000	250 000
销售费用	60 000	50 000
管理费用	250 000	400 000
财务费用	140 000	150 000
资产减值损失		
加：公允价值变动收益（损失以"－"号填列）		
投资收益（损失以"－"号填列）	100 000	700 000
其中：对联营企业和合营企业的投资收益		
二、营业利润（亏损以"－"号填列）	4 580 000	7 250 000
加：营业外收入	50 000	400 000
减：营业外支出	70 000	250 000
其中：非流动资产处置损失		
三、利润总额（亏损总额以"－"号填列）	4 560 000	7 400 000
减：所得税费用	1 504 800	2 442 000
四、净利润（净亏损以"－"号填列）	3 055 200	4 958 000
五、每股收益		
（一）基本每股收益		
（二）稀释每股收益		

要求：

（1）分析上述疑点存在的问题，如需调整利润，则编制调整会计分录（不考虑损益类账户结账的影响，所得税税率为33%）。

（2）重新编制红峰公司的利润表。

一、现金流量表审计的内容

对现金流量表的编制技术和编制的正确性进行审计，主要包括：

（一）审核现金流量表有关数据计算勾稽关系的正确性

对现金流量表进行审计时，首先应该对现金流量表内的各小计数与合计数的计算是否正确，正表所列现金及现金等价物净增加额与补充资料所列现金及现金等价物净增加额是否相等；然后，将该表各项目与有关会计报表核对是否符合规定。

（二）审查现金流量表各项目填列的完整性和数据来源的可靠性

现金流量表内的项目较多，在审计时，首先，应注意审查各项目是否都按规定填列完整齐全，如经营活动现金流出中支付的各项税费，投资活动现金流入中的收回投资所收到的现金，投资活动现金流出中的购建固定资产、无形资产和其他长期资产所支付的现金等项目是否按规定正确填列；其次，应审查计算各项目所使用的数据是否可靠，应着重与资产负债表、利润表以及账簿资料进行核对。

（三）审查来自经营活动的净现金流量

1. 审查现金流入内容是否完整，计算是否正确。
2. 审查现金流出的内容是否完整，计算是否正确。

具体地说，对来自投资活动的净现金流量，要求审查现金流入内容是否完整，计算是否正确；审查现金流出内容是否完整，计算是否正确。对来自筹资活动的净现金流量，要求审查现金流入内容是否完整，计算是否正确；审查现金流出的内容是否完整，计算是否正确。审查"偿还债务所支付的现金"项目时，应注意审查偿还得借款利息和债券利息是否从本项目扣除。

对于现金流量表补充中的项目，应结合资产负债表相关项目期初、期末余额的差额以及利润表相关项目的本期发生额进行复核验算，以审查其完整性和正确性。

二、现金流量表审计案例

【案例】 从表与表之间的联系中追查问题

【案情简介】

注册会计师杨凡、于辉于 2008 年 1 月对某工业企业 2007 年度会计报表进行了审计。他们在对该企业的资产负债表和利润表审查的基础上，审查了该企业的现金流量表，该企业2007年度的现金流量表（简表）如表7-11所示。

表7-11 **现金流量表（简表）**

编制单位：某企业 　　　　　　　　　　2007年　　　　　　　　　　单位：元

项　　目	金　额
一、经营活动产生的现金流量	
销售商品、提供劳务收到的现金	8 500 000
收到的税费返还	
收到的其他与经营活动有关的现金	35 000
经营活动现金流入小计	8 535 000
购买商品、接受劳务支付的现金	5 260 000
支付给职工以及为职工支付的现金	1 600 000
支付的各项税费	650 000
支付的其他与经营活动有关的现金	260 000
经营活动现金流出小计	7 770 000
经营活动产生的现金流量净额	765 000
二、投资活动产生的现金流量	
收回投资所收到的现金	
取得投资收益所收到的现金	
处置固定资产、无形资产和其他长期资产收回的现金净额	590 000
收到的其他与投资活动有关的现金	
投资活动现金流入小计	590 000
购建固定资产、无形资产和其他长期资产所支付的现金	1 660 000
投资所支付的现金	
支付的其他与投资活动有关的现金	
投资活动现金流出小计	1 660 000
投资活动产生的现金流量净额	- 1 070 000

项　　目	金　　额
三、筹资活动产生的现金流量	
吸收投资所收到的现金	－ 400 000
借款所收到的现金	745 000
收到的其他与筹资活动有关的现金	1 600 000
筹资活动现金流入小计	1 945 000
偿还债务所支付的现金	
分配股利、利润或偿付利息所支付的现金	390 000
支付的其他与筹资活动有关的现金	
筹资活动现金流出小计	390 000
筹资活动产生的现金流量净额	1 555 000
四、汇率变动对现金的影响	
五、现金及现金等价物净增加额	1 250 000

　　审查过程中，杨凡和于辉首先核对了现金流量表中现金流入数、流出数、净现金流入数和净现金流出数的计算是否正确，其次特将该表各项目与有关会计报表相应项目进行核对，并根据在对资产负债表和利润表审查中发现的问题分析了相关项目数字填列的真实性和正确性。

　　通过运用上述方法进行审计时，杨凡和于辉发现了以下三处疑点：

　　1. 在资产负债表的"其他应付款"项目中隐瞒了其他业务收入 35 000 元，在编制现金流量表时记入了"收到的其他与经营活动有关的现金"项目。

　　2. 在"购建固定资产所支付的现金"项目 1 660 000 元中，包含有因借款购建固定资产而支付的资本化利息 360 000 元。

　　3. 该表第三部分"筹资活动产生的现金流量表"中，"发行债券所收到的现金"项目为负数。

　　对于上述疑点，注册会计师杨凡和于辉分别调阅了"其他应付款"、"在建工程"、"长期借款"和"应付债券"总账及相关明细账，又检查了相关凭证，并询问了经办会计人员。

【案例评析】

　　在"其他应付款"中隐瞒其他业务收入的错误，已在资产负债表审计中作了调整；"购建固定资产所支付的现金"项目中包含的 360 000 元资本化利息，是由于会计人员对现金流量表的编制方法不熟悉而出现的错误；"发行债券所收到的现金"项目为负数，经证实是企业按账面价值赎回的应付债券。

对上述发现的问题，杨凡和于辉提出了如下调整现金流量表的会计分录，并记录于审计工作底稿。

（1）借：经营活动现金流量——销售商品、提供劳务收到的现金　　35 000
　　　　贷：经营活动现金流量——收到的其他与经营活动有关的现金　　35 000
（2）借：投资活动现金流量——购建固定资产支付的现金　　360 000
　　　　贷：筹资活动现金流量——偿还利息所支付的现金　　360 000
（3）借：筹资活动现金流量——发现债券收到的现金　　400 000
　　　　贷：筹资活动现金流量——偿还债务所支付的现金　　400 000

三、模拟训练

资料：假定注册会计师杨凡和于辉在对上述工业企业现金流量表的审计中，只发现所述的三项问题，该企业也接受了注册会计师的调整建议。

要求：编制被审计单位调整后的现金流量表（空白表见表7-12）。

表7-12　　　　　　　　　　**现金流量表（调整后）**

编制单位：某企业　　　　　　　　　　2007年　　　　　　　　　　单位：元

项　目	金　额
一、经营活动产生的现金流量	
销售商品、提供劳务收到的现金	
收到的税费返还	
收到的其他与经营活动有关的现金	
经营活动现金流入小计	
购买商品、接受劳务支付的现金	
支付给职工以及为职工支付的现金	
支付的各项税费	
支付的其他与经营活动有关的现金	
经营活动现金流出小计	
经营活动产生的现金流量净额	
二、投资活动产生的现金流量	
收回投资所收到的现金	
取得投资收益所收到的现金	

项 目	金 额
处置固定资产、无形资产和其他长期资产收回的现金净额	
收到的其他与投资活动有关的现金	
投资活动现金流入小计	
购建固定资产、无形资产和其他长期资产所支付的现金	
投资所支付的现金	
支付的其他与投资活动有关的现金	
投资活动现金流出小计	
投资活动产生的现金流量净额	
三、筹资活动产生的现金流量	
吸收投资所收到的现金	
借款所收到的现金	
收到的其他与筹资活动有关的现金	
筹资活动现金流入小计	
偿还债务所支付的现金	
分配股利、利润或偿付利息所支付的现金	
支付的其他与筹资活动有关的现金	
筹资活动现金流出小计	
筹资活动产生的现金流量净额	
四、汇率变动对现金的影响	
五、现金及现金等价物净增加额	

审计报告和管理建议书

第一节　审计报告

审计报告是指注册会计师根据中国注册会计师审计准则的规定，在实施审计工作的基础上对被审计单位财务报表发表审计意见的书面文件。注册会计师通过签发审计报告，向报表使用者表达他们对会计报表可信程度的判断，使报表使用者正确理解和使用审计报告。

一、内容概述

（一）审计报告的基本内容

审计报告应当包括下列因素：

1. 标题。审计报告的标题应当统一规范为"审计报告"。

2. 收件人。审计报告的收件人是指注册会计师按照业务约定书的要求致送审计报告的对象，一般是指审计业务的委托人。审计报告应当载明收件人的全称，如"××股份有限公司全体股东"、"××有限责任公司董事会"等。

3. 引言段。审计报告的引言段应当说明被审计单位的名称和财务报表已经过审计，并包括下列内容：指出构成整套财务报表的每张财务报表的名称；提及财务报表附注；指明财务报表的日期和涵盖日期。

4. 管理层对财务报表的责任段。管理层对财务报表的责任段应当说明，按照适用的会计准则和相关会计制度的编制财务报表是管理层的责任，这种责任包括：设计、实施和维护与财务报表编制相关的内部控制，以使财务报表不存在由于舞弊或错误而导致的重大错报；选择和运用恰当的会计政策；作出合理的会计估计。

5. 注册会计师的责任段。注册会计师的责任段应当说明下列内容：注册会计师的责任是在实施审计工作的基础上对财务报表发表审计意见。注册会计师按照中国注册会计师审计准则的规定执行了审计工作。中国注册会计师审计准则要求注册会计师遵守职业道德规范，计划和实施审计工作以对财务报表是否不存在重大错报获取合理保证。

审计工作涉及实施审计程序，以获取有关财务报表金额和披露的审计证据。选择的审计程序取决于注册会计师的判断，由于舞弊或错误而导致的财务报表重大错报风险的评估。在进行重大风险评估时，注册会计师应考虑与财务报表编制相关的内部控制，以设计恰当的审计程序，但目的并非对内部控制的有效性发表意见。审计工作还包括评价管理层选用会计政策的恰当性和作出会计估计的合理性，以及评价财务报表的总体列报。

6. 审计意见段。审计意见段应当说明，财务报表是否按照适用的会计准则和相关会计制度的规定编制，是否在重大方面公允反映了被审计单位的财务状况、经营成果和现金流量。

7. 注册会计师的签名和盖章。审计报告应当有注册会计师签名并盖章。《财政部关于注册会计师在审计报告上签名盖章有关问题的通知》明确规定：审计报告应当由两名具备相关业务资格的注册会计师签名盖章，并经会计师事务所盖章方为有效。合伙会计师事务所出具的审计报告，应当由一名对审计项目负最终复核责任的合伙人和一名负责该项目的注册会计师签名盖章；有限责任会计师事务所出具的审计报告，应当由会计师事务所主任会计师或其授权的副主任会计师和一名负责该项目的注册会计师签名盖章。

8. 会计师事务所的名称、地址及盖章。审计报告应当载明会计师事务所的名称和地址，并加盖会计师事务所的公章。

9. 报告日期。审计报告应当注明报告日期。审计报告的日期不应早于注册会计师获取充分、适当的审计证据（包括管理层认可对财务报表的责任且已批准财务报表的证据），并在此基础上对财务报表形成审计意见的日期。

（二）审计报告的类型

1. 无保留意见审计报告。当注册会计师出具的无保留意见的审计报告不附加说明段、强调事项段或任何修饰性语言时，该报告称为标准审计报告。标准审计报告包含的审计报告要素齐全，属于无保留意见，且不附加说明段、强调事项段或任何修饰性用语。否则，不能称为标准审计报告。

如果认为财务报表符合下列所有条件，注册会计师应当出具无保留意见的审计报告：

（1）财务报表已经按照适用的会计准则和相关会计制度的规定编制，在所有重大方面公允反映了被审计单位的财务状况、经营成果和现金流量。

（2）注册会计师已经按照中国注册会计师审计准则的规定计划和实施审计工作，在审计过程中未受到限制。

当出具无保留意见的审计报告时，注册会计师应当以"我们认为"作为意见段的开头，并使用"在所有重大方面"、"公允反映"等术语。

无保留意见的审计报告意味着，注册会计师通过实施审计工作，认为被审计单位财务报表的编制符合合法性和公允性的要求，合理保证财务报表不存在重大错报。

无保留意见审计报告参考格式如下：

审计报告

ABC 股份有限公司全体股东：

我们审计了后附的 ABC 股份有限公司（以下简称 ABC 公司）财务报表，包括 20×1 年 12 月 31 日的资产负债表，20×1 年度的利润表、现金流量表和股东权益变动表以及财务报表附注。

一、管理层对财务报表的责任

按照企业会计准则和《××会计制度》的规定编制财务报表是 ABC 管理层的责任。这种责任包括：（1）设计、实施和维护与财务报表编制相关的内部控制，以使财务报表不存在由于舞弊或错误而导致的重大错报；（2）选择和运用恰当的会计政策；（3）作出合理的会计估计。

二、注册会计师的责任

我们的责任是在实施审计工作的基础上对财务报表发表审计意见。我们按照中国注册会计师审计准则的规定执行了审计工作。中国注册会计师审计准则要求我们遵守职业道德规范，计划和实施审计工作以对财务报表是否不存在重大错报获取合理保证。

审计工作涉及实施审计程序，以获取有关财务报表金额和披露的审计证据。选择的审计程序取决于注册会计师的判断，包括对由于舞弊或错误导致的财务报表重大错报风险的评估。在进行风险评估时，我们考虑与财务报表编制相关的内部控制，以设计恰当的审计程序，但目的并非对内部控制的有效性发表意见。审计工作还包括评价管理层选用会计政策的恰当性和作出会计估计的合理性，以及评价财务报表的总体列报。

我们相信，我们获取的审计数据是充分、适当的，为发表审计意见提供了基础。

三、审计意见

我们认为，ABC 公司财务报表已经按照企业会计准则和《××会计制度》的规定编制，在所有重大方面公允反映了 ABC 公司 20×1 年 12 月 31 日的财务状况及 20×1 年度的经营成果和现金流量。

××会计师事务所	中国注册会计师：×××
（盖章）	（签名并盖章）
	中国注册会计师：×××
	（签名并盖章）
中国××市	二〇×二年×月×日

2. 带强调事项段的无保留意见审计报告。审计报告的强调事项段是指注册会计师在审计意见段之后增加的对重大事项予以强调的段落。强调事项应当同时符合下列条件：（1）可能对财务报表产生重大影响，但被审计单位进行了恰当的会计处理，且在财务报表中作出充分披露。（2）不影响注册会计师发表的审计意见。从审计理论上讲，注册会计师在审计意见段之前增加说明段，用来说明发表保留意见、否定意见和无法表示意见的理由；

而在意见段之后增加说明段，只是增加审计报告的信息含量，提高审计报告的有用性，不影响发表的审计意见。

如下情形可以增加强调事项段：

（1）对持续经营能力产生重大疑虑。当存在可能导致对持续经营能力产生重大疑虑的事项或情况、但不影响已发表的审计意见时，注册会计师应当在审计意见段之后增加强调事项段对此予以强调。

如果财务报表已作出充分披露，注册会计师应当出具无保留意见的审计报告，并在审计意见段之后增加强调事项段，强调可能导致对持续经营能力产生重大疑虑的事项或情况存在重大不确定性的事实，并提醒财务报表使用者注意财务报表附注中对有关事项的披露。

（2）重大不确定事项。当存在可能对财务报表产生重大影响的不确定事项（持续经营问题除外）、但不影响已发表的审计意见时，注册会计师应当考虑在审计意见段之后增加强调事项段，对此予以强调。

不确定事项是指其结果依赖于未来行动或事项，不受被审计单位的直接控制，但可能影响财务报表的事项。例如，被审计单位受到其他单位起诉，指控其侵犯专利权，要求其停止侵权行为并赔偿造成的损失，法院已经受理但尚未审理。该诉讼事项是一种不确定事项。因为诉讼事项的结果依赖于法院的判决或原告采取的行动，不受被审计单位直接控制，也不以被审计单位的意志为转移。但该诉讼事项一旦被法院审理判决，可能给被审计单位带来损失。

（3）管理层未采用持续经营假设编制财务报表。如果管理层在编制财务报表时没有运用持续经营假设，而是选用其他基础（如清算基础）编制了财务报表，并且注册会计师认为管理层选用的其他编制基础是适当的，财务报表也已作出充分披露，注册会计师可以出具无保留意见的审计报告，并考虑在审计意见段之后增加强调事项段，提醒财务报表使用者关注管理层选用的其他编制基础。

（4）其他有关增加强调事项段的情形：

① 如果管理层修改了财务报表，注册会计师应当根据具体情况实施必要的审计程序，复核管理层采取的措施能否确保所有收到原财务报表和审计报告的人士了解这一情况，并针对修改后的财务报表出具新的审计报告。新的审计报告应当增加强调事项段，提请财务报表使用者注意原财务报表附注中对修改原财务报表原因的详细说明，以及注册会计师出具的原审计报告。

② 当以前针对上期财务报表出具的审计报告为非无保留意见的审计报告时，如果导致非无保留意见的事项虽已解决，但对本期仍很重要，注册会计师可在审计报告中增加强调事项段提及这一情况。

③ 注册会计师在对本期财务报表进行审计时，可能注意到影响上期财务报表的重大错报，而以前未就该重大错报出具非无保留意见的审计报告。如果上期财务报表未经更正，也未重新出具审计报告，但比较数据已在财务报表中恰当重述和充分披露，注册会计师可以在审计报告中增加强调事项段，说明这一情况。

④ 如果需要修改其他信息而被审计单位拒绝修改，注册会计师应当考虑在审计报告中增加强调事项段说明该重大不一致，或采取其他措施。

由于增加强调事项段是为了提醒报表使用者关注某些事项，并不影响注册会计师的审计意见，为了使财务报表使用者明确这一点，注册会计师应当在强调事项段中指明，该段内容仅用于提醒财务报表使用者关注，并不影响已发表的审计意见。

带强调事项段的无保留意见审计报告参考格式如下：

审计报告

ABC 股份有限公司全体股东：

我们审计了后附的 ABC 股份有限公司（以下简称 ABC 公司）财务报表，包括 20×1 年 12 月 31 日的资产负债表，20×1 年度的利润表、现金流量表和股东权益变动表以及财务报表附注。

一、管理层对财务报表的责任

按照企业会计准则和《××会计制度》的规定编制财务报表是 ABC 管理层的责任。这种责任包括：(1) 设计、实施和维护与财务报表编制相关的内部控制，以使财务报表不存在由于舞弊或错误而导致的重大错报；(2) 选择和运用恰当的会计政策；(3) 作出合理的会计估计。

二、注册会计师的责任

我们的责任是在实施审计工作的基础上对财务报表发表审计意见。我们按照中国注册会计师审计准则的规定执行了审计工作。中国注册会计师审计准则要求我们遵守职业道德规范，计划和实施审计工作以对财务报表是否不存在重大错报获取合理保证。

审计工作涉及实施审计程序，以获取有关财务报表金额和披露的审计证据。选择的审计程序取决于注册会计师的判断，包括对由于舞弊或错误导致的财务报表重大错报风险的评估。在进行风险评估时，我们考虑与财务报表编制相关的内部控制，以设计恰当的审计程序，但目的并非对内部控制的有效性发表意见。审计工作还包括评价管理层选用会计政策的恰当性和作出会计估计的合理性，以及评价财务报表的总体列报。

我们相信，我们获取的审计数据是充分、适当的，为发表审计意见提供了基础。

三、审计意见

我们认为，ABC 公司财务报表已经按照企业会计准则和《××会计制度》的规定编制，在所有重大方面公允反映了 ABC 公司 20×1 年 12 月 31 日的财务状况及 20×1 年度的经营成果和现金流量。

四、强调事项

我们提醒财务报表使用者关注，如财务报表附注×所述，ABC 公司在 20×1 年发生亏损××万元，在 20×1 年 12 月 31 日，流动负债高于资产总额××万元。ABC 公司已在财务报表附注×充分披露了拟采取的改善措施，但其持续经营能力仍然存在重大不确定性。本段内容不影响已发表的审计意见。

××会计师事务所	中国注册会计师：×××
（盖章）	（签名并盖章）
	中国注册会计师：×××
	（签名并盖章）
中国××市	二〇×二年×月×日

3. 保留意见审计报告。如果认为财务报表本身是公允的，但还存在下列情形之一，注册会计师应当出具保留意见的审计报告：

（1）会计政策的选用、会计估计的作出或财务报表的披露不符合适用会计准则和相关会计制度的规定，虽影响重大，但不至于出具否定意见的审计报告。

（2）因审计范围受到限制，不能获取充分、适当的审计证据，虽影响重大，但不至于出具无法表示意见的审计报告。

当出具保留意见的审计报告时，注册会计师应当在审计意见段中使用"除……的影响外"等术语。如果因审计范围受到限制，注册会计师还应当在注册会计师责任段中提及这一情况。

应当指出的是，只有当注册会计师认为财务报表就其整体而言是公允的，但还存在对财务报表产生重大影响的情形，才能出具保留意见的审计报告。如果注册会计师所报告的情形对财务报表产生的影响极为严重，则应出具否定意见的审计报告。因此，保留意见的审计报告被视为注册会计师在不能出具无保留意见的审计报告情况下最不严厉的审计报告。

保留意见审计报告（审计范围受到限制）参考格式如下：

审计报告

ABC 股份有限公司全体股东：

我们审计了后附的 ABC 股份有限公司（以下简称 ABC 公司）财务报表，包括 20×1 年 12 月 31 日的资产负债表，20×1 年度的利润表、现金流量表和股东权益变动表以及财务报表附注。

一、管理层对财务报表的责任

按照企业会计准则和《××会计制度》的规定编制财务报表是 ABC 管理层的责任。这种责任包括：（1）设计、实施和维护与财务报表编制相关的内部控制，以使财务报表不存在由于舞弊或错误而导致的重大错报；（2）选择和运用恰当的会计政策；（3）作出合理的会计估计。

二、注册会计师的责任

我们的责任是在实施审计工作的基础上对财务报表发表审计意见。我们按照中国注册会计师审计准则的规定执行了审计工作。中国注册会计师审计准则要求我们遵守职业道德规范，计划和实施审计工作以对财务报表是否不存在重大错报获取合理保证。

审计工作涉及实施审计程序，以获取有关财务报表金额和披露的审计证据。选择的审计程序取决于注册会计师的判断，包括对由于舞弊或错误导致的财务报表重大错报风险的评估。在进行风险评估时，我们考虑与财务报表编制相关的内部控制，以设计恰当的审计程序，但目的并非对内部控制的有效性发表意见。审计工作还包括评价管理层选用会计政策的恰当性和作出会计估计的合理性，以及评价财务报表的总体列报。

我们相信，我们获取的审计数据是充分、适当的，为发表审计意见提供了基础。

三、导致保留意见的事项

ABC 公司 20×1 年 12 月 31 日的应收账款余额××万元，占资产总额×%。由于 ABC 公司未能提供债务人地址，我们无法实施函证以及其他审计程序，以获取充分、适当的审计证据。

四、审计意见

我们认为，除了前段所述未能实施函证可能产生的影响外，ABC 公司财务报表已经按照企业会计准则和《××会计制度》的规定编制，在所有重大方面公允反映了 ABC 公司 20×1 年 12 月 31 日的财务状况及 20×1 年度的经营成果和现金流量。

××会计师事务所	中国注册会计师：×××
（盖章）	（签名并盖章）
	中国注册会计师：×××
	（签名并盖章）
中国××市	二○×二年×月×日

4. 否定意见审计报告。我们认为财务报表没有按照适用的会计准则和相关会计制度的规定编制，未能在所有重大方面公允反映被审计单位的财务状况、经营成果和现金流量，注册会计师应当出具否定意见的审计报告。

当出具否定意见的审计报告时，注册会计师应当在审计意见段中使用"由于上述问题造成的重大影响"、"由于受到前段所述事项的重大影响"等术语。

应当指出的是，只有当注册会计师认为财务报表存在重大错报会误导使用者，以致财务报表的编制不符合适用的会计准则和相关会计制度的规定，未能从整体上公允反映被审计单位的财务状况、经营成果和现金流量，注册会计师才出具否定意见的审计报告。

否定意见审计报告参考格式如下：

审计报告

ABC 股份有限公司全体股东：

我们审计了后附的 ABC 股份有限公司（以下简称 ABC 公司）财务报表，包括 20×1 年 12 月 31 日的资产负债表，20×1 年度的利润表、现金流量表和股东权益变动表以及财务报表附注。

一、管理层对财务报表的责任

按照企业会计准则和《××会计制度》的规定编制财务报表是 ABC 管理层的责任。这种责任包括：（1）设计、实施和维护与财务报表编制相关的内部控制，以使财务报表不存在由于舞弊或错误而导致的重大错报；（2）选择和运用恰当的会计政策；（3）作出合理的会计估计。

二、注册会计师的责任

我们的责任是在实施审计工作的基础上对财务报表发表审计意见。我们按照中国注册会计师审计准则的规定执行了审计工作。中国注册会计师审计准则要求我们遵守职业道德规范，计划和实施审计工作以对财务报表是否不存在重大错报获取合理保证。

审计工作涉及实施审计程序，以获取有关财务报表金额和披露的审计证据。选择的审计程序取决于注册会计师的判断，包括对由于舞弊或错误导致的财务报表重大错报风险的评估。在进行风险评估时，我们考虑与财务报表编制相关的内部控制，以设计恰当的审计程序，但目的并非对内部控制的有效性发表意见。审计工作还包括评价管理层选用会计政策的恰当性和作出会计估计的合理性，以及评价财务报表的总体列报。

我们相信，我们获取的审计数据是充分、适当的，为发表审计意见提供了基础。

三、导致否定意见的事项

如财务报表附注×所述，ABC 公司的长期股权投资未按企业会计准则的规定采用权益法核算。如按权益法核算，ABC 公司的长期投资账面价值将减少××万元变为亏损××万元。

四、审计意见

我们认为，由于受到前段所述事项的重大影响，ABC 公司财务报表没有按照企业会计准则和《××会计制度》的规定编制，未能在所有重大方面公允反映 ABC 公司 20×1 年 12 月 31 日的财务状况及 20×1 年度的经营成果和现金流量。

××会计师事务所	中国注册会计师：×××
（盖章）	（签名并盖章）
	中国注册会计师：×××
	（签名并盖章）
中国××市	二〇×二年×月×日

5. 无法表示意见审计报告。如审计范围受到限制可能产生的影响非常重大和广泛，不能获取充分、适当的审计证据，以至于无法对财务报表发表审计意见，注册会计师应当出具无法表示意见的审计报告。

当出具无法表示意见的审计报告时，注册会计师应当删除注册会计师的责任段，并在审计意见段中使用"由于审计范围受到限制可能产生的重大影响非常广泛"、"我们无法对上述财务报表发表意见"等术语。

只有当审计范围受到限制可能产生的影响非常重大和广泛，不能获取充分、适当的审计证据，以至于无法确定财务报表的合法性与公允性时，注册会计师才应当出具无法表示意见的审计报告。无法表示意见不同于否定意见，它通常仅仅适用于注册会计师不能获取充分、适当的审计证据。如果注册会计师发表否定意见，必须获得充分、适当的审计证据。无论无法表示意见还是否定意见，都只有在非常严重的情形下采用。

无法表示意见审计报告参考格式如下：

审计报告

ABC 股份有限公司全体股东：

我们审计了后附的 ABC 股份有限公司（以下简称 ABC 公司）财务报表，包括20×1 年12 月31 日的资产负债表，20×1 年度的利润表、现金流量表和股东权益变动表以及财务报表附注。

一、管理层对财务报表的责任

按照企业会计准则和《××会计制度》的规定编制财务报表是 ABC 管理层的责任。这种责任包括：（1）设计、实施和维护与财务报表编制相关的内部控制，以使财务报表不存在由于舞弊或错误而导致的重大错报；（2）选择和运用恰当的会计政策；（3）作出合理的会计估计。

二、导致无法表示意见的事项

ABC 公司未对20×1 年12 月31 日的存货进行盘点，金额为××万元，占期末总额的40%。我们无法实施存货监盘，也无法实施替代审计程序，以对期末存货的数量和状况获取充分、适当的审计证据。

三、审计意见

由于上述审计范围受到限制可能产生的影响非常重大和广泛，我们无法对 ABC 公司财务报表发表意见。

××会计师事务所	中国注册会计师：×××
（盖章）	（签名并盖章）
	中国注册会计师：×××
	（签名并盖章）
中国××市	二〇×二年×月×日

二、案例分析

【案例】 审计意见的判断

【案情简介】

A 注册会计师作为 ABC 会计师事务所审计项目负责人，在审计以下单位2003 年度会计

报表时分别遇到以下情况:

1. 甲公司拥有一项长期股权投资,账面价值 500 万元,持股比例 30%。2003 年 12 月 31 日,甲公司与 K 公司签署投资转让协议,拟以 450 万元的价格转让该项长期股权投资,已收到款项 300 万元,但尚未办理产权过户手续。甲公司以该项长期股权投资正在转让之中为由,不再计提减值准备。

2. 乙公司于 2007 年 5 月为 L 公司 1 年期银行借款 1 000 万元提供担保,因 L 公司不能及时偿还,承担连带清偿责任。2008 年 12 月 31 日,乙公司在咨询律师后,根据 L 公司的财务状况,计提了 500 万元的预计负债。对上述预计负债,乙公司已在会计报表附注中进行了适当披露。截至审计工作完成日,法院尚未对该项诉讼作出判决。

3. 丙公司在 2008 年度向其控股股东 M 公司以市场价格销售产品 5 000 万元,以成本加价购入原材料 3 000 万元,上述销售和采购分别占丙公司年销货、购货的比例为 30% 和 40%,丙公司已在会计报表附注中进行了适当披露。

4. 丁公司于 2008 年 11 月 20 日发现,2007 年漏记固定资产折旧费用 200 万元。丁公司在编制 2008 年度会计报表时,对此项会计差错予以更正,追溯调整了相关会计报表项目,并在会计报表附注中进行了适当披露。

5. 戊公司于 2008 年末更换了大股东,并成立了新的董事会。继任法定代表人以刚上任不了解以前年度情况为由,拒绝签署 2008 年度已审计会计报表和提供管理当局声明书。原法定代表人以不再继续履行职责为由,也拒绝签署 2008 年度已审计会计报表和提供管理当局声明书。

假定上述情况对各被审计单位 2008 年度会计报表的影响都是重要的,且各被审计单位均拒绝接受 A 注册会计师提出的审计处理建议。在不考虑其他因素的前提下,A 注册会计师分别对 5 种情况作如下评析。

【案例评析】

1. 针对第 1 种情况,A 注册会计师出具保留意见或否定意见审计报告。因为甲公司虽然与 K 公司已签署投资转让协议,拟以 450 万元的价格转让该项长期股权投资,但尚未办理产权过户手续,应当计提减值准备而未计提,不符合企业会计准则和相关制度规定,为此,可发表保留意见或否定意见审计报告。

2. 针对第 2 种情况,A 注册会计师出具带强调事项段的无保留意见审计报告。因为乙公司对法院尚未判决的担保诉讼已根据律师的意见计提了预计负债,且已在会计报表附注中做了适当披露。乙公司的上述处理符合会计准则及企业会计制度要求,但注册会计师认为重要,可在审计报告中作为重大不确定事项增加强调事项段披露该事项。

3. 针对第 3 种情况,A 注册会计师出具标准无保留意见审计报告。符合企业会计准则和相关制度规定。

4. 针对第 4 种情况,A 注册会计师应当出具无保留意见审计报告。因为按照会计制度规定,以前年度发生的会计差错应当调整以前年度的相关项目,如果影响损益,应将其对损益的影响数调整发现当期的期初留存收益,会计报表其他项目的期初数也应一并调整。丁公司进行了调整并在会计报表附注中进行了适当披露，其处理是正确的。

5. 针对第 5 种情况，A 注册会计师应当出具无法表示意见审计报告。因为管理当局拒绝签署 2008 年度会计报表、拒绝提供管理当局声明书，意味着审计范围受到限制，且这种限制是重大和广泛的，无法对会计报表表示意见，应发表无法表示意见的审计报告。

三、模 拟 训 练

1. **资料：** 正则会计师事务所的 A 和 B 审计人员于 2008 年 2 月 15 日完成对新世纪股份有限公司 2007 年度会计报表的外勤审计工作，整理资料后于 2008 年 2 月 20 日起草审计报告，2 月 25 日将审计报告送交该公司。整理资料过程中发现如下问题：

（1）应收账款 250 万元项目无法进行函证，也无法实施其他替代程序予以证实。

（2）公司的坏账准备比例由 2006 年的 5% 变更为 2007 年的 3%，该公司已按有关规定进行调整，并已在报表附注中说明。

（3）两年前公司花巨资 5 000 万元购置了市中心一处房产，自购置之日起该房产就大幅度升值。资产负债表中将该房产以现行评估价列示并已充分披露，该公司深信资产负债表中所列房产估价非常合理。

（4）2008 年 1 月后，股市大幅度下跌，该公司如果在 2 月份将短期投资股票转让，将导致 2 000 万元投资损失。该公司已在 2007 年度会计报表附注予以充分说明。

（5）2007 年 12 月 31 日对该公司的甲产品进行监盘时，发现数量短缺 1 000 件，单位成本 1 001 元，但该公司拒绝做调整。

（6）在 2007 年 12 月 31 日尚未判决的某诉讼案中，该公司被列为被告，胜负目前难以预料。一旦原告胜诉，该公司将要支付 20 万元的赔款。诉讼案和可能产生的影响均已适当地在报表附注中予以说明。

假设 100 万元为该公司的重要性水平，即 100 万元以上项目为重要项目。

要求：

（1）假设只出现上述 6 种情况中的一种，请对上述每一种情况，分别指出审计人员应该出具何种审计报告，并请说明理由。

（2）如果只考虑第（2）、（5）、（6）种情况，请代 A 和 B 审计人员出具一份审计报告。

2. **资料：**

（1）北京东方会计师事务所注册会计师李键、王义已于 2008 年 3 月 10 日完成对正方股份有限公司 2007 年度会计报表的外勤审计工作，现正在草拟审计报告，按审计业务约定书的要求，审计报告应于 3 月 25 日提交，在复核审计工作底稿时，发现以下情况：

① 该公司 2008 年度计提坏账准备的比例由 2007 年按应收账款年末余额的 3‰ 提高至 5‰，并已在会计报表附注中说明。

② 正方公司是生产经营易燃易爆品的公司，因危险性很大，所以保险公司不愿意对其财产承保，而该公司未将此事项在会计报表中予以披露。该公司财产可能因一次爆炸事件损坏无余，但该公司具有极良好的安全记录，且从未有过爆炸损失。

③ 在一诉讼侵权案件中，正方公司被列为被告，目前胜负难以预料，一旦正方公司败

诉，就将支付 200 万元赔款。该诉讼案件和可能的影响均已适当地揭示于会计报表附注中。

除上述几种情况外，正方公司的会计报表符合《企业会计准则》和股份有限公司会计制度，在所有重大方面公允地反映了正方股份有限公司 2007 年 12 月 31 日的财务状况和 2007 年度的经营成果及资金变动情况。

（2）依上例，假设注册会计师在审计过程中发现存在以下两种情况；

① 正方公司拥有自购置之日起就有大幅度增值的原价为 1 000 万元的房屋一幢，资产负债表中该房屋以现行评估价表示并已充分披露。注册会计师在提请该公司予以调整时遭到拒绝，因为该公司深信资产负债表中所列房屋估价较为合理。

② 正方公司在审计过程中不愿提供任何年度的反映财务状况的报表和完整、充分的原始证据及会计记录，并且在该公司提供的资料中，缺乏证明其真实性、准确性的旁证资料。

（3）北京利为会计师事务所的注册会计师张名已于 2008 年 4 月 10 日完成对 ABC 股份有限公司 2007 年度会计报表的审计工作，已草拟了一份无保留意见的审计报告。该会计师事务所主任会计师李为在复核审计工作底稿时发现以下情况：

① ABC 公司不愿提供 2006 年度和 2007 年度比较会计报表。

② 2007 年 ABC 公司变更了存货的计价方法，并将变更的影响适当地反映在本年度的会计报表内。注册会计师张名认可 ABC 的变更理由。此项变更揭示于会计报表附注 12。

③ 注册会计师张名不能执行正常的应收账款函证程序，但可利用替代程序查明应收账款的真实性。

以上资料（1）、（2）、（3）均独立。

要求：

（1）根据"资料（1）"请你代李键、王义编制审计报告。

（2）根据"资料（2）"所述的两种情况分别编制审计报告。

（3）根据"资料（3）"的情况，请你代张名重新编制一份审计报告。

3. 资料： H 产业股份有限公司成立于 1997 年 6 月 10 日，其股票于 1997 年 6 月 19 日开始在上海证券交易所上市流通。公司从事多种经营，主营业务是芒果，西番莲鲜果、原浆、饮料及制品的生产与销售。"园之梦"是该公司主要产品的品牌，所有权归属于其母公司"H 集团有限公司"。北京京都会计师事务所的两位注册会计师在 2008 年 3 月完成了对 H 产业有限公司 2007 年度的会计报表的实地审计工作，现在草拟审计报告，按审计业务书要求，已完成各项规定审计程序，在复核审计工作底稿时发现存在以下情况注册会计师在编制审计报告时予以考虑外，其他条件符合出具无保留意见审计报告的要求。

为扩大市场影响，H 公司在 2007 年间投入了大量的资金进行广告宣传。当年该公司为"园之梦"品牌及其产品的推销所支付的广告费高达 12 175.63 万元，按有关合同约定，其中的 5 751.08 万元由母公司承担。但是母公司并不向上市公司直接支付这笔由上市公司垫付的款项，而是作为上市公司支付母公司商标使用费的抵扣，在 5 年内冲抵完毕。

2007 年，受市场及环境恶化的不良影响，H 公司经营业绩大幅下滑，公司将其负担的

6 424.55万元巨额广告费列示为长期待摊费用，分 5 年摊销，且摊销期限不是从支付日的 2007 年开始，而是从次年即 2008 年开始。

要求：

（1）针对上述情况，注册会计师应出具何种类型的审计报告？应如何表述其审计意见？

（2）选择此类型审计报告理由何在？

第二节 管理建议书

管理建议书是指审计人员在进行审计工作中，针对审计过程中注意到的，可能导致被审计单位会计报表重大错报或漏报的内部控制制度重大缺陷提出的书面建议。提交管理建议书是审计人员竭诚为客户提供优质服务的一种表现。

一、内容概述

管理建议书一般应当包括下列基本内容：

1. 标题。管理建议书的标题应当统一规范为"管理建议书"。

2. 收件人。收件人一般是董事会、股东委员会等特定使用者，不包括其他外部单位。开头应署明收件人，以便准确致送管理建议书。

3. 说明管理建议书的性质。主要说明委托项目概况，对被审计单位内部控制的检查范围及程序，提出管理建议书的目的，以及管理建议书不应被视为对内部控制发表的鉴证意见，不具有强制性和公正性。

4. 内部控制重大缺陷及其影响和改进建议。管理建议书中所提出的问题，主要是关于被审计单位内部控制是否存在重大缺陷，也包括其所编制的会计报表是否遵循国家有关法规、会计准则相关规定。所表示的意见应使阅读者明白其现实控制对内部控制主要目标的符合程度，审计人员表示内部控制对预防和及时发现错误和弊端的判断意见。

管理建议书中应当将被审计单位准备依据建议进行调整或改进的情况加以说明。如果被审计单位对审计过程中提出的问题，已进行调整或改进，可只作简要说明；对于未进行调整和改进的问题，应将审计人员和被审计单位有关人员的意见一并列示。如果因被审计单位对以前年度管理建议书所提出的问题与建议未采纳，并从而扩大了内部控制的缺陷或弱点，应明确指出并作重点分析。

5. 使用范围和使用责任。一般应明确指出：

（1）审计人员的审查以遵循性检查为基础，有一定的局限性，不可能揭示被审计单位内部控制中现存的全部问题或弱点及由此引发的所有错弊。建立完善的内部控制是被审计单位管理部门的责任。

（2）提供管理建议书不是审计业务的规定内容，而是审计机构为被审单位提供的委托项目之外的服务。

（3）管理建议书的提供范围。

6. 签章。管理建议书应当由审计人员签章，并加盖会计师事务所公章。

7. 签发日期。

管理建议书范例：

管理建议书

××公司管理当局：

我们已对贵公司200×年度的会计报表进行了审计。在审计中，根据规定的工作程序，我们了解了贵公司内部控制中有关会计制度、会计工作机构和人员职责、财产管理制度、内部审计制度等有关方面的情况，并作了分析和研究。我们认为，根据贵公司的生产经营规模和管理需要，现有的内部控制总体上是比较健全的。但为了适应贵公司进一步扩大经营和提高管理水平的需要，使内部控制更加完善，现将我们发现的内部控制方面的某些问题及改进建议提供给你们，希望引起你们的注意，并能具有一定的参考价值。

一、关于会计制度方面问题的评价及建议

贵公司的会计核算符合要求，基本上能够全面、正确地反映经济业务，基本遵守了国家有关会计制度的规定；会计凭证及账务处理等方面基本符合有关要求。但在审计中，我们也发现了一些问题。

（一）有关会计凭证的问题

贵公司在发生销售退回时，只填制退货发票，退款时，没有取得对方的收款收据或汇款银行凭证，会计人员根据退货发票进行了相应的会计处理。

我国会计制度对这一内容已作出明确规定，对这一做法的不当性，我们已向有关人员提出，他们愿意考虑我们的意见。

（二）有关银行存款的清查问题

贵公司的银行存款账日记与银行对账单不按月核对并编制银行存款余额调节表。经查询，由于没有按月编制银行存款余额调节表，公司财务部不能及时了解未达账项，在一定程度上影响了财务分析工作。

（三）会计工作机构、人员职责及内部核查制度

贵公司会计制度设置比较健全，会计人员职责规定比较明确。但会计人员数量比较少，每个人要承担多种职责，对于凭证的复核工作做得不仔细。在查账过程中，我们发现一些凭证无复核人的签章。我们认为，凭证是记录企业生产经营业务的基本资料，凭证的审核工作是进行会计核算的基本内容，建议贵公司予以重视。

二、财务管理制度

贵公司存货占用的流动资产数额过大。公司流动资产共计200万元，其中存货约占85%，应当成为资产管理的重点。

我们建议贵公司应注意以下几方面的工作：

1. 认真做好存货的定期盘点工作。贵公司自上一会计年度终了对存货进行清查至今，再未进行盘点。公司的存货账与我们查账中的抽查结果出现一定差异。我们认为，只有及时获得存货的实存情况，才能够加强对存货的管理，并及时处理有关问题。

2. 积极处理积压产品。贵公司目前产成品占用资金85万元，占全部存货的50%，为了加速流动资产的周转，减少仓储成本和利息支出，建议贵公司加强市场预测，及时进行产品成本的推销和处理。

建议贵公司建立一个专门的市场预测部门，通过对近期、长期的市场情况进行分析预测，控制公司的生产及销售，以求得对存货成本的控制。

三、内部审计制度方面的问题

贵公司已经建立了内部审计机构和制度。在成立内部审计机构后，内部审计部门发现了公司财务管理

及其他管理方面的一些问题，提供了一些有价值的意见，对公司加强内部控制起到一定的作用，对我们的审计工作也提供了帮助。目前，公司内部审计机构存在的主要问题有：人员配备比较薄弱，审计工作的组织欠合理，一些管理部门的配合存在问题等。

我们建议贵公司做好以下几方面的工作：

1. 明确内部审计部门的职责范围，明确各部门相互关系，明确内部审计的性质，使各部门对内部审计部门的工作予以支持。

2. 目前，内部审计部门只有一个人是审计师，从事主要的内审工作，一个人从事一些辅助性工作。贵公司应为审计部充实1~2名从事过审计工作的人员，并且对现在从事辅助工作的人员进行培训，提高专业水平。

我们提供的这份管理建议书，不在审计业务约定书约定项目之内，是我们基于为企业服务的目的，根据审计过程中发现的内部控制问题而提出的。因为我们主要从事会计报表的审计，所实施的审计范围是有限的，不可能全面了解企业所有的内部控制弱点可能或已经造成的影响。对于上述内部控制问题，我们已经与有关管理部门或人员交换过意见，他们已确认上述问题的真实性。

本管理建议书只提供给贵公司。另外，我们是接受贵公司董事会委托进行审计工作，根据他们的要求，请将管理建议书转交给他们。

××会计师事务所（公章）　　　　　　　　　　　　中国注册会计师：×××
　　　（地址）　　　　　　　　　　　　　　　　　200×年××月××日

二、 管理建议书和审计报告的区别

管理建议书和审计报告是同一审计委托形成的意见，具有直接的相互作用关系。但是，又具有一些明显的区别，主要包括：

1. 对象不同。管理建议书与审计报告是同一审计委托项目的不同成果，管理建议书是针对与审计相关的内部控制提出的；审计报告是针对会计报表提出的。

2. 责任不同。注册会计师就内部控制缺陷向被审计单位管理当局提供管理建议书，不是法定业务，没有法定责任。审计意见是对会计报表形成的意见，是法定的业务，具有法定的责任。

3. 影响的程度不同。管理建议书仅提供给被审计单位管理当局内部参考，采纳与否是被审计单位的权力，不对外报送，对外不起鉴证作用，不应作为其他第三方依赖的佐证。审计报告要对外报送，对外起鉴证作用，作用和影响很大。

三、 模拟训练

资料：某会计师事务所接受委托后，委派王林、李明两位注册会计师对 W 公司 2008 年度会计报表进行审计，注册会计师对在审计工作底稿中记录的内部控制事项及改进建议进行了复核，其问题如下：

1. 发生销货退回时，只是填制退货发票，退款时，没有取得对方的收款收据，会计人员根据退货发票进行了相应的会计处理。

2. 公司的银行存款日记账与银行对账单不按月核对并编制银行存款余额调节表。

3. W 公司会计机构设置不够健全，会计人员职责规定也不够明确。会计人员数量较少，每个人要承担多种责任，对于凭证的复核工作不够仔细。在审计过程中，发现多笔凭证无复核人的签章。

4. 固定资产购建一般根据实际需要，没有建立预算制度，对在用及未用固定资产的管理上也没有明确的制度规定。

5. 固定资产价值确定不及时。W公司自开始投入固定资产，直至进入生产期后，固定资产一直按估价入账。

6. W公司从开始投入固定资产至今，一直按投入当月计提固定资产折旧。

7. W公司虽然没有内部审计机构，但人员配备比较薄弱，审计工作的组织不合理，一些管理部门的配合存在问题等。

要求：根据上述情况，编制一份管理建议书提供给W公司管理当局。

参考文献

1. 财政部．中国注册会计师执业准则．北京：经济科学出版社，2006

2. 财政部会计司．企业会计准则讲解2008．北京：人民出版社，2008

3. 中国注册会计师协会．中国注册会计师执业准则指南．北京：中国财政经济出版社，2007

4. 中国注册会计师协会．审计．北京：经济科学出版社，2009

5. 中国注册会计师协会．会计．北京：中国财政经济出版社，2009

6. 李晓慧．审计．北京：经济科学出版社，2007

7. 张志凤．会计．北京：经济科学出版社，2007

8. 张建军，石峰．审计实务．北京：清华大学出版社，北京交通大学出版社，2004

9. 华忠．审计理论与实务．武汉：武汉理工大学出版社，2008

10. 王明珠等．审计学教学案例．北京：中国审计出版社，2001

11. 高莹等．审计学原理与实务．北京：清华大学出版社，北京交通大学出版社，2005

12. 杨庆英．审计案例分析．北京：首都经济贸易大学出版社，2003

13. 胡中艾．审计学习题与解答．大连：东北财经大学出版社，2003

14. 张志和，阎红玉．审计实训．北京：高等教育出版社，2007

15. 蒋武，刘丽华．审计学案例教程．北京：经济科学出版社，2001

16. 张京，张晓静．审计理论与实务．武汉：华中科技大学出版社，2000

17. 张建军．审计学案例．北京：高等教育出版社，2000

18. 葛长银．审计经典案例评析．北京：中国人民大学出版社，2003

19. 朱锦余．审计学．北京：高等教育出版社，2007

20. 李骞．新会计制度下的审计案例．北京：中国物价出版社，2004

21. 单祖明．审计原理与实务．北京：中国商业出版社，2005

22. 王会金．企业财务审计．北京：中国时代经济出版社，2006

23. 刘大贤．审计学．北京：首都经济贸易大学出版社，2001

24. 奚淑琴．审计实务案例．北京：中国财政经济出版社，2002

25. 傅秉潇．审计学理论与实务．大连：大连理工大学出版社，2008

21 世纪高职高专会计类规划教材

订购单

(可复印使用)

第一步： **请填写以下资料**

单位名称：   收书人：

发货(邮寄)地址：   邮编：

联系电话：   E-mail：

第二步： **请填写您所选购的图书及册数**

书号	书　　名	单　价	数　量	合　计
8295	基础会计	29.00		
8502	财务会计实务			
8465	成本会计	24.00		
	管理会计			
	财务管理			
8443	审计理论与实务	26.00		
8474	审计技能训练	21.00		
	纳税实务			
8478	出纳实务与技能	23.00		
	Excel 在会计中的应用			
合　　计				

第三步： **请到邮局将款项汇至以下地址**

收款人：吕亚亮　凌　敏

地　　址：北京市海淀区阜成路甲 28 号经济科学出版社 1307 室

邮　　编：100142

电　　话：010 – 88191307　　88191343

传　　真：010 – 88191344

第四步： **请确认是否需要增值税发票，如果需要请在传真中注明您的增值税信息**

□开具增值税发票　　　　　　　　　　　　　　□开具普通发票

第五步： **如果您想了解其他详细情况，请垂询销售热线**

电　　话：010 – 88191307　　88191343

如果您想编写其他教材，请与我们联系：

E-mail：lyl@ esp. com. cn

电　　话：010 – 88191307　　88191343